인공지능과
포스트휴머니즘

인공지능과 포스트휴머니즘

엮은이 / 이중원
펴낸이 / 강동권
펴낸곳 / (주)이학사

1판 1쇄 발행 / 2020년 12월 20일
1판 2쇄 발행 / 2021년 12월 31일

등록 / 1996년 2월 2일 (신고번호 제1996-000015호)
주소 / 서울시 종로구 율곡로13가길 19-5(연건동 304) 우 03081
전화 / 02-720-4572 · 팩스 / 02-720-4573
홈페이지 / ehaksa.kr
이메일 / ehaksa1996@gmail.com
페이스북 / facebook.com/ehaksa · 트위터 / twitter.com/ehaksa

ⓒ 서울시립대학교 미래철학연구센터
ⓒ 이중원, 강미정, 김경미, 신상규, 신중휘, 양천수, 이경민, 이영준, 이진경, 조영임, 최인령, 2020, Printed in Seoul, Korea.

ISBN 978-89-6147-377-4 93100

이 책의 저작권은 저자가 가지고 있습니다.
저작권법에 의해 보호를 받는 저작물이므로 이 책 내용의 일부 또는 전부를 재사용하려면 저작권자와 (주)이학사 양측의 동의를 얻어야 합니다.

* 책값은 뒤표지에 표시되어 있습니다.

* 이 책은 2019년 고등과학원의 초학제 연구 프로그램의 지원을 받아 출간되었음.

서울시립대 미래철학총서 01

인공지능과
포스트휴머니즘

이중원
엮음

강미정
김경미
신상규
신중휘
양천수
이경민
이영준
이진경
조영임
최인령
지음

이학사

일러두기

1. 이 책은 고등과학원이 주관하는 초학제 연구 프로그램의 일환으로 2019년에 '인공지능과 포스트휴머니즘'이라는 주제로 진행된 다양한 학술 활동의 결과물을 정리해서 엮은 것이다.
2. 부호의 쓰임은 다음과 같다.

   『 』: 책, 신문, 잡지 제목
   「 」: 글, 논문 제목
   〈 〉: 그림, 예술 작품, TV 프로그램, 노래 제목
   《 》: 전시 제목
   …: 중략

머리말

'인공지능과 포스트휴머니즘'이라는 주제는 인공지능 기술의 급속한 발전으로 생활양식과 사회관계가 급격히 변화하고, 그에 수반하는 윤리적·법적·사회적 쟁점들이 새롭게 부상하며, 급기야 휴머니즘 및 인간의 정체성에도 많은 변화가 나타날 것이라는 문제의식에서 출발한 것이다. 그렇다면 왜 '인공지능과 포스트휴머니즘'에 주목하는가?

인류 역사에서 17-18세기의 근대 혁명은 근대적 개인, 근대적 사회 그리고 휴머니즘(개인의 주체성과 존엄성을 중시하는 인본주의 사상)을 탄생시켰다. 그리고 근대 철학은 개인을 주체적 존재로 보고, 그러한 개인에게 인간 본성의 핵심 요소라 할 수 있는 이성, 감성, 도덕성, 가치, 자의식, 자유의지 등이 존재함을 강조하였다. 이를 토대로 인간과 인간이 아닌 다른 것들을 차별화하여 그 경계를 명확히 하고, 다른 모든 것은 주체인 인간을 중심으로 그 주위에

마주하는 객체로 보는 인간중심주의를 탄생시킨 것이다. 이에 따르면 자연의 사물들은 인간에 의해 그 특성이 감지되고 인지될 때 비로소 존재적 의미와 가치를 부여받게 된다. 모든 존재가 본래의 고유한 가치를 상실한 채 주체인 인간에 의해 규정당하고 대상화되는 것이다. 근현대 과학기술 문명 역시 이러한 인간중심주의의 기반 위에 서 있다. 인간은 객체인 자연을 탐구하는 주체로서 존재하고, 자연의 모든 정보는 인간이 설계한 관측 장치나 실험 도구에 의해 인간이 감지할 수 있는 형태로 수집·분석되며, 자연의 모든 법칙과 현상들은 인간이 만들어낸 언어 및 관념 체계에 의해 규정·해석되도록 구축되었다. 결국 인간과 신, 인간과 인간, 인간과 자연, 인간과 기계의 모든 관계가 인간 중심적 관점에서 언급되는 시대가 되었다.

하지만 21세기가 되면서 이러한 인간중심주의에 변화가 일어나고 있다. 우선 인간과 동물의 관계는 차치하고 인간과 기계의 탈경계화를 가속하는 과학기술이 빠른 속도로 발전하고 있다. 과거 인간과 기계는 서로 이질적인 존재로 그 경계가 명확했지만, 21세기에는 인간의 기계화 경향과 기계의 인간화 경향이 두드러지면서 인간과 기계 간 경계가 약화되고 있다. 예를 들어 신체 일부를 인공장기나 로봇 팔·다리로 대체하는 신체 변형 기술, 자유롭게 유전자를 조작하는 생명 편집 기술, 인공세포나 인공혈액을 만드는 나노 기술, 사이보그 기술의 발전은 인간의 능력 증강Human Enhancement을 가능하게 하는 인간의 기계화 경향의 좋은 사례들이다. 반면 인간의 감정을 표현하고, 인간처럼 생각하고 말하며 행동하는 휴머노이드 로봇의 등장은 기계의 인간화 경향을 잘 보여준다. 특히 이는 그동안 인간에게 고유한 것으로 인식됐던 능력들(감성, 이성, 도덕성 등)을 (인간과 동일하진 않지만) 기계에서도 구현할 수 있는 인공지능 기술이 발전하면서 본격화되었다고 할 수 있다. 아직은 인공지능이 특정 영역에서만 인간의 능력을 뛰어넘을 뿐 인간처럼 다양한 영역에서의 멀티 능력을 갖추고 있지는 못하고, 로봇 역시 언어나 감정 표현이 아직은 서툴고 행동 또한 인간처럼 유연하지도 민첩하지도 섬세하지도 못하다는 한계는 분명히 존재하지만, 시간이 흐를수록 이러한 한계들은 점차 극복될 것이다. 먼 미래의 특이점에 접근할수록 초지능을 지닌 새로운 종으로서의 '로보 사피엔스'의 등장 가능성도 배제할 수 없을 것이다.

이러한 인간과 기계의 탈경계화는 기계를 바라보는 인간의 시각을 바꾸고, 인간과 기계의 관계를 새롭게 정립하며 궁극적으로 휴머니즘에 어떤 변화를 야기할 것으로 예상된다. 지금까지 인간은 기계를 그 존재적 특성과 무관하게 인간 중심적 관점에서 단순한 도구로 간주해왔다. 하지만 인공지능에서 보듯이 기계는 인간의 어떤 목적을 위한 수단이 아니라, 그 자체가 어떤 목적을 갖고 세계를 구성하는 실존적 존재자로 변화하고 있다. 단순히 인간 사회를 떠받쳐주는 물리적 기반이 아니라, 인간과 복잡하게 연결된 관계망 속에서 사회를 구성하는 하나의 행위자(actor 혹은 agency)로 거듭나고 있다. 한마디로 인공지능 시대에 기계는 더 이상 인간의 외부에 존재하는 객체가 아니라, 인간의 몸과 마음의 일부로 주체화될 수 있는 존재인 것이다. 아직은 일부의 현상이지만 섹스로봇과 결혼한다거나, 인공지능 로봇에게 시민권을 부여하는 사건들은 이러한 단면을 잘 보여준다.

이렇듯 인간의 기계화 경향과 기계의 인간화 경향이 상호 교차하면서 인간과 기계의 탈경계화가 가속화되는 상황 혹은 그러한 상황을 가능하게 하는 조건을 포스트휴먼의 상태라 말할 수 있겠다. 그런 의미에서 21세기는 포스트휴먼 시대다. 이는 포스트휴머니즘이 확실하게 정착된 단계는 아니며, 휴머니즘 시대에서 포스트휴머니즘 시대로 넘어가는 과도기적 단계라고 말할 수 있다. 이러한 시기에는 포스트휴먼을 이끌어가는 과학기술의 발달이 인간과 기계의 관계에 어떤 변화를 일으키는지, 그로 인해 인간 정체성에는 구체적으로 어떤 변화가 나타날지, 나아가 달라진 인간 정체성의 시각에서 미래 사회는 앞으로 어떻게 변화할 것인지, 그리고 그러한 사회의 지속 가능한 발전을 위해 어떠한 윤리적·법적 규범과 사회제도적 장치들이 새롭게 필요한지에 관한 선제적 연구가 필요하다. 구체적으로 다음과 같은 지향적 작업이 필요하다. 첫째, 21세기 과학기술 문명을 선도하고 있는 인공지능 기술을 중심으로 그것의 발전 배경과 현황 및 전망을 기술적 측면에서 구체적으로 살펴보는 것이다. 둘째, 이러한 인공지능 기술의 발전이 가져올 변화들, 곧 인간과 인공지능 간 새로운 관계 설정, 사회 패러다임의 변화 그리고 이에 수반하는 윤리적·법적·사회적 쟁점들과 같은 인간학적 문제들을 선제적으로 예측하고 분석하는 것이다. 셋째, 인공지능의 인격체로의 발전 가능성, 인공지능을 활용한 인간의 능력 증강과 그에 따른 인간 정체성의 변화, 그리고 기계의 인간화 경향과 인간의 기계화 경향이 교차하는 미래의 포스트휴먼 환경에서 궁극적으로 인간과 인공지능이 함께 공존할 수 있는 적합한 담론으로서 포스트휴머니즘을 모색하는 것이다. 이는 곧 다가올 미래 사회에 대한 초학제적 대응의 의미를 갖는다.

이 책은 이러한 배경과 취지에서 기획되었다. 원래 이 책의 주제와 내용은 2019년에 고등과학원에서 과학 연구의 지평을 확대하고, 학문 간 협력을 통해 새로운 학문적 아젠더를 개발하려는 목표를 갖고 추진됐던 '초학제Transdisciplinary 연구 프로그램'의 주요 주제와 내용이다. 이 연구 프로그램의 일환으로 '2019 올해의 주제 연구단(연구 책임자: 이중원)'이 출범하여 '인공지능과 포스트휴머니즘'을 주제로 다양한 학술 활동을 진행하였는데, 이 책에 수록된 글들은 그 활동의 일부 결과물이다. '인공지능과 포스트휴머니즘'의 다양한 핵심 테마 가운데 현재와 가까운 미래에 인간 사회에 중요하게 부각될 4개의 테마를 선정하여 이 책을 기획한 것이다. 그래서 이 책은 크게 4부로 구성돼 있다. 제1부에서는 '인공지능과 뇌'를, 제2부에서는 '인공지능과 언어, 학습'을, 제3부에서는 '인공지능과 포스트휴먼 사회'를, 그리고 마지막 제4부에서는 '인공지능과 예술'을 주제로 다룬다.

먼저 제1부인 '인공지능과 뇌'에서는 인공지능 대 인간 지능의 문제를 중점적으로 다룬다. 인간의 지능을 모방하여 만든 인공지능이 인간 지능과 닮은 점은 무엇이고 차이점은 무엇인가? 인공지능은 인간 지능을 뛰어넘을 수 있을까? 이와 같은 물음을 중심으로 인공지능과 인간 지능의 관계를 비교·분석한다.

첫 번째 글인 이경민의 「인공지능과 뇌」는 인공지능의 철학적 맥락을 탐색한다. 인공지능을 규정하는 맥락은 인간 지능의 진화와 발달을 규정하는 맥락과 이어져 있으며, 인공지능의 특징과 의미는 인간 지능의 그것들과 연관돼 있다. 따라서 인공지능의 현재와 미래를 깊이 있게 이해하기 위해선 인간 지능에 대한 이해가 중요하다. 이 글은 인간 지능에 대한 이해를 위해, 인간 지능의 현존재를 규정하는 사실성facticity과 역사성historicity 요인들 가운데 다음의 세 가지에 주목한다. 첫째는 지능 진화 과정의 물질성, 즉 물질적 조건과 한계이고, 둘째는 지능이 발현되는 과정에서 물리적 수준과 행위 수준 간의 혼종적 상호작용이며, 셋째는 지능 수행의 중층적 결과물들, 즉 수행의 직접적 성과와 간접적 학습 효과를 통한 지능의 자기 재창조성이다. 이러한 철학적 탐색은 인공지능의 현재와 미래에 관한 깊이 있는 이해를 제공해줄 것이다.

두 번째 글인 조영임의 「인간 지능과 인공지능」은 지능 개념에서부터 출발하여 인공지능의 목표 분석 및 인공지능과 인간 지능의 비교를 통해 인공지능의 본질을 파악하려 한다. 먼저 지능이란 무엇인가와 관련하여 지능의 진화 과정을 뇌의 연산 작용 프로세스에 근거하여 설명한다. 이어 인공지능의 개념, 머신러닝과 인공지능의 관계, 전통적 프로그래밍과 머신러닝의 차이점, 그리고 데이터·정보·지식 간의 관계를 구체적인 예를 들어 분석한다. 인공지능의 목표에 대해서는 인공지능을 네 가지 관점으로 분류 — 인간과 같은 사고 시스템, 합리적 사고 시스템, 인간과 같은 행동 시스템, 합리적 행동 시스템 — 하고 이 각각에 대해 인공지능의 목표를 구분하여 설명한다. 나아가 인공지능과 인간 지능을 소프트웨어적 측면, 하드웨어적 측면, 그리고 데이터 처리 방식 측면에서 비교 분석한다. 결과적으로 이는 인간 지능의 우월함 또는 자존감을 회복하는 데, 그리고 인공지능과는 대결이 아니라 파트너십을 통해 인공지능을 바르게 이해하는 데 크게 기여할 것으로 본다.

제2부인 '인공지능과 언어, 학습'에서는 인공지능 기술의 패러다임적 변화를 살펴보면서 그에 따른 인공지능의 언어와 학습 능력을 중점적으로 다룬다. 또한 인공지능 시대에 인공지능을 활용한 성공적인 교육의 방향과 그 가능성을 살펴본다.

세 번째 글인 최인령·신중휘의 「인공지능과 기계번역」에서는 튜링 시절부터 인공지능, 특히 언어 지능을 이끌어온 기계번역의 발전사를 살펴보면서, 특별히 최근에 번역에서 눈부신 발전을 이룬 인공신경망 기계번역에 주목한다. 기계번역의 가능성이 제시된 이후 70여 년이 흐르는 동안 기계번역은 세 번의 기술 혁신을 통해 오늘날의 언어 지능을 탄생시켰다. 첫 번째 모형은 1949년 워런 위버의 제안에 따라 탄생한 규칙 기반 기계번역이다. 이어서 두 번째 모형은 1993년에 등장한 통계 기반 기계번역이다. 세 번째 모형은 오늘날 각광받고 있는 딥러닝 원리를 이용한 인공신경망 기계번역이다. 이는 인간이 수많은 사례를 접하면서 배워나가듯이 인공지능이 방대한 양의 데이터를 통해 스스로 학습하는 방식으로 이루어진다. 그렇다면 인간의 번역에 점점 더 가까이 다가

가고 있는 기계번역은 미래에 다양한 언어 간 장벽을 사라지게 할 수 있을까? 기계번역이 변화무쌍한 인간의 언어를 대체할 것인가를 놓고 현재는 낙관론과 비관론이 대립하고 있다. 하지만 우리는 이미 인간과 기계의 협업이 요구되는 포스트휴먼 시대에 접어든 만큼, 기계번역은 인간과 기계가 상생의 길로 가는 데 중요한 역할을 할 것으로 기대해볼 수 있다.

네 번째 글인 이영준의 「기계 학습과 인공지능 시대의 교육」에서는 우선 기계 학습과 인간의 학습을 비교·분석한다. 인간의 학습은 경험을 일반화하여 예측하는 데 초점이 맞추어져 있다면, 인공지능의 학습은 경험 대신 매우 복잡한 알고리즘과 방대한 데이터를 통해 이루어진다. 학습의 진행 과정 및 방식이 서로 다른 것이다. 인공지능의 학습 알고리즘은 뇌의 신경망에서 따왔기에 인공신경망이라고 불리지만, 인간처럼 스스로 창의적으로 학습하는 데에는 한계를 보인다. 그렇더라도 인공지능의 학습 능력은 인간의 그것과 차별화돼 있기에, 인공지능 시대의 인간 교육에 대해 시사하는 바는 매우 크다. 인공지능 시대에는 현재와 다른 교육 환경이 제공될 것인 만큼, 이에 걸맞은 새로운 교육 형태와 방식이 필요하다. 인공지능 시대의 미래 인재 양성을 위해서는 학습자 및 교사와 같은 교육 주체들이 인공지능의 강점과 약점을 파악하고 원리와 개념을 이해하여 효과적으로 활용할 수 있도록 해야 한다. 한마디로 성공적인 교육을 위해 인간의 학습 능력에 대한 이해를 기반으로 인공지능 시스템과 상호 보완할 수 있어야 한다.

제3부인 '인공지능과 포스트휴먼 사회'에서는 인간의 생활양식

뿐 아니라 인간존재의 의미에도 큰 영향을 끼칠 인공지능 로봇들이 등장함에 따라 인간과 인공지능이 사회적으로 어떻게 공존할 것인지에 대해 다룬다.

다섯 번째 글인 신상규의 「인공지능과 포스트휴먼」에서는 인공지능의 등장으로 부상한 포스트휴먼 담론이 갖는 함축이 무엇인지를 중점적으로 살펴본다. 먼저 인간과 기계 사이에 존재하는 범주적 구분의 해체다. 이는 인간 향상을 중심으로 한 인간의 기계화 현상과 인공지능을 중심으로 한 기계의 인간화 현상 때문이다. 다음은 이러한 현상을 이해하기 위한 사유 프레임으로서 포스트휴먼 담론에 대한 이해다. 미래의 존재자인 포스트휴먼에 관한 '포스트휴먼-이즘posthuman-ism'인지, 아니면 탈인간 혹은 탈휴머니즘 담론으로서의 '포스트-휴머니즘post-humanism'인지 구분해볼 수 있다. 마지막으로 인공지능의 발전으로 야기될 다양한 사회적 변화에 대해 포스트휴머니즘이 시사하는 바가 무엇인지를 검토한다.

여섯 번째 글인 양천수의 「인공지능과 법」에서는 인공지능의 등장으로 인한 새로운 법적 문제를 다룬다. 특히 인공지능의 법적 문제를 해결하는 데 바탕이 되는 인공지능의 법적 주체 문제를 살펴본다. 인공지능이 법적 주체가 될 수 있는지는 인공지능이 권리와 의무를 가질 수 있는지, 독자적으로 책임을 질 수 있는지와 밀접한 관련을 맺는다. 특정한 존재가 법적 주체가 될 수 있는가의 문제는 그동안 법학에서는 법적 인격을 지닐 수 있는가의 문제로 논의돼왔다. 지금까지 법적 인격은 자연적 인간을 출발점으로 삼 있는데, 이는 법적 인격을 인간 중심적 모델에 따라 판단한 것이다. 그러나 인공지능 혁명이 진행되는 오늘날 이러한 인간 중심적 모델이 여전히 유효한지에 의문을 제기할 수 있다. 이러한 문제의식에서 보면 인공지능이 법적 인격을 취득할 수 있기 위해선 새롭게 탈인간 중심적 모델이 필요하다. 이 글은 특정한 요건을 충족하는 경우 인공지능 역시 법적 인격을 취득할 수 있음을 강조한다. 또한 인공지능의 법적 인격은 획일적으로 판단하기보다는, 법적 문제의 다양한 성격을 고려하여 개별적으로 판단하는 게 바람직하다고 본다.

마지막 제4부인 '인공지능과 예술'에서는 인공지능과 빅데이터가 예술에도 활용되면서 인간의 최고 고등 영역으로 여겨져온 예술적 창의성을 인공지능에게 부여할 수 있는지의 문제를 다룬다. 인공지능이 인간 예술가처럼 예술적 창의성을 가질 수 있는가, 달리 말해 인공지능의 창작 활동은 예술 활동인가, 혹은 예술 활동은 아닐지라도 인공지능의 창작물은 예술 작품일 수 있는가가 주요한 논쟁점이다.

일곱 번째 글인 이진경의 「인공지능 시대의 예술작품」에서는, 벤야민의 「기술복제시대의 예술작품」에 내재된 관점에서 인공지능 시대의 예술 작품을 다루어보고, 이를 통해 인공지능을 둘러싼 인간과 기계의 관계에 대해 사유한다. 벤야민에 따르면 영화의 몽타주나 회화의 콜라주와 같은 작품은 복제 기술로 생산된 단편들의 조립을 통해 숙련과 독창성을 기반으로 하는 이전의 창작 방법을 근본에서 바꾸어놓는다. 이런 맥락에서 최근의 인공지능 기계는 인간에 고유하다고 가정된 창조성은 아니지만 창조적 능력을 가질 수 있으며, 창조성 역시 인간과 기계의 연속선상에 놓여 있다고 할 수 있다. 이제 창조성을 인간과 기계의 경쟁이나 적대적 차원이 아니라, 이미 예술가들이 앞서 보여준 것처럼, 인간과 기계의 협조 관계라는 맥락에서 볼 필요가 있다. 아이들이 독립성을 갖게 되면 부모가 그들과 다른 관계를 맺어야 하듯이, 이제 더 큰 독립성을 갖게 된 인공지능 기계들에 대해 인간이 어떤 관계를 맺을 것인가가 중요하다.

마지막 여덟 번째 글인 강미정·김경미의 「AI 아트: 인간과 기계의 공생」에서는 최근 딥러닝 기술을 활용한 AI 음악 또는 AI 미술 활동을 하는 예술가들을 조명하면서, 그들의 작품이 온전한 인간의 창조물인가, 아니면 전적으로 AI의 결과물인가라는 질문을 던진다. 이에 대해 AI 아트의 창조가 인간이나 기계 어느 한쪽에 의해서가 아니라 양자의 공생과 협업을 통해 이루어짐을 강조한다. 특히 비인간 객체도 인간과 동등한 행위능력을 보유할 수 있다는 라투르와 하먼의 행위자적 관점을, AI 아트가 복잡한 네트워크에서의 인간과 기계의 동맹 또는 공생으로 이해될 수 있는 근거로 제시한다. 이러한 비인간 존재론의 관점에서, AIVA, EvoM, 에이아이캣AICAT, 수퍼톤Supertone에서 제작한 AI 음악의 사례들, AI 기술 외에 데이터의 상호작용과 인공생명을 결합하여 AI 아트의 가능성을 제시한 지하루와 웨이크필드의 인공 자연, 딥드림과 AI 아틀리에를 활용한 작품들, 그리고 노진아의 로봇 작업 등 AI 미술의 사례들을 심도 있게 고찰하고 있다.

이 책이 나오기까지 많은 분의 도움이 있었다. 제일 먼저 국내의 많은 학자가 모여 1년 동안 '인공지능과 포스트휴머니즘'에 관한 다각도의 심층적인 논의를 할 수 있도록 지원해준 고등과학원에 깊은 감사를 드린다. 또한 고등과학원의 초학제 연구 프로그램인 '인공지능과 포스트휴머니즘'의 기획 및 운영에 적극 참여한 최인령 박사와 서울시립대 미래철학연구센터에도 감사를 드린다. 또한 논의 과정에 함께 참여하여 '인공지능과 포스트휴머니즘'이 좀 더 성숙하고 세련되도록, 수많은 시간을 함께 모여 토론하고 숙의했던 국내의 수많은 과학자와 철학자(이 책의 지은이들과 그 외 세미나 참가자들)에게도 이 자리를 빌려 진심으로 감사의 뜻을 전한다. 마지막으로 이 책의 출판을 흔쾌히 수락해주신 이학사의 강동권 대표님과 이학사 편집부에도 깊은 감사를 드린다.

서울 배봉골 산자락에서
이중원 씀

차례

5   머리말   이중원

19 **제1부 인공지능과 뇌**
21 1장 인공지능과 뇌   이경민
35 2장 인간 지능과 인공지능   조영임

63 **제2부 인공지능과 언어, 학습**
65 3장 인공지능과 기계번역   최인령·신중휘
102 4장 기계 학습과 인공지능 시대의 교육   이영준

123 **제3부 인공지능과 포스트휴먼 사회**
125 5장 인공지능과 포스트휴먼   신상규
159 6장 인공지능과 법   양천수

183 **제4부 인공지능과 예술**
185 7장 인공지능 시대의 예술 작품   이진경
220 8장 AI 아트: 인간과 기계의 공생   강미정·김경미

253 지은이 소개

제1부　　　　　　　　　　　　　　　**인공지능과 뇌**

1장 인공지능과 뇌

이경민

　지난 수년간 인공지능에 대한 논의가 한창이었다. 사람만이 할 수 있다고 간주했던 작업들을 인간보다 더 잘, 더 빨리, 더 많이, 지치지도 않고 척척 해내는 계산 체계들을 보면 경탄을 넘어 경외가 일지 않을 수 없다. 초기의 충격과 두려움이 다소 잦아들고 인공지능을 어차피 받아들여야 할 것으로 인식하는 한편, 그 발전의 방향과 내용이 대충이나마 윤곽을 드러내기 시작한 지금, 우리가 인공지능을 어떻게 바라봐야 할지 차분한 마음으로 성찰할 때가 된 것 같다.

　인공지능 발전의 계기는 무엇인가? 인간 지능이 왜 인공지능을 발전시키게 되었을까? 피조물인 인공지능과 창조자인 인간 지능의 관계를 어떻게 바라보아야 할까? 인공지능은 도구인가, 아니면 독립적 존재일 수 있을까? 인공지능의 발전은 인간 지능 진화와 발전의 연장선에서 우연히 혹은 필연적으로 일어난 사건인가?

I. 지능과 뇌

인간의 지능은 부단히 자기 제조autopoiesis하는 능력의 일부이다(Maturana and Varela, 1980). 이 능력은 물리 세계의 관성과 엔트로피라는 두 가지 경향성을 거슬러, 모든 존재하는 것들이 비존재로 해체되는 위험에 저항한다. 시간의 흐름 속에서 존재자가 다음 순간의 존재자를 만들어내는 재창조 과정이다. 이런 점에서 지능 체계의 존재 양식은 주어진 물리적 조건과 상호작용하며 끊임없이 자기를 재생산하는 생명체 존재 방식의 연장이며 확장이다. 인간 지능이 창조한 인공지능도 이러한 주체와 환경 사이의 변증법적 상호작용 속에서 자기 제조를 매 순간 반복하는 영원회귀적 인간 지능의 발현이며 연장이지 않을까?

인간이 지능적 행동을 하는 데 뇌가 절대적으로 필요하다는 것을 의심하는 사람은 없을 것이다. 지능의 발휘에 뇌만으로 충분하지 않다는 것도 의심할 바 없는 사실이다. 반대로 지능적인 행동은 뇌에 어떤 영향을 미치는가? 지능적 행동을 수행하는 것 자체가 뇌의 존재, 즉 뇌의 발생과 유지에 필요하거나 충분한가? 모든 정신현상을 물리현상으로 환원시켜 설명할 수 있다는 환원주의적 물리주의자들은 아마도 받아들이기 어렵겠지만, 물리현상인 뇌가 존재하는 데 정신현상인 지능적 행동이 반드시 필요하다. 즉 뇌는 지능적인 행동을 통해서만 그 존재를 유지할 수 있다. 따라서 지능과 뇌의 관계는 한편이 그 반대편에 의존해야만 존재할 수 있는 상호 의존적 관계이다. 이에 대한 근거는 아래에서 더 살펴볼 것인데, 뇌와 지능의 상호 의존적 관계를 이해하고 이를 개념적으로 확장하면 뇌를 포함한 물질현상 일반과 지능을 포함한 정신현상 일반 사이의 관계, 즉 심신 문제mind-body problem를 이해하는 데 도움이 될 것이다. 역으로 심신 문제를 이해하는 것은 이 글의 관심 주제인 인공지능이 발전하게 된 계기와 그 의의를 파악하고, 향후 발전 방향을 그려보는 데 도움이 될 것이다.

II. 지능의 물질성

모든 살아 있는 자연 지능 체계들은 궁극적으로 태양이 제공하는 에너지를 소모하고, 지구의 다양한 환경 여건을 이용하여 발생하고 진화하며 생명을 유지한다. 이와 마찬가지로 생명 지능 체계의 존재 조건인 물리 세계가 제공하는 기회와 위협에 적응하고 타협하면서 발전시킨 결과물이 인공지능이다.

사람의 뇌는 중량을 가지고, 수많은 세포로 구성된 물질적 조직 체계이다. 각 세포들은 복잡한 생화학적 기제를 작동시켜 에너지를 변환시키고, 이렇게 생산된 에너지를 이용해 스스로를 유지-재생산하면서 서로 간에 신경 신호로 소통한다. 이런 생화학적/생물리적 과정들은 당연히 물리법칙들을 따르는데, 부분 단위 수준에서 법칙들에 어긋나는 듯 보이는 경우에도 전체 체계의 수준에서는 물리법칙이 궁극적으로 철저하게 관철된다.

인간의 지능과 관련하여 뇌의 에너지 대사는 매우 중요한 제한 요인으로 작용한다. 만일 인류의 진화에서 불의 사용과 이에 따른 소화 흡수 효율의 증가가 없었고, 그 결과인 에너지 공급의 총량과 단위시간당 공급률의 증가가 없었다면 인간 뇌의 진화와 지능의 발전은 불가능했을 것이다(Wrangham, 2009). 채식 동물들은 깨어 있는 시간 내내 먹는다. 광합성을 통해 태양에너지를 유기화합물로 전환시켜 축적하고 있는 식물들의 에너지 밀도가 대체로 낮기 때문이다. 위장관에 공생하는 세균총이 식물성 화합물들의 분해를 도와주지 않는다면, 하루 종일 먹어도 그 하루 동안 필요한 에너지를 흡수하지 못할 수도 있다. 육식동물들은 채식 동물에 집적된 고에너지를 덩어리로 섭취하므로 에너지 섭취 효율이 높은 편이지만, 섭취의 기회가 늘 부족하다. 그런데 인간의 뇌는 이런 채식 동물들과 육식동물들의 에너지 섭취 방식으로 계산하면 도저히 감당이 되지 않을 만큼의 많은 에너지를 소모한다. 신경세포들의 에너지 소모량이 높기 때문에 먹이를 날로 먹는 동물들은 더 큰 뇌를 장착해도 유지할 수가 없을 것이다. 인간이 이런 에너지 수급의 한계를 혁신적으로 극복하고 몸의 크기에 비해 진화상 유례없이 거대한 뇌를 보유할 수 있는 중요한 계기가 된 것이 바로 불의 사용이다. 유기물질에 열을 가하면 소화가 쉬워져서 에너지 추출과 흡수가 빠르게 되고, 하루 동안 에너지 수요와 공급을 맞출 가능성이 열린다. 불의 사용은 인간의 지능을 밑받침하는 뇌가 지구상의 생태계에서 출현할 수 있었던 행동적 기반이다.

인간의 뇌에서 작동하는 정보처리 기제들은 되도록 에너지 소모를 최소화하는 방식으로 진화해온 것으로 보인다. 뇌세포 사이의 정보 전달은 활성 전위라는 전기적 파동과 신경전달물질의 분비와 흡착이라는 생화학적 기제를 통해 일어나는데, 이에 들어가는 에너지 소모량이 세포의 에너지 생산량에 비해 매우 큰 편이다. 그렇기 때문에 뇌의 정보처리에서 에너지 효율, 즉 에너지 소모 대비 정보처리량이 높은 방식들, 예를 들면 신호 처리의 방식에서 활성 전위의 빈도를 최저 수준으로 유지하는 희소 부호화sparse coding와 뇌혈류를 통한 에너지 수급의 적시 공급just-in-time 방식들이 선택되었을 수 있다. 이렇게 물리 세계의 일반 법칙들이 인간의 지능에 대하여 제한 요인으로서 작용하는 것을 지능의 물질성materiality이라고 할 수 있을 것이다.

III. 물리-행위의 회귀적 혼종 결합

인간 지능은 물리와 행위의 회귀적 혼종 결합이다. 물리현상인 뇌의 생화학적/전기적 기제들로부터 행위의 의도가 산출되고 실행되며, 행위의 물리적 영향이 뇌의 정보처리 기제들에 되먹임되어 회귀 고리가 성립된다. 이런 회귀 고리에서 물리현상과 정신현상의 차원들이 혼종적으로 결합하고, 상방bottom-up과 하방top-down의 인과적 결정causation들이 상호작용하는 틈새에서 자유의 계기가 창발한다. 회귀 고리를 작동시키는 개체들이 물리 세계를 매개로 행위를 통해 다른 개체들과 소통함으로써 개체성을 초월하여 유類적 존재로 나아간다.

물리-행위의 혼종 결합의 예로서 앞서 언급한 소화와 불의 사용의 상호작용을 통한 뇌와 지능의 진화를 다시 생각해보자. 언제 어떻게 불을 사용하게 되었는지는 신화의 영역에 속하지만, 뇌에서 불을 사용하는 행위가 만들어진다는 것에는 의심의 여지가 없다. 즉 전기 생화학적 연결망에서 일어나는 일련의 사건들이 불로 먹이를 요리하는 행동의 물리적 기반이다. 한편 앞서 설명했듯이 불로 익혀 먹는다는 행동이 없었다면 대뇌피질의 팽창이 불가능했을 것이고, 지능을 발휘하는 인간의 뇌가 지구상에 출현할 수 없었을 것이다. 인간 뇌의 진화와 지능의 발달은 물리-행위의 혼종 결합의 회귀 고리를 통해 이루어졌다.

뇌에서 물리현상과 정신현상이 차원을 넘나들며 혼종 결합하는 다른 예로 기억 기능을 들 수 있다. 환경과의 상호작용을 통해 생명 지능 체계는 끊임없이 변화한다. 환경의 제약 여건에 맞는 행동 반응들을 산출하는 과정에서 생명 지능 체계 속에 흔적이 남고 확률분포가 체화된다. 해본 일은 더 잘하게 되고, 안 해본 일은 못하게 된다. 작용이 과도하게 되면 체계 자체에 스트레스가 발생하고 경우에 따라 영구적인 손상과 해체가 일어나기도 한다. 물리적 자극들에 지능 체계의 복잡한 연결망이 반응할 때 그 연결망의 일부가 강화되고 다른 일부는 약화되는 변화가 일어나는데, 이것이 바로 기억 현상이다. 이런 생명 지능 체계의 내적 변화는 무생물체와 달리 수동적이지 않다. 체계의 생명력, 즉 복원력을 발휘하여 다음 순간의 자기 재창조의 가능성을 능동적으로 확보한다. 재창조의 과정은 이러한 수행의 부단한 반복임과 동시에 수행에서 파생하는 변이들의 누적이기도 하다. 이렇게 수행을 통해 연결망이 바뀌는 과정이 기억의 생물리적 토대이다. 이런 의미에서 기억은 정보처리 과정의 내적 물질화이고, 행위와 물리의 회귀적 혼종 결합이다.

IV. 뇌신경망이 생산하는 반응과 의미

칸트Kant는 정신에서 오성Verstand과 이성Vernunft을 구별하였고, 아렌트는 오성intellect과 이성reason의 목표가 각각 진실truth과 의미meaning라고 부연하였다(Arendt, 1971). 제기된 질문에 대한 정답이 진실이고 오답이 거짓이라면, 정답이든 오답이든 모든 대답은 맥락context을 질문과 공유한다. 반면 이성이 추구하는 의미는 주어진 문제들과 응답들은 물론 해결을 위한 노력과 수행 그 자체, 그리고 그 문제와 해결이 공유하는 맥락까지 포괄하는 총체적 사태에 일어나는 변화까지 포괄한다. 이런 관점에서 오성의 작동으로 얻어지는 응답은 산출물output, 성과performance, 직접적 결과와 관련되는 개념이고, 의미는 영향influence, 효과effect, 충격impact, 간접적 결과, 파생, 흔적 등과 가까운 개념이라고 할 수 있다. 응답은 질문에 대하여 물리적, 생리적, 그리고 심리적 현상들이 각각의 수준에서 반응하는 대답이고, 의미는 이런 수준들의 경계를 넘나들며 문제들에 반응하는 과정에서 창발한다.

생명 지능 체계의 작용, 특히 뇌와 행동의 작동 기전을 이러한 응답과 의미라는 관점에서 분석해보자. 뇌신경망은 물리적 작동 방식으로 질문에 응답한다. 예를 들어 시각 자극이 망막에 도달해서 막대 세포, 추형 세포를 흥분시키면 신경망에 활성화의 연쇄반응이 유발된다. 이 신경 활성화 반응은 시신경, 외슬핵lateral geniculate body, 일차 시각 피질, 연합 시각 피질을 거쳐 전달되는 활성 전위의 물리적 패턴이다. 신경세포 연결망의 활성화가 전두엽에 도달하면 운동 반응이 촉발되는데, 이는 또한 신경세포들에서 일어나는 전기화학적 사건들이다.

물리적 자극이 감각세포로부터 운동신경에 이르는 연결망을 추동해서 물리적 반응을 유발하는 과정은 각 단계의 신경세포들 간에 이미 형성되어 있던 연결들, 즉 활성화의 가능성들이 활성화로 실현되는 과정이다. 이렇게 만들어진 반응은 자극과 그 맥락을 공유하는 응답이라고 볼 수 있다.

이런 자극-반응의 연쇄는 파생 효과들도 수반한다. 운동으로 산출되는 행동이 외부 환경에 직간접적 변화를 초래하는 동시에 자극-반응 연결망 자체가 활성화로 인해 변화된다. 뇌의 내부에 일어난 연결망의 변화는 미래의 뇌 활성화가 달라지는 가능성을 창출한다. 요컨대 뇌신경망이 활성화하면, 반응을 통해 세계를 변화시킴과 동시에 신경 연결망 자체가 변화되면서 새로운 의미들을 만들어낸다. 이와 함께 개별 뇌들은 반응을 통해 다른 뇌 개체들과 소통하면서 상호 주관적 의미망을 형성하는데, 뇌 내부의 신경망이 경계 너머 외부로 확장하며 새로운 의미를 파생하는 것이라 할 수 있다.

V. 뇌 반응의 실행과 학습

사람의 뇌를 포함한 모든 생명-지능체가 문제에 반응하는 것은 응답의 실행 과정임과 동시에 반응의 의미망을 갱신하는 학습 과정으로서 중층적 의의를 가진다. 뇌신경망은 과거의 경험들이 쌓여 형성된다. 현재 발현하는 행동 경향성인 자아는 해당 개체가 잉태 후부터 직접 경험해온 것들과 그 자아가 태어나기도 훨씬 전부터 유적 존재로서 경험해왔던 것들을 모두 포함한 과거 경험의 총체라 할 수 있다. 따라서 현재의 실행은 과거 경험의 반복이다. 그런데 동시에 실행은 학습을 통해 미래의 자아를 위한 가능성들을 창조한다. 이번 실행이 과거의 실행들, 즉 지금의 자극-반응 연결망을 만들었던 실행들과 완전히 동일할 수 없기 때문에 미래를 위한 변이가 수반된다. 이렇게 현재 실행되는 모든 행동은 반복과 변이의 중층성을 통해 자아의 과거와 미래를 매개한다. 과거 경험들을 체화한 지금의 자기가 미래의 자기로 재탄생한다.

뇌에서 행동의 실행과 학습은 시간 주기가 서로 다른 두 가지 되먹임 기전들에 의해서 이루어진다. 실행을 위한 되먹임 기전은 외부 환경을 매개로 활용한다. 환경에서 감각기관을 통해 뇌로 들어온 자극이 뇌의 정보처리 기제를 통과하면서 운동기관을 추동하여 환경에 작용하는데, 바로 그 작용의 결과가 뇌로 다시 들어가는 되먹임 감각 자극이 된다. 실행 수준의 되먹임을 통해 운동의 목표가 달성되었는지를 판단하고, 필요하면 교정 운동을 추가적으로 실행하여 목표 상태에 도달한다. 학습을 위한 되먹임 기전은 실행 되먹임 기전들의 수행에서 누적되는 오차를 되먹임 신호로 사용한다. 실행 되먹임과 학습 되먹임를 대비하기 위해 프리즘 적응 실험을 고려해보자(Taylor, Krakauer & Ivry, 2014). 빛의 경로가 30도 오른쪽으로 비틀어지게 만드는 프리즘을 착용하면 정면에 있는 물체가 왼쪽 30도에 치우친 것처럼 보이고, 오른쪽 30도에 있는 물체가 정면에 있는 것처럼 느껴진다. 이런 프리즘을 쓰고 공 던지기를 하면 정면에 보이는 목표물을 향해 던진 공이 왼쪽 30도만큼 벗어난 위치에 떨어짐을 보게 되고, 오류를 줄이기 위해 다음 시도에서는 일부러 오른쪽 30도 방향을 향해 공을 던지는 전략을 쓰게 될 것이다. 뇌에서 실행 되먹임 기전이 제대로 작동하는 대부분의 피험자들은 이처럼 시행착오를 겪은 후에 의식적으로 투척 방향을 교정해서 실행의 목표를 달성할 수 있다. 그런데 프리즘을 쓰고 계속 공을 던지다 보면 공의 착지점이 목표보다 오른쪽으로 치우치는 경향성이 나타난다. 즉 우측 30도 방향 교정 전략을 계속 사용하면 점점 공을 30도보다 치우친 방향으로 던지게 되는 것이다. 이런 과잉 교정 현상은 학습 되먹임 기전이 작동하기 때문에 나타난다. 그런데 이 학습을 위한 되먹임 기전은 무의식적이어서 전략적 실행 되먹임 뇌 기전의 입장에서는 작동 여부를 미리 알 수가 없고, 공이 던져진 후 착지 결과를 통해서 깨달을 수밖에 없다. 학습 되먹임 기전에 의해 과잉 교정하는 자기 자신을 사후에야 발견하는 것이다.

이처럼 실행과 학습 과정에 두 가지 역동적인 기전들이 각각 작용한다. 실행의 목표를 달성하기 위해서 행동의 결과를 예측하고

의식적으로 전략을 수정하는 되먹임 기전이 있고, 실행이 반복되면서 감각-운동 연합에 점진적인 변화가 일어나고 운동 조절 기제가 서서히 적응하는 학습 되먹임 기전이 독립적으로 존재한다. 이런 두 층위의 실행 조절과 운동 학습이 어떻게 뇌에서 구현되는지에 대하여 더 밝혀내야 할 것들이 많이 남아 있지만, 전략적·의도적 통제는 전두엽을 중심으로 연결된 신경망의 기능이고, 감각-운동 연합의 학습은 소뇌로 연결되는 뇌신경망의 변화에 수반되는 것으로 알려져 있다(Taylor and Ivry, 2014).

이처럼 인간의 지능적 행동을 밑받침하는 뇌의 기제들은 중층적이고, 필요에 따라 진화한 기제들이 누적된 것이다. 진화의 경로가 하나의 목표 점을 향해 직선적으로 발전한 것이 아니라, 지구 환경과 종간 경쟁 등 역사의 굴곡을 반영하여 매우 난삽하고 복잡했음을 짐작할 수 있다. 그런 점에서 인간의 지능은 잡다한 도구들을 모아놓은 도구 상자와 같다. 언제 쓰일지 모르는, 그러나 때에 따라 가장 긴요하게 쓰이는 도구들, 이가 없으면 잇몸으로 대체하듯 쓸 수 있는 도구들이 함께 들어 있는 도구 통 말이다. 들어 있는 도구들마다 도구 통에 들어온 각자의 역사와 계기가 있다. 못질이 필요한 때가 있었고, 대패질을 해야 하는 경우도 있었다. 통에 든 도구들 사이에 연관성도 깊다. 망치를 쓰려면 못을 함께 사야 하는 것처럼. 인간의 지능도 마찬가지일 것이다. 태양 빛이 있어서 지구상에 시각을 가진 생명-지능체가 발달할 가능성이 존재하고, 야행성 지능체들에겐 청각이 더 긴요했을 수 있다. 망막에 해상도가 높은 중심와가 형성된 것은 눈을 필요에 따라 움직일 수 있는 안구 운동의 발달과 필연적으로 공진화했을 것이다.

현재도 진행되고 있는 진화와 적응의 관점에서 인간의 것이든 인공의 것이든 지능을 두 가지 측면에서 확장하여 이해할 필요가 있다. 첫째, 지능 행동을 구성constitution하는 요소들의 측면에서 확장이 필요하다. 뇌세포들뿐만 아니라 에너지를 공급하는 몸의 생리적 기능들, 몸을 둘러싼 환경, 최소한 작게 잡아 지구와 태양도 지능적 행동을 물리적으로 구성하는 요소에 포함시켜서 지능을 이해해야 한다. 둘째, 지능 행동을 구성construction하는 내용들의 측면에서 확장된 이해가 필요하다. 단지 의식적인 정신현상에 국한하면 지능에 대한 총체적 이해가 불가능하다. 의식에 포착되지 않는, 그러나 생명-지능체의 생존 의지에 따라 추동되는 지능적 행위가 수없이 많다. 이런 무의식적 혹은 전의식적이고 지능적인 행위들이 의식에 포착되는 듯이 보일 수 있지만 대부분 행위의 결과를 통해 사후 추론할 수 있을 뿐이다. 갑자기 떠오르는 기발한 아이디어들은 어디서 어떻게 산출되는가? 내가 가지고 있다고 생각지도 못한 재능이나 역량을 발견하고 스스로 깜짝 놀란 경험이 없는가? 아마도 많은 지능적 행위의 근거는 인간의 기본적인 생리적 필요와 삶의 욕구에 연결되어 있을 것이다. 물론 무의식적인 과정들만으로 지능적 행동을 충분히 설명할 수는 없겠지만, 이런 요소들을 배제하고 의식적 현상들만으로 지능을 설명하는 것은 매우 어려울 것으로 보인다. 지능 행동의 합리성은 무의식적 행동들, 나아가 생명현상의 합리성과 연속되어 있다고 보는 것이 합리적이다. 나아가 생명-지능체의 합리성은 물리 세계의 법칙적 합리성에도 연결된다. 결국 이 우주에 존재하는 모든 존재자의 합리성의 총체가 바로 존재의 합리성이 아닐는지.

VI. 요약과 남은 질문들

요컨대 지능은 물리현상에 기반하고 제약됨과 동시에 물리 세계를 변화시킨다. 이는 지능의 물질성이다. 또한 지능은 의식 – 무의식 – 생명 – 물질로 이어지는 현상들의 중층적 연속성 속에 있다. 이런 점에서 인공지능 또한 인간 지능의 외화된 연장exteriorized extension이며,[1] 환경에 대한 작용의 연장tool이라 할 것이다. 인공지능을 포함한 기술적 진보는 본디 인간 지능의 흔적들이 쌓여서 생겨난 것이지만, 나름의 법칙적 형태화in-formation[2]를 통해 인간을 다시 대면한다.

아직 많은 질문이 남아 있다. 인공지능의 발전을 통해 새롭게 깨닫게 된 인간 지능의 특질은 무엇인가? 인공지능과 인간 지능, 그리고 동물들의 지능을 관통하는 지능의 의미는 무엇인가? 인공지능은 인간 활동의 다른 산물들, 흔적들과 과연 다를까, 어떻게? 인공지능의 물리적 존재 조건과 사회적 존재 조건은 인간 지능의 그것들과 어떻게 다른가? 인공지능은 어떤 물질적 조건에서 자기

---

[1] 인공지능을 포함하는 인간의 기술을 기억을 물질세계로 외화exteriorization하는 과정으로 해석하는 관점은 스티글러(Stiegler, 1998)를 참조하였다.
[2] 법칙적 형태화는 시몽동(Simondon, 2005)의 정보 개념을 원용하였다.

재생산의 체계로 완결될 수 있을까? 인공지능 체계들도 스스로를 지속시키는 사회적 환경을 만들어내어 사회적 조직 체계를 완결할 수 있을까? 스스로 만들어낸 것이든, 인간들에 의해 주어진 것이든 사회적 관계망의 어떤 조건 속에서 지속 가능하고 번성할 수 있을까?

참고 문헌

Arendt, H., 1971, *The life of the mind: Thinking*, Harcourt Publishing Company.

Maturana, H, R, and F, J. Varela, 1980, *Autopoiesis and Cognition: The Realization of the Living*, D. Reidel Publishing Company.

Simondon, G., 2005, *L'individuation à la lumière des notions de forme et d'information*, Millon[질베르 시몽동, 『형태와 정보 개념에 비추어 본 개체화』, 황수영 옮김, 그린비, 2017].

Stiegler, B., 1998, *Technics and Time, 1: The Fault of Epimetheus*, Stanford University Press.

Taylor, J. A. and R. B. Ivry, 2014, "Cerebellar and prefrontal cortex contributions to adaptation, strategies, and reinforcement learning", *Progress in Brain Research*, 210: 217-253.

Taylor, J. A., J. W. Krakauer & R. B. Ivry, 2014, "Explicit and implicit contributions to Learning in a sensorimotor adaptation task", *Journal of Neuroscience*, 34(8): 3023-3032.

Wrangham, R., 2009, *Catching Fire: How Cooking Made Us Human*, Basic Books.

2장 인간 지능과 인공지능

조영임

I. 지능의 기초

1. 지능이란 무엇인가?

지능intelligence이란 무엇인가? 캠브리지 사전에서는 지능을 "The ability to learn, understand, and make judgments or have opinions"라고 정의하고 있고, 옥스퍼드 사전에서는 지능을 "The ability to acquire and apply knowledge and skills"라고 정의하고 있다.

한편 우리나라 국립국어원 표준국어대사전에서는 지능을 "계산이나 문장 따위의 지적 작업에서, 성취 정도에 따라 정하여지는 적응 능력"이라고 정의하고 있고, 지성은 "지각된 것을 정리하고 통일하여, 이것을 바탕으로 새로운 인식을 낳게 하는 정신 작용"으로 풀이하고 있다.

사전적 의미에서 보면 지능은 '빨리 판단하고 이해하며 잘 배우고 적응하여서 지식을 활용할 줄 아는 능력'을 말하는 것으로 요약할 수 있다. 즉 학습 능력뿐 아니라 판단력 및 활용 능력이 지능을 설명하는 중요한 단어라는 것을 알 수 있다.

일반적으로 지능이란 개인이 어떤 사태나 상황에 주어졌을 때 발휘되는 정신 기능이 통합된 것이라고 정의된다(Russell, 2010; 조영임, 2012). 즉 지능은 그 사람이 잘 살아가기 위해서 필요한 판단력이며 사물의 본질을 꿰뚫어 보는 힘이라는 것이다.

인간이 환경에 적응하여 잘 살아가기 위해서는 누구든지 자기가 주어진 상황을 의식하고, 그 속에서의 자신의 입장을 잘 알고, 생각하고, 그에 따라 지금 어떻게 활동하면 좋은가를 올바로 판단하는 것이 요구된다. 이 경우에 동원되는 정신 활동이 지능이다. 따라서 지능에는 직감이라든가 순간적으로 마음에 떠오르는 판단력에서부터 순간적으로는 알 수가 없어도 오랜 숙고 끝에 겨우 어떠한 판단에 도달하는 마음의 작용까지가 모두 포함된다.

지능이란 원래 하나의 개념이며, 그 형체가 눈에 직접 보이는 것도 아니고, 무게를 달거나, 사진으로 찍거나 할 수 있는 실체도 아니다. 따라서 지능 자체를 문제로 삼는다면 논의가 공전하기 때문에 과학의 한 분야인 심리학은 실제로 측정 가능한 수단으로서의 지능검사를 통해서 역으로 지능에 다가서려 했을 것이다. 정신연령이 실제의 나이와 같은 사람, 즉 그 나이에 해당하는 '판단력'을 지닌 보통 사람의 지능지수는 100이 기준이다. 많은 사람의 지능을 검사해서 얻어진 지능지수Intelligent Qutient(IQ)의 수치별로 인원수를 집계하여 그래프로 만들어보면 100을 정점으로 하여 양단으로 완만한 경사를 이루면서 내려가 좌우대칭의 그래프가 된다.

지능은 여러 가지 일이 서로 어떻게 관련되어 있는가를 인식하여 올바른 판단을 내리는 정신 활동이기 때문에 이와 같은 인식과 판단을 하기 위해서는 과거의 체험과 눈앞의 사물이 어떻게 결부되는가를 알지 않으면 안 된다. 즉 지능이 작용할 때는 기억과 그것에 바탕을 두는 판단, 양쪽이 필요하다. 그 기억과 판단을 관장하는 곳이 대뇌cerebrum이다. 신경 회로 속의 신경세포neuron와 또 하나의 신경세포의 접속점인 시냅스synapse에 어떤 종류의 변화가 일어남으로써 사물이 기억되는 것이라고 한다.

"방금 커피를 마셨다"고 하는 단기기억은 신호가 신경 회로를 통과해 갈 때 시냅스에서 방출되는 전달 물질의 양이 변화해서, 그것에 의해 신호가 통과하기 쉬워지거나 통과하기 힘들어지거나 함으로써 정보가 일시적으로 뇌에 저장되는 것을 말한다. 장기기억은 시냅스의 형태 변화가 일어남으로써, 즉 새로운 시냅스가 형성되거나, 그때까지 이미 형성되어 있던 시냅스의 형태에 변화가 일어남으로써 지속적으로 정보가 축적되는 것을 말한다. 지능이 작용한다는 것은 이를테면 '본다', '듣는다'고 하는 자극을 대뇌의 각 중추(이 경우는 후두엽과 두정엽)에서 지각하여 그것을 인식하는 것을 말하는데, 이 인식이라고 하는 판단 행위에는 대뇌피질cerebral cortex의 넓은 영역이 관계하고 있다. 그 넓은 영역이 연합령이라고 불리는 곳이다.

2. 지능의 진화 과정

허희옥(허희옥 외, 2017)은 논문에서 '인간의 훌륭함은 앎에서 나온다', '아는 것이 힘이다' 등을 인용하면서 철학적 지혜나 종교적 가르침으로 전해지는 말들은 우리 인간 삶을 올바르게 하려면 앎이 근본이고 이를 위해 지성, 지능을 연마하는 교육과 학습이 중요하다는 것을 강조하고 있다고 하였다. 가드너(Gardner, 2011)는 다중 지능 이론에 의해 인간 지능을 분류하였는데 특히 지능은 단일한 인지적인 능력이 아니라 서로 연계되지 않으면서도 뇌의 다른 영역과 관련된다고 하였다. 그는 다중 지능을 언어 지능, 논리 수학 지능, 공간 지능, 신체운동 지능, 음악 지능, 대인 관계 지능, 자기 친화 지능, 자연 생태 지능 등 8가지 유형으로 분류하였다.

인간의 지능은 끊임없이 진화하고 있다. 일반적으로 지능은 다음 〈그림 1〉에서와 같이 네 가지 P를 통해 진화한다(Deshpande, Ku-

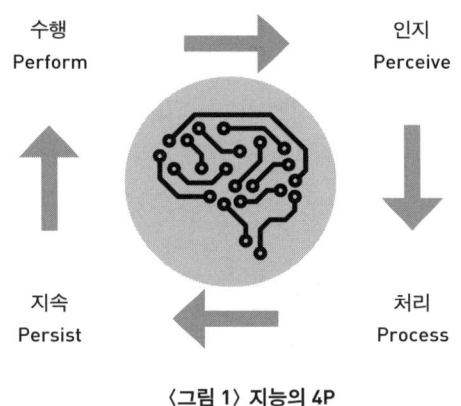

〈그림 1〉 지능의 4P

mar, 2018). 즉 인지Perceive, 처리Process, 지속Persist 및 수행Perform 이 그것이다. 공학적 관점에서 인공지능을 개발하기 위해서는 동일한 주기적 접근 방식으로 기계를 모델링해야 한다. 이는 인간의 지능이 끊임없이 진화하고 있기 때문이다.

지능은 다음 〈그림 2〉에서와 같은 뇌의 연산 작용 프로세스를 거쳐서 저장된다. 뇌는 환경에서 자극을 받으면 감각기억장치에 일부 저장된다. 그러나 이러한 지식은 1-4초면 소실되는 기억이다. 감각기억 중에서 주의를 끌 만한 흥미로운 내용은 단기기억장치에 저장되어 연산을 통해 기억된다. 단기기억장치를 작업기억이라고 한다. 그러나 이러한 기억도 오래가지 못하고 결국 잊히게 된다. 그러면 우리가 기억하는 지식은 무엇인가? 단기기억 중에서 의미가 있어서 적어도 5-7번 반복된 기억이 해마라는 인간의 장기기억장치에 저장되는 것이다. 이것은 컴퓨터에서 서술적 지식, 절차적 지식, 조건적 지식 등을 통해 지식을 표현하는 것과 같은 이치이다.

따라서 인공지능은 여러 프로세스를 통해 의미 있는 지식을 저

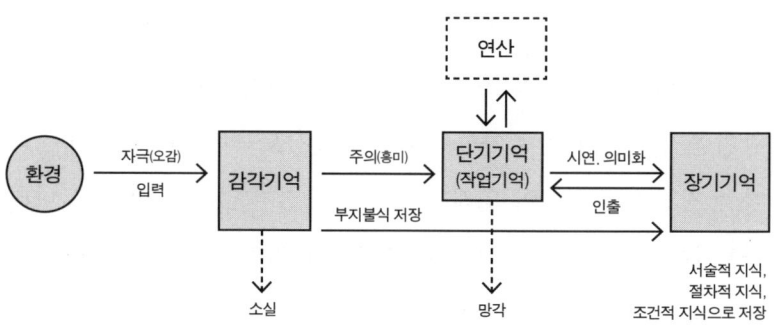

〈그림 2〉 뇌의 연산 작용 프로세스

장해야 하는데, 이는 인공지능이 인간을 모델링하고 있기 때문이다.

II. 인공지능의 특징

1. 인공지능의 분류

1) 강인공지능과 약인공지능

인간이 지닌 지적 능력의 일부 또는 전체를 인공적으로 모델링하여 구현하는 분야가 인공지능이다. 따라서 인공지능은 인간의 지능 학습 과정에 매우 관심이 많다. 이러한 인공지능은 일반적으로는 범용컴퓨터를 통해 소프트웨어적으로 구현되기도 하지만, 어떤 것은 인간의 신경계를 모방한 특수한 회로 칩을 통해 구현되기도 한다.

인공지능은 크게 자아를 지닌 '강인공지능strong AI'과, 자아는 없으며 주어진 조건하에서 지시를 따르는 '약인공지능weak AI'으로 구분된다(조영임, 2020). 강인공지능은 아직 개발되지 않았으며, 강인공지능의 개발이 가능한지에 대해서도 의견이 분분하다. 자아를 지닌 인공지능이 도래할 것이란 증거가 없지만, 반대로 나타나지 않을 것이라는 증거 또한 존재하지 않기 때문이다. 〈표 1〉은 강인공지능과 약인공지능의 특징을 구분해본 것이다.

강인공지능	약인공지능
■ 사람처럼 생각할 수 있는 지능을 갖도록 프로그래밍하는 것을 목표로 하는 인공지능으로 자아가 있는 매우 높은 수준의 인공지능 ■ 인간 두뇌를 대체 가능한 수준으로 다목적 과제 수행 가능한 범용적 인공지능 ■ 빅데이터 기반의 분석 및 자체적 딥러닝 수행 ■ 다양한 분야에서 보편적으로 활용 ■ 알고리즘을 설계하면 인공지능이 스스로 데이터를 찾아서 학습 ■ 정해진 규칙을 벗어나 능동적으로 학습하므로 창조가 가능한 인공지능	■ 특정 문제 해결을 목표로 하는 인공지능으로 자아가 없고 주어진 조건하에서 지시에 따름 ■ 인간 두뇌의 일부 기능을 모방하여 특정 목적에 유용하도록 제한된 기능을 수행 ■ 데이터 패턴의 인식 수행 ■ 프로그램 기반의 로봇, 챗봇 등 대부분의 인공지능이 여기에 속함 ■ 특정 분야에서만 활용 가능 ■ 알고리즘은 물론 기초 데이터나 규칙을 입력해야 작동하며, 이를 바탕으로 학습 ■ 규칙을 벗어난 창조는 어려움

〈표 1〉 강인공지능과 약인공지능

2) 머신러닝과 인공지능

인공지능과 머신러닝, 딥러닝 등은 어떤 관계일까? 이들은 다음 〈그림 3〉과 같은 포함관계를 갖는다. 인공지능은 머신러닝을 포함하고, 머신러닝은 딥러닝을 포함하며, 딥러닝은 로직 시스템을 포함한다.

〈그림 3〉 인공지능의 포함관계

머신러닝을 크게 분류하면 지도 및 비지도 학습의 두 가지 유형으로 분류된다. 인공지능과 전통적 컴퓨터 프로그램은 어떻게 다를까? 다음의 예를 이용하여 전통적 컴퓨터 프로그램과 인공지능 프로그램을 비교 설명해보고자 한다. 〈그림 4〉에서 x는 독립변수이고 입력값이며, y는 x값에 따라 변화하는 종속변수이며 목표값이라고 가정하자. 예를 들어 입력값 x=220이 주어지면, 전통적 컴퓨터 프로그래밍과 머신러닝은 근본적으로 다른 결과를 보여준다.

	x (독립변수)	y (종속변수)	
입력값	100	320	목표값
	120	340	
	150	380	
	175	400	
	200	410	

〈그림 4〉 학습 비교 설명을 위한 예

전통적 컴퓨터 프로그래밍에서는 〈그림 5〉(a)에서처럼 입력값과 목표값과의 관계로부터 수학적으로 정의된 y=x*2.25에 입력값 220을 대입하여 출력값 562를 산출한다. 반면 머신러닝에서는 그림 〈그림 5〉(b)에서처럼 입력값 및 출력값을 사용하여 먼저 예측 함수를 만든다. 이것은 종속변수의 결과를 예측하는 데 사용되는데, 흔히 예측 함수를 정의하는 과정을 학습이라고 한다. 이렇게 예측 함수가 정의되면 임의의 입력값 x에 해당하는 목표값 y를 예측하게 되는데 이것이 머신러닝이며 앞서 설명한 인공지능의 학습 방법 중 지도 학습에 의한 예측 방법이다.

일반적으로 인공지능에 필요한 정보를 다루는 데는 사람과 컴퓨터 사이에 근본적인 차이가 있다. 컴퓨터의 경우 정보는 문자열strings 형태로 제공되는 반면 사람의 경우 정보는 사물things, 즉 지식 형태로 제공된다. 문자열에 메타 데이터를 추가하면 그 메타 데이터가 사물이 된다. 메타 데이터는 데이터(이 경우 문자열)에 대

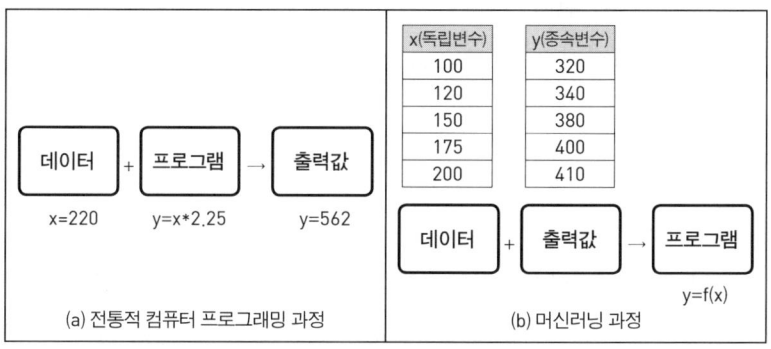

〈그림 5〉 전통적 프로그래밍과 머신러닝의 차이점 비교

한 데이터 또는 데이터에 대한 문맥 정보이며 지식에 해당된다.

다음 〈그림 6〉은 데이터를 지식으로 변환하는 방법에 대한 예이다. 이 그림에서 텍스트 또는 숫자 66은 데이터이며 66 그 자체로는 어떤 의미도 전달하지 않는다. 우리가 말할 때 66°F라고 하면 66은 온도의 척도가 되며 이 시점에서 그것은 어떤 정보를 나타낸다. "2020년 3월 13일 금요일 오후 2시에 서울 온도는 66°F이다"라

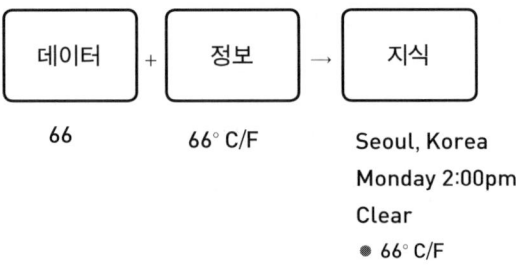

〈그림 6〉 데이터, 정보, 지식 간의 관계

고 하면 지식이 된다. 이것이 문맥 정보가 데이터data 및 정보information에 추가되면 지식knowledge이 되는 과정이다.

2. 인공지능의 목표

인간은 호모사피엔스, 즉 지혜를 가진 사람man the wise이라고 하는데, 이것은 인간의 정신적 능력이 우리 일상생활에서 매우 중요하다는 것을 의미한다. 인공지능이란 바로 이러한 인간의 지능적인 작용들을 이해해보려고 하는 것이다. 즉 인간의 지능을 기계가 갖출 수 있도록 만들어보자는 것이다. 왜 인간은 인공지능을 만들려고 하는 것일까?

앞에서 지능을 '올바른 판단을 내리는 정신 활동'이라고 정의한 바 있다. 우리가 여러 가지 문제를 해결하는 데는 고도의 지능이 필요하다. 예를 들면 국어나 수학 문제를 푸는 행위는 높은 지능이 요구되는 일이다. 이와 같이 인간은 인간의 고도한 지능이 필요한 영역에 인간의 역할을 대신할 수 있는 인공지능 기술을 개발하여 활용함으로써 일종의 파트너십을 구축하려고 한다. 그러나 인공지능을 잘 개발하려면 지능을 어떻게 이해하고 컴퓨터로 구현해내느냐가 매우 중요한 핵심 기술이다. 실제로 인간이 가진 지능은 우리 인간에게는 당연해 보이나 컴퓨터에게 이것을 갖도록 하는 것은 매우 어렵다. 우리에게는 듣고 말하고 보는 행동이 매우 쉬우나 컴퓨터가 이러한 능력을 갖게 하는 것 또한 매우 힘들고 어려운 작업이다. 이러한 이유로 인공지능은 어렵고 힘든 연구 대상이 되고 있다.

인공지능은 다음 〈그림 7〉과 같은 배경에서 시작된 개념이다. 인공지능의 아버지로 불리는 존 매카시John McCarthy가 인공지능의 목표를 "지능적 기계를 만들려는 과학과 엔지니어링Science and engineering of making intelligence machine"이라고 말했듯이 인공지능이란 인간의 지능을 연구하는 분야이며, 인간의 지능을 모방하여

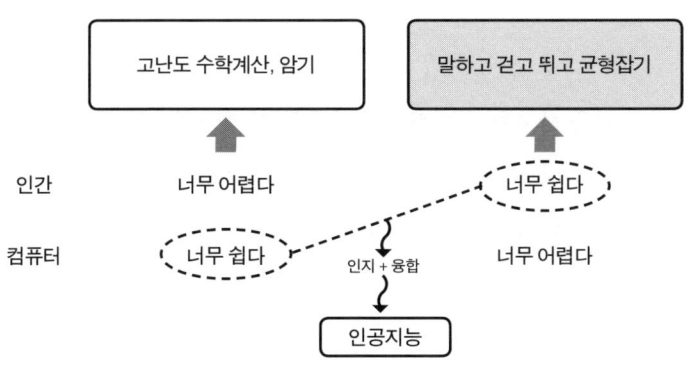

〈그림 7〉 인공지능과 컴퓨터의 비교

문제를 해결하는 분야이다. 따라서 이러한 분야와 관련된 영역에 인공지능이 활용될 수 있다.

인공지능은 인간의 지능을 모방한다는 면에서 여러 학자에 의해 개념이 정의되고 매우 다양한 분야를 포함하나, 인공지능 국제표준화회의(ISO/IEC JTC1/SC42)는 인공지능의 목표를 다음 〈그림 8〉에서와 같이 크게 네 가지로 분류하여 정의하였다(Russell, Norvig, 2010).

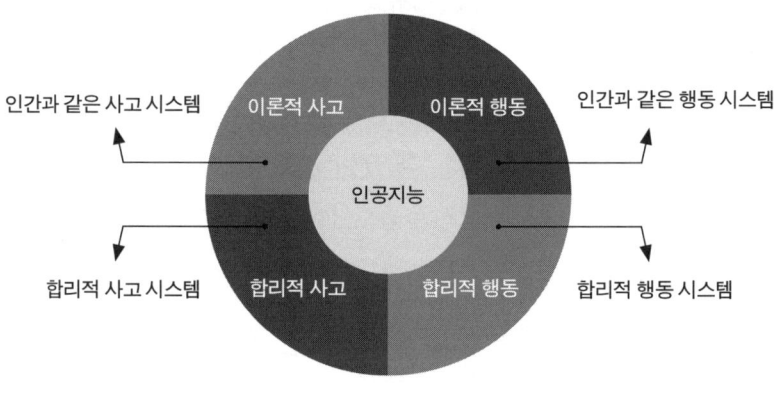

〈그림 8〉 인공지능의 정의 및 목표

1) 인간과 같은 사고를 하는 시스템(인지과학적 접근 방법)

1985년 하우겔랜드Haugeland와 1978년 벨맨Bellman은 인공지능의 목표를 인간과 같은 사고를 하는 시스템이라고 정의하였다.

이론적으로 인간처럼 생각하는 기계를 만들려면 우선 인간의 사고 작용을 연구해야 하는데, 일반적으로 학습 등을 통한 자기반성이나 심리학적 실험을 통해 인간의 사고 작용을 이해할 수 있을 것이다. 이로부터 그럴듯한 가설이 성립되면 이를 프로그램을 통해 실현할 수 있게 된다. 만약 이렇게 생성된 프로그램의 입출력 데이터가 인간의 그것과 동일하다면 인간처럼 사고하는 컴퓨터를 만드는 데 일단 성공한 셈이 된다. 이렇게 연구하는 분야가 바로 인지과학cognitive science이다.

이처럼 인지과학은 인공지능에 기초한 컴퓨터 모델을 만들어 실제 실험을 통해 인간의 사고 작용을 모방하려는 분야이다. 그러나 인간의 복잡하고 오묘한 사고 작용과 이것을 컴퓨터로 모델화한 것 사이에는 여러 가지로 차이점이 존재한다. 실제로 인지과학이 성과를 거두려면 여러 번의 사고실험을 통해 조사하고 면밀히 연구하여야 할 것이다.

2) 합리적 사고 시스템(사고의 법칙적 접근 방법)

1985년 차니악Charniak과 맥더모트McDermott, 1992년 윈스턴Winston은 인공지능의 목표를 (이론적이 아닌) 합리적으로 사고하는 시스템이라고 정의하였다.

이렇게 올바르게 생각하고 사고하는 과정에 대해 최초로 성문화한 학자는 그리스 철학자 아리스토텔레스다. 그는 다음과 같은 유명한 논리로 합리적 사고의 논리적인 과정을 제안하였다. 즉 "소크라테스는 사람이다. 사람은 죽는다. 그러므로 소크라테스도 죽는다."

이러한 논리적 흐름에 기초하여 인간의 사고 과정을 컴퓨터로 프로그래밍화하고자 하는 것이 인공지능의 또 하나의 목표가 될 수 있다. 물론 이때 컴퓨터의 논리 시스템에 적용하기 위해 인간의 비형식적인 언어를 형식적인 언어로 바꾸어주는 과정이 필요하다. 또한 이미 저장된 여러 지식으로부터 적당한 결론을 추론해낼 수 있는 과정도 필요하다. 즉 정확한 추론 과정이 매우 중요하다.

3) 인간과 같은 행동을 하는 시스템(튜링 테스트적 접근 방법)

1990년 커즈와일Kurzweil과 1991년 리치Rich와 나이트Knight는 인공지능의 목표를 인간과 같은 행동을 하는 시스템이라고 정의하였다.

1950년 튜링Turing이 제안한 튜링 테스트는 지능의 작용 과정을 매우 만족스럽게 설계한 최초의 프로그램으로, 컴퓨터가 인간에게 질문함으로써 판단한 결과를 화면이나 음성 등 여러 방법으로 나타내준다.

튜링은 지능적인 행동이란 질문자를 바보로 만들 정도로 모든 인지적인 작업에 있어서 인간과 같은 수준의 성능을 이루어내는 능력이라고 정의하였다. 튜링 테스트는 자연어 번역 및 처리, 지식 표현 및 저장, 내장된 지식으로부터의 자동화된 추론, 패턴인식, 기계 학습 등의 분야에 널리 응용되게 되었다. 또한 튜링 테스트는 테스트한 내용을 좀 더 정확히 전달하기 위해 컴퓨터 비전, 로보틱스 등의 발전을 촉발하는 계기가 되었다. 실제로 인공지능은 인간과 컴퓨터가 대화할 때 인간과 같은 행동을 하는 컴퓨터가 필요하다.

4) 합리적인 행동 시스템(합리적인 에이전트적 접근 방법)

1990년 샬코프Schalkoff와 1993년 루거Lugar와 스터블필드Stubblefield는 인공지능의 목표를 합리적인 행동 시스템이라고 정의하였다. 합리적으로 행동한다는 것은 주어진 확률만큼 어떤 목표를 달성하기 위해 행동하는 것을 의미한다. 즉 합리적인 에이전트적 접근 방식을 말한다.

앞에서 설명한 인공지능의 목표 중 두 번째인 합리적 사고 시스템은 정확한 추론 과정을 매우 중요시한다. 물론 정확한 추론은 합리적인 에이전트가 되기 위한 일부분임에 틀림없다. 왜냐하면 합리적으로 행동한다는 것은 어떤 목표 달성을 위해 논리적으로 결론에 도달하는 추론을 하는 것이기 때문이다.

그러나 정확한 추론이 항상 합리적이라고는 볼 수 없다. 왜냐하면 정확히 증명할 수는 없으나 여전히 행해지는 일들이 종종 있기 때문이다. 게다가 합리적인 행동이 반드시 추론 과정을 통해서만 이루어진다고도 말할 수 없기 때문이다. 예를 들면 뜨거운 난로가 있다고 하자. 어떤 사람이 모르고 난로에 손을 댔다가 뜨거워서 손을 얼른 떼는 행동은 신중한 사고 과정 후에 행해지는 반응이 아니라 단순한 반사작용에 불과하다. 이때 빨리 손을 떼는 것은 매우 합리적인 행동이다.

3. 인공지능의 중요성

인공지능을 합리적인 행동 시스템으로 설계할 경우 두 가지 장

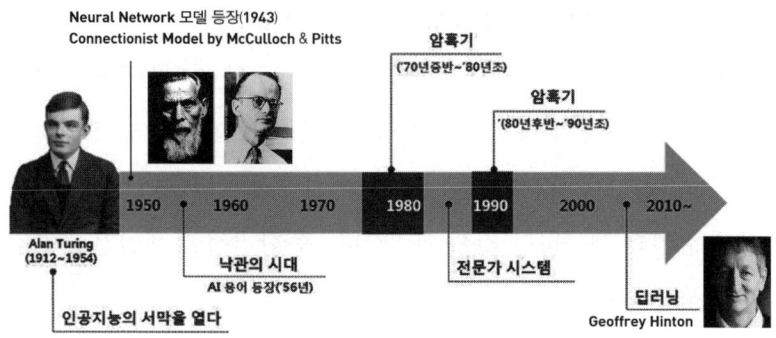

〈그림 9〉 인공지능의 역사

점이 있다. 첫째, 이러한 접근 방법은 인공지능의 목표 중 하나인 합리적인 사고 시스템적 접근 방식보다 더 일반적이다. 왜냐하면 정확한 추론이 합리적인 행동을 위해 필요하고 유용한 메커니즘이기 때문이다.

둘째, 이러한 접근 방법은 인간의 사고 과정이나 인간의 일반적인 행동에 의존하는 접근 방식보다 더 과학적이다. 왜냐하면 인간의 행동이란 목표 달성과는 거리가 먼 어떤 복잡한 과정의 한 부산물로서 외부 환경에 따라 달라지지만, 합리적 행동은 훨씬 더 정의하기 쉽고 명백하기 때문이다.

그러나 인공지능 자체는 지속적 관리를 필요로 하는 속성이 강하다. 그 이유는 인공지능에 초기 학습 이후 지속적인 학습 과정이 이루어지지 않으면 초기의 지식은 거의 활용할 수 없게 되기 때문이다. 마치 어린아이가 훌륭한 어른으로 성장하려면 어른들의 지속적이고 헌신적인 관리가 필요하듯이 인공지능도 어린아이

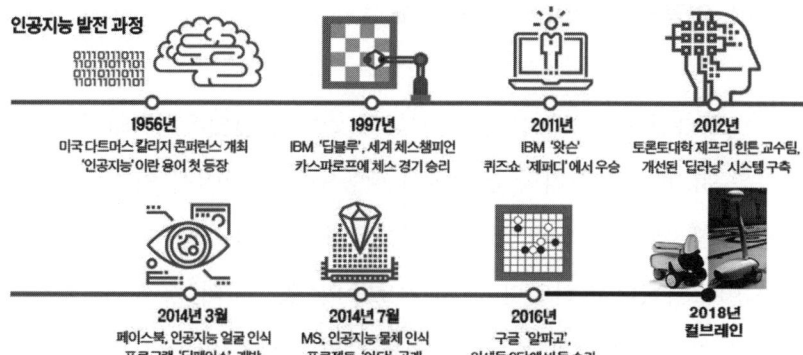

〈그림 10〉 인공지능의 발전 과정

를 관리하는 마음으로 관리해야만 잘 성장하여 스스로 발전해나 갈 수 있는 훌륭한 시스템이 되는 것이다.

인공지능은 위의 〈그림 9〉와 같은 역사적 흐름을 갖는다. 앨런 튜링이 인공지능의 서막을 연 이래로 제프리 힌턴Geoffrey Hinton 이 딥러닝을 창시하기까지 인공지능에 관한 수많은 연구가 진행되었다.

또한 〈그림 10〉에서 볼 수 있듯이 1956년 다트머스 컨퍼런스에서 인공지능이란 용어를 처음 사용한 이후 오늘날까지 인공지능을 좀 더 인간 지능에 가깝게 만들기 위한 다양한 노력이 계속되어왔다.

III. 인공지능과 인간 지능의 비교

그렇다면 인공지능은 인간 지능과 얼마나 닮았을까? 하희옥(하희옥 외, 2017)은 심리학 분야에서 행동주의를 넘어서 인지주의 관점이 형성되면서 인간과 인공지능을 비교하려는 연구가 구체적으로 이루어졌다고 하였다. 특히 기호주의, 연결주의, 체화주의로 흐르는 인지주의 심리학 혹은 인지과학의 발달은 인간 지능에 대한 다양한 경험과학적 해석과 이해를 만들어주었다고 하였다. 지능에 대한 정의와 함께 인간 지능과 인공지능을 인지과학적 관점에서 비교하려는 시도는 매우 흥미롭다.

이 글에서는 관점을 약간 달리하여 세 가지 공학적 주요 관점인 소프트웨어적 측면, 하드웨어적 측면, 데이터 처리 방식 측면에서 인간 지능과 인공지능을 비교해보고자 한다.

1. 소프트웨어적 측면

먼저 소프트웨어적 측면에서 살펴보겠다. 인간은 다음과 같은 소프트웨어적인 지능 메커니즘을 갖고 있다.

〈그림 11〉에서 염색체chromosome는 수많은 DNA의 이중나선형으로 꼬여 있는데, DNA는 아데닌(A), 시토신(C), 구아닌(G), 티민(T)의 4가지 핵산에 의해 조합을 이루면서 인간의 눈, 코, 입 모양, 키, 성격 등을 표현해주는 유전자이다. 이런 DNA들의 집합체인 염색체들이 모여서 인간 게놈genome을 형성하고 결국 인간을 만

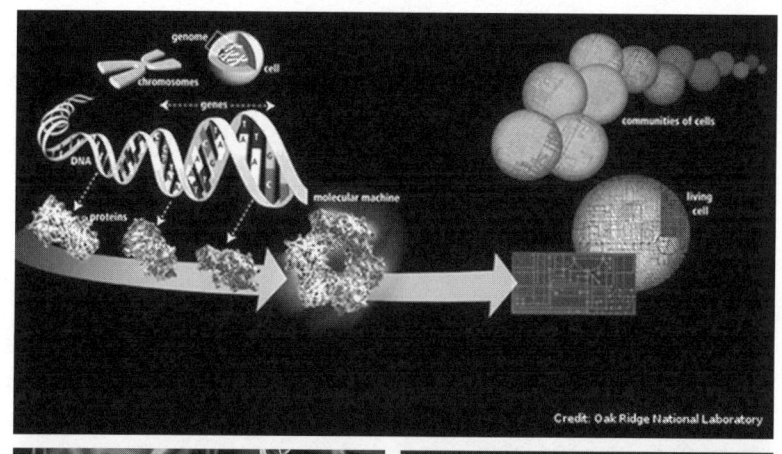

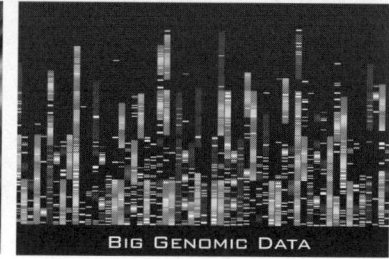

〈그림 11〉 DNA, 염색체 그리고 게놈
(출처: http://news.psu.edu/photo/280522/2013/07/01/genome-illustration)

들어내므로 '인간은 DNA의 덩어리다'라고 말하곤 한다.

반면 인공지능은 어떠한가? 컴퓨터는 0, 1의 비트에 의해 정보를 표현한다는 면에서 인간 지능과 유사하다. 하지만 인간은 4개의 핵산에 의한 4차원의 세계를 표현하고 있는 데 반해 컴퓨터는 2차원의 세계를 표현하고 있다는 점에서 표현하는 정보의 양이 차이가 많이 난다. 간단히 산술적으로 살펴보면 $2^4=16$과 $2^2=4$의 차이로 인간 지능의 표현 양은 컴퓨터의 표현 양보다 4배나 많고 풍부하다. 바로 이러한 정보의 '표현 양' 때문에 우리가 사용하는 컴퓨터에서는 인간의 섬세함을 표현하기 어려웠다.

그러나 소프트웨어적인 측면에서 컴퓨터의 표현의 한계를 극복하고 인간의 섬세함을 표현하기 위해 단순히 0, 1만이 아니라 가능하면 [0, 1] 사이의 수많은 실수float를 통해 정보를 표현하고 처리할 수 있도록 하는 연구들을 수행하여왔는데 이것이 인공지능의 알고리즘적 연구이다. 딥러닝 알고리즘도 이중의 하나이다.

2. 하드웨어적 측면

두 번째로 하드웨어적인 측면에서 살펴보겠다. 인간은 다음과 같은 하드웨어적인 지능 메커니즘을 갖고 있다.

인간의 뇌세포nervous cell/neuron는 인간 게놈이 모여서 이루어진 것으로 뇌세포(신경세포) 안에는 수많은 게놈이 분포하고 있다. 이처럼 게놈은 뇌세포라는 하드웨어 안에 있으면서 상호작용을 하여 뇌세포가 변화하는 것을 돕도록 되어 있다(〈그림 12〉). 즉 새로운 환경을 만나게 되면 뇌세포는 게놈의 작용을 끊임없이 변화시키게 되고 게놈은 이러한 뇌세포를 도와서 끊임없이 변화하게 된다. 즉 인간 지능은 뇌세포와 게놈의 상호작용과 상호 적응adaptabillity을 통해 '지능smart'을 구현하고 있다는 것이다.

인공지능은 이러한 'smart'를 구현하기 위한 일환으로 '학습learning'을 하게 되는데, 이 과정에서 신경 회로망(뇌세포를 컴퓨터로 모델링한 네트워크 구조, 즉 뉴럴 네트워크neural network라고 함)을

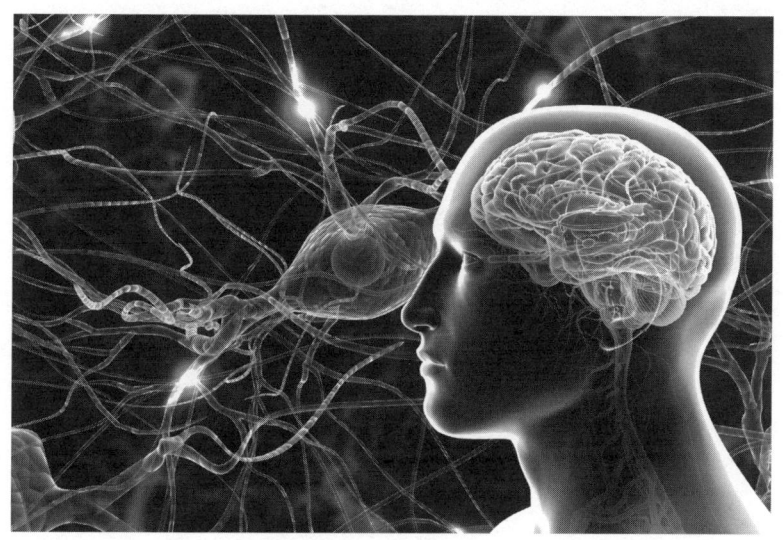

〈그림 12〉 지능 실현을 위한 뇌세포와 게놈의 상호 적응성

통해 정보(neuron에 해당)를 끊임없이 반복시킴으로써 인풋-아웃풋input-output의 관계를 학습한다(〈그림 13〉). 이때 중요한 것은 본래 학습시키려고 하는 예상 목표값desired output(target y)과 실제 프로그램에서 반복시키면서 나온 실제 출력값actual output(output) 간의 차이인 오차를 줄이는 것이다. 인공지능에서는 이 오차를 줄이기 위해 수만 번의 반복 과정을 거치는데 이것이 인간 지능에 대한 상호 적응 과정에 해당된다. 이러한 이유로 〈그림 13〉에서는 가는 실선을 따라서 전 방향으로 진행했다가 예상 목표값과 실제 출력값 간의 오차를 줄이기 위해 진한 실선을 따라서 오류를 전파시키면서propagate 후 방향으로 진행하는 알고리즘을 무한 반복하게 되는 것이다.

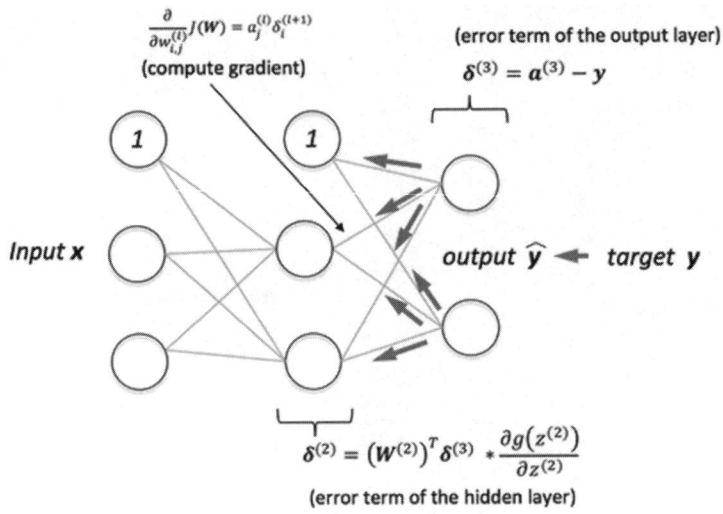

〈그림 13〉 신경 회로망 원리
(출처: http://sebastianraschka.com/faq/docs/visual-backpropagation.html)

3. 데이터처리 방식 측면

세 번째로 데이터처리 방식 측면에서 살펴보겠다. 인간은 다음과 같은 데이터처리 능력을 갖고 있다. 인간 지능은 만약 〈그림 14〉와 같은 고양이 사진이 들어오면 뇌의 여러 부분에서 뇌세포(뉴런)들이 서로 분담하여 분산처리하는 방식으로 사물을 인식하고 상호작용함으로써 궁극적으로 서로 협상하고 통합하여 하나의 완성된 데이터를 만들어낸다는 특징이 있다.

그동안 이러한 인간 지능의 특징을 잘 구현하지 못해서 인공지능이 다소 침체기에 있었으나 이러한 특징을 잘 이용하여 분산처

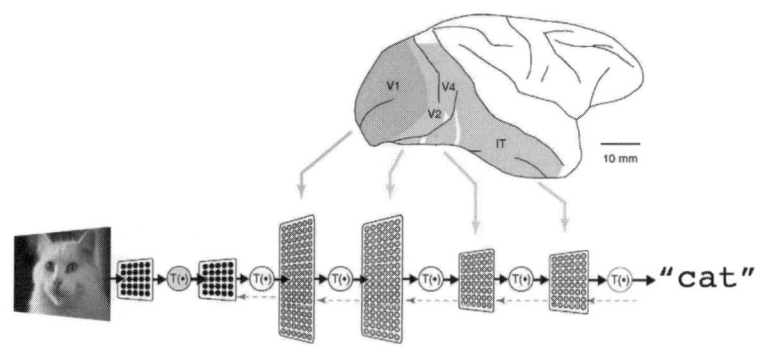

〈그림 14〉 인간의 사물 인식 과정
(출처: http://qiita.com/kazunori279/items/3ce0ba40e83c8cc6e580)

리하는 방식으로 데이터처리 및 학습 알고리즘을 개발함으로써 보다 인간 지능에 가까운 인공지능을 구현하게 되었다.

인간은 가장 에너지가 적게 소모되는 방식으로 사물을 인식하고 판단해왔다. 이것이 가장 적은 비용으로 가장 확실하게 판단할 수 있는 방법이라는 것을 인간은 무의식적으로 이미 알고 있었기 때문이다. 인공지능에서는 이것을 비용 함수cost function라고 하여 〈그림 15〉 (d)와 같은 함수를 사용한다.

〈그림 15〉에서 H(x_i)는 인공지능 학습 과정에서 나오는 실제 출력값이며 y_i는 예상 목표값이다. 이 둘의 차이를 가장 최소화시키는 점이 비용cost을 가장 적게 소모하고 판단할 수 있는 지점이 된다. 인공지능은 인간 지능의 특성을 반영하여 바로 이러한 비용 함수를 학습 알고리즘에 적용시키기 때문에 반드시 하나의 답을 산출하는 것을 보장한다. 이것이 인공지능에서 '지능smart/intelli-

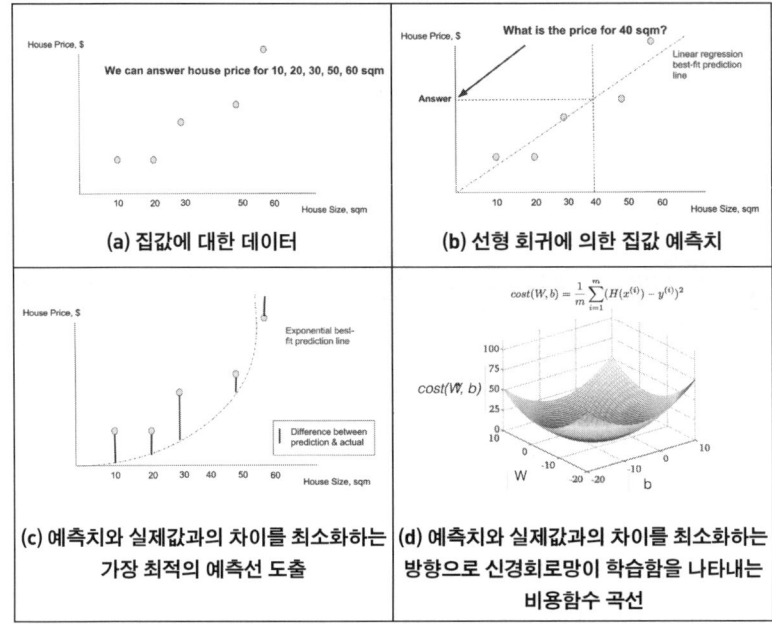

〈그림 15〉 집값을 묻는 문제에 대한 처리 절차 및 비용 함수
(출처: https://www.quora.com/Why-is-convexity-a-useful-property-for-a-function-to-have 수정)

gence'을 실현시키는 나름대로의 방법이며 철학이다.

신경 회로망에서 예측에 활용되는 회귀regression의 예를 보면 다음과 같다(임우택, 2016). 만약 주어진 데이터를 기반으로 집값을 묻는 예제를 생각해보자. 〈그림 15〉 (a)에서 집값에 대한 데이터를 평수별로 수집하였다고 가정하고, 〈그림 15〉 (b)에서 40평에 대해 집값을 묻는다고 해보자. 40평에 대한 집값 데이터가 없었으나 선형 회귀linear regression에 의하여 예측할 수 있다. 또한 〈그림 15〉 (c)는 선형 회귀가 아닌 다른 회귀 방법으로 예측할 수 있음을 보여주며, 이는 예측치 H(x)와 실제값 y(x)와의 차이를 나타내는 비용을 최소화시키는 가장 최적의 예측선을 도출하는 과정을 설명한다. 그림에서 선은 실제값(동그라미로 표시)과 예측치(점선으로 표시)와의 차이를 최소화하는 가장 적절한 지수곡선을 찾아내어 표시하였다. 〈그림 15〉(d)는 예측치 H(x)와 실제값 y(x)와의 차이를 최소화시키는 신경 회로망이 학습하는 비용곡선을 나타낸다. 즉 이 비용곡선은 가장 최저점(비용이 가장 낮은 점)에서 예측치를 도출해주고 있으므로 인공지능이 산출하는 값은 신뢰가 있는 값이라는 점을 의미하는 것이다.

IV. 맺는말

최근 컴퓨팅 환경은 엄청나게 변화하고 있다. IPv6로 사물인터넷 주소 체계가 바뀌고 있고, 슈퍼컴퓨터가 이젠 새로운 기술이 아니고, 인공지능 알고리즘 개발에 전 세계가 투자를 집중하고 있고, 뉴로칩의 등장으로 CPU 시장이 바뀌려는 시점에서 앞으로 인공지능이 어떻게 발전할지 예측하기 어렵다.

인공지능은 개발되는 순간부터 인류의 생물학적 진화로서의 지능의 발전보다 더 높고 뛰어난 속도와 기술로 개발되었으며, 앞으로도 지능이 필요한 영역은 인공지능 기술로 진보, 발전되어나갈 것이다. 그리고 인류의 지능과 인공지능이 결합된 형태 또는 인공지능과 컴퓨터가 인간의 지능을 대체, 보완하는 형태로 지금보다 더욱더 뛰어난 연구, 기술 개발, 기술 발전이 가능할 것이다.

이처럼 인공지능이 하루가 다르게 인간 지능을 추격해오며 인간보다 우월한 지능을 갖게 될 미래가 머지않아 보이는 인공지능 시대를 맞이하여 인간들은 무엇을 해야 할까? 앞으로 변화될 세상에서 없어질 직업군만을 탓할 것이 아니라 인공지능과 어떻게 협력할지, 인공지능과 어떻게 하면 좋은 파트너십을 가질 것인지를 고민해야 하지 않을까? 인공지능과 대결하여 인간 지능의 우월함 또는 자존감을 찾지 않으면 앞으로 점점 더 도태된 삶을 살 수도 있을 것이기 때문이다.

참고 문헌

임우택, 2016, 「다중회귀분석」. http://blog.naver.com/PostView.nhn?blogId=y4769&logNo=220390306491.

조영임, 2012, 『인공지능 시스템』, 홍릉과학출판사.

조영임, 2020, 『4차산업혁명시대 핵심 인공지능 기술』, 홍릉과학출판사.

허희옥 외, 2017, 「인공지능 시대의 인간지능과 학습」, 『The Korean Journal of Philosophy of Education』, March 2017, Vol 39, No. 1: 101-132.

Deshpande, Anand, Manish Kumar, 2018, *Artificial Intelligence for Big Data*, Packt[『AI 관점에서 바라본 빅 데이터』, 조영임 옮김, 홍릉과학출판사, 2019].

Gardner, H., 2011, *Frames of Mind: The Theory of Multiple Intelligence (Kindle edition)*, Basic Books.

Russell, Stuart, Peter Norvig, 2010, *Artificial Intelligence: A Modern Approach*, 3rd Edition, Pearson.

Cambridge dictionary. https://dictionary.cambridge.org/ko
ISO/IEC JTC1/SC42. https://www.iso.org/committee/6794475.html
Oxford dictionary. https://www.oxfordlearnersdictionaries.com
http://jhealthmedia.joins.com/news/articleView.html?idxno=16237
http://news.psu.edu/photo/280522/2013/07/01/genome-illustration
http://qiita.com/kazunori279/items/3ce0ba40e83c8cc6e580
http://sebastianraschka.com/faq/docs/visual-backpropagation.html
http://www.indivisible.us/i-love-my-human-genome-project

제2부　　　**인공지능과 언어, 학습**

3장 인공지능과 기계번역

최인령·신중휘

인간의 마음속에 본유적인 '사고 언어'가 있다. 이는 인지과학자이자 심리철학자인 포더의 말이다(Fodor, 1975).[1] 그렇다면 오늘날 인공지능은 사고 언어를 어느 정도까지 수행할 수 있을까? 인공지능은 튜링[2] 시절부터 사고 언어의 구현을 꿈꾼 것으로 볼 수 있을까? 최근에 눈부시게 발전한 기계번역이나 인공지능 스피커는 인간처럼 개념적 사고를 하는 것으로 볼 수 있을까? 미래에는 기계번역이 인간 번역가를 대체하게 됨에 따라 고도의 지적 능력을 요구하는 번역가라는 직업이 사라지게 될까?

---

[1] 포더는 '심적 표상은 마치 언어와 같다'라는 가설을 세우고 인간의 마음속에 본유적인 '사고 언어language of thought'가 있음을 주장했다.
[2] 1950년 앨런 튜링이 개발한 그 유명한 튜링 테스트는 "기계가 생각할 수 있는가?"라는 질문으로 출발해서 '자연언어 대화'를 통해 기계의 지능적인 행동을 테스트하는 것이다. 그 이후 튜링 테스트는 인공지능의 역사에 지대한 영향을 끼쳤고 또한 많은 비판의 대상이 되었다.

기계번역은 세 번의 기술 혁신을 통해 오늘날의 언어 지능을 탄생시킨 주인공이다. 언어 지능은 컴퓨터의 자연어 처리 기술을 전제로 구현될 수 있는데, 실시간 다국어 기계번역 서비스를 무료로 제공하는 네이버의 파파고나 구글의 기계번역, 2018년 평창동계올림픽 공식 통역 서비스인 한컴의 지니톡, 인간과 실시간 대화하는 시리나 빅스비, 그리고 질의응답 시스템에서 볼 수 있듯이 21세기에 접어들어 우리가 일상에서 사용하는 자연어 처리는 여러 딥러닝 모형과 결합하면서 괄목할 만한 발전을 이루었다. 특히 기계번역은 자연어를 이해하고 생성해내는 이중 작업을 수행한다는 점에서 자연어 처리의 꽃이라 할 수 있다.

　알파고가 이세돌 구단과의 바둑 대결에서 승리하며 우리 사회에 충격을 던졌던 2016년은 기계번역에서도 새로운 패러다임이 열린 해이다. 그해에 구글과 네이버의 파파고가 인공신경망neural network 기술을 적용한 기계번역 서비스를 시작했는데 그 번역 품질이 그전과 비교해서 놀랍도록 향상된 성과를 보였다.[3] 그 이후로 거의 모든 번역기에서 인공신경망을 활용하고 있고 기계번역을 사용하는 일반인도 큰 폭으로 증가하고 있다.

　이 글에서는 기계번역 기술의 이해를 위해 그 초기 모형에서 최근 모형까지의 발전 과정을 살펴보고, 특히 오늘날 각광 받는 딥

---

[3] 이러한 인공지능 번역의 혁신은 뉴욕대학 조경현 교수와 몬트리올대학의 요슈아 벤지오 교수가 2015년에 발표한 공동 논문 「정렬과 번역을 공동으로 학습하는 신경망 기계번역Neural Machine Translation by Jointly Learning to Align and Translate」을 바탕으로 한다(Bahdanau, Cho and Bengio, 2015).

러닝 원리를 적용한 인공신경망 기계번역에 주목하면서 향후 연구 방향을 제시하고자 한다.

I. 기계번역의 개념

기계번역machine translation은 인간이 사용하는 자연언어를 컴퓨터를 사용해 다른 언어로 번역하는 일을 말하며, 자동번역이라고도 한다. 자연어 처리Natural Language Processing(NLP)의 한 분야인 기계번역은 한 언어의 이해 과정을 거쳐 다른 언어를 생성하는 매우 복잡한 이중 작업을 필요로 한다.

자연어란 컴퓨터 프로그래밍언어처럼 인공적으로 만들어진 형식언어와 달리, 한국어나 영어, 프랑스어처럼 역사 속에서 자연스럽게 생성되어 우리가 일상에서 사용하는 언어를 말한다. 인공지능 분야에서 중요한 기술로 등장한 자연어 처리는 이런 자연언어를 기계가 이해하고 분석해서 사람과 커뮤니케이션할 수 있도록 해주는 기술을 의미한다. 다시 말해 자연어 처리는 사람이 사용하는 언어를 컴퓨터가 이해할 수 있는 형태로 변경하거나 처리하는 기술이다.

스탠퍼드대학에서 2012년에 언어 처리와 관련된 여러 주제의 난이도를 분류했는데, 그 자료에 따르면 스팸 분류라든가 품사 결정, 개체명 인식Named entity recognition(사람, 장소, 조직 등) 등은 거의 해결되었다고 볼 수 있다. 기계번역을 포함해서 감성 분석, 대

용어 해소, 언어 중의성, 구문 분석, 정보 추출 등에서는 상당한 수준의 성능을 보이지만 질의응답, 의역, 요약, 대화는 여전히 어려운 문제로 남아 있다(〈그림 1〉 참조).

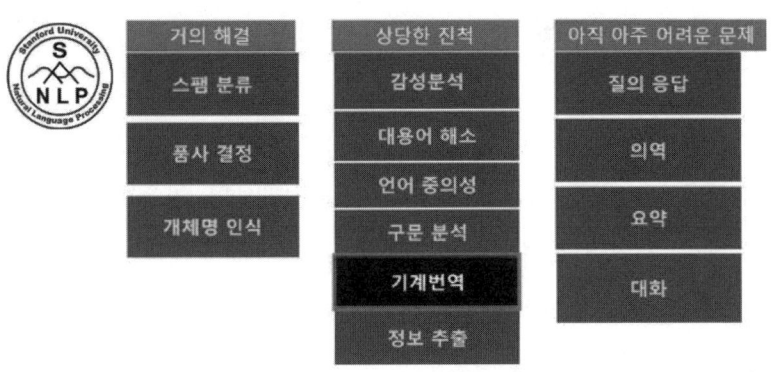

〈그림 1〉 자연어 처리 난이도 분류

이후에 기계번역, 대화, 질의응답도 놀라운 발전을 보이고 있다. 기계번역은 컴퓨터의 성능, 언어 처리의 소프트웨어, 언어 쌍의 데이터(이중 언어의 병렬 말뭉치라고도 함)라는 세 가지 조건으로 구성되며 각각은 체력 조건, 뇌의 처리 능력, 축적된 지식에 대응한다. 기계번역의 발전은 이 조건들의 개선과 나란히 간다.

기계번역의 구현 가능성은 1949년으로 거슬러 올라간다. 그때부터 오늘날의 기계번역이 나오기까지 70여 년 동안 세 번의 기술 혁신이 있었다. 즉 규칙 기반의 기계번역으로 출발해서 통계 기반을 거쳐 최근에 인공신경망 기계번역이 나왔는데, 그 내적 변화까지 세분하면 〈그림 2〉와 같다.

〈그림 2〉 기계번역 기술 발전의 흐름

II. 규칙 기반의 기계번역

인간의 자연어에 대한 기계번역이 본격적으로 시작된 것은 1949년 워런 위버Warren Weaver가 제안한 '규칙 기반의 기계번역Rule-Based Machine Translation(RBMT)'부터다. 이 번역 기술은 1954년도에 조지아타운대학과 IBM이 공동으로 개발한 영어-러시아어 기계번역 실험에서 처음으로 긍정적인 가능성을 보여줌으로써 주목을 끌었다.

규칙 기반 기술은 언어 문법의 규칙화를 통해 번역하는 방법으로, 그 개발 과정이 언어학자를 중심으로 구축되는 번역 기술이다. 규칙 기반의 기계번역은 문법에 기초하여 알고리즘을 만드는데, 한국어와 영어 쌍의 간단한 번역 규칙을 보기로 들면 다음과 같다.

예) 나는 빨간 사과를 매우 좋아한다.

규칙1. '사과'는 'apple'이라고 번역한다.
규칙2. '나'는 'I'라고 번역한다.
규칙3. 주어는 제일 앞에 나온다.
…
규칙493567. 형용사가 앞에 있고 부사가 뒤에 오면…

이 번역 기술은 그 어떤 번역기보다도 정확성이 높다는 장점이 있는 반면 규칙에서 벗어난 문장은 번역이 안 된다는 단점을 가지고 있다. 또한 엄청난 수의 규칙들을 미리 만들어야 하므로 개발 시간과 비용이 많이 들고 유지 보수가 어렵다는 점도 단점으로 꼽힌다. 따라서 이 번역 기술은 시스트란SYSTRAN과 같은 번역 전문 대기업에서나 개발할 수 있었고 국내에서는 한국전자통신연구원(ETRI)이 개발한 바 있다.[4]

규칙 기반의 기계번역 기술은 오랜 시간을 투자해서 개발했음에도 불구하고 범용 번역기로 상용화하는 데는 실패했다. 그러나 기상예보나 특허 등의 특정 분야에 적용한 번역기는 번역 품질이 상당히 높은 수준에 이르렀다. 캐나다 몬트리올대학에서 만든 날

---

[4] 한국전자통신연구원에서 2013년부터 인공지능 국가전략프로젝트 연구 과제로 개발한 엑소브레인은 규칙 기반 자연어 처리에 의한 질의응답 시스템으로서 기계번역기는 아니다.

씨 예보 기계번역기 타움-메테오TAUM[5]-METEO는 규칙 기반 기계번역기 중 정확도가 가장 높은 것으로 알려져 있는데 1977년부터 영어에서 프랑스어로, 1989년부터는 프랑스어에서 영어로 날씨를 자동으로 번역하는 데 성공했다. 날씨라는 한정된 영역에서 제한적인 어휘, 비교적 단순하고 반복적인 통사 구조로 인해 규칙을 만들기가 용이했기 때문이다.

III. 통계 기반의 기계번역

초창기 기계번역의 혁신적인 변화는 1988년 IBM이 통계 방식 기술을 기계번역에 도입하면서 시작되어 1993년에 단어 기반의 통계적 기계번역Statistical Machine Translation(SMT)이 그리고 2003년에 구 기반의 통계적 기계번역이 등장해서 인공신경망 기계번역이 나오기 전까지 활용되었다.

통계 기반 기계번역은 빅데이터라고 일컫는 방대한 양의 자료를 이용해 통계적으로 규칙을 생성하여 번역하는 방식으로서 수학적 모형을 따른다. 규칙 기반 기계번역 기술과 달리 문법이나 문장 구조 등의 언어학적 지식 없이도 개발할 수 있는 이 번역 기술은 데이터가 많으면 많을수록 번역의 품질이 향상된다. 하지만

---

[5] TAUM(Tradution Automatique à l'Université de Montréal)은 1965년 몬트리올대학에서 설립한 연구단의 이름으로 1968년에서 1980년 사이에 연구가 활발하게 이루어졌다.

데이터가 많이 쌓이기 전까지는 번역의 품질이 좋지 않다.

통계 기반 기계번역은 언어 쌍, 예를 들어 영어와 한국어의 상관관계 빈도수를 분석하고 이를 통계화해 번역문 산출에 활용한다. 따라서 이 기술을 개발하기 위해서는 이중 언어 병렬 말뭉치/코퍼스Corpus bilingue parallèle라고 하는 언어 쌍의 번역 텍스트가 필요하다. 예를 들면 영어 텍스트를 한국어로 번역한 텍스트가 미리 준비되어 있다면 이것은 영어-한국어 이중 언어 병렬 말뭉치가 된다. 구글은 번역사들이 직접 번역한 국제연합(UN) 문서 자료와 유럽의회가 의사 진행 절차를 21개 언어로 번역한 자료들을 활용해서 통계 기반 기계번역을 개발했다.

1. 단어 기반의 통계적 기계번역

1993년도에 통계적인 학습 방법론들이 크게 발전하면서 최초의 통계 기반 기계 학습 모형과 음성인식의 기초가 만들어진다. IBM은 이 기계 학습 방식을 도입하여 다양한 통계 기반 자연어 처리 기술을 개발하였는데 그 가운데 하나가 기계번역이다. 이때 통계 방식은 단어 단위 번역 확률 모형을 사용하므로 단어 기반의 통계적 기계번역이라고 부른다.

단어 기반의 통계적 방식은 입력 언어의 문장을 단어로 쪼갠 다음 해당 단어에 대해 출력 언어로 번역된 등가어를 병렬 말뭉치에서 찾아낸다. 이러한 통계적 기계번역은 먼저 '번역 모형Translation Model'을 만든 후 '언어 모형Language Model'에 따라 번역을 생성한다. 그러므로 첫 번째 단계는 입력 언어와 출력 언어의 번역 모형을 만드는 작업이다. 이 작업을 하기 위해서는 〈그림 3〉처럼 언어쌍, 예를 들어 영어와 프랑스어의 병렬 말뭉치가 필요한데, 통계가 단어 수준일 경우에는 번역 모형이 '단어 대 단어 대역 확률 모형'이 되고, 이를 기반으로 정렬 확률이 다음처럼 추출된다.

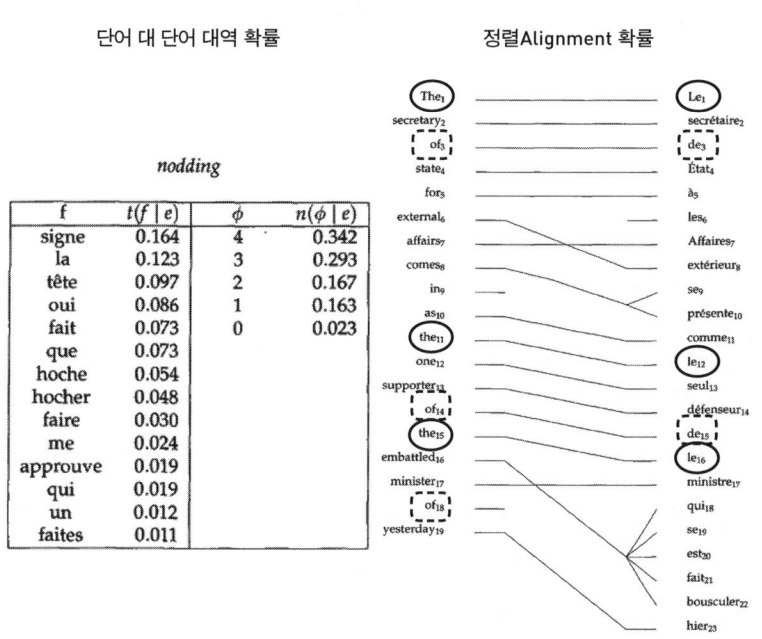

〈그림 3〉 단어 기반 대역 확률과 정렬(Brown, Pietra and Mercer, 1993)

두 번째로 언어 모형에 따라 번역을 생성한다. '좋은 하루 보내세요'의 한국어를 영어로 번역하는 과정을 보자(〈그림 4〉).

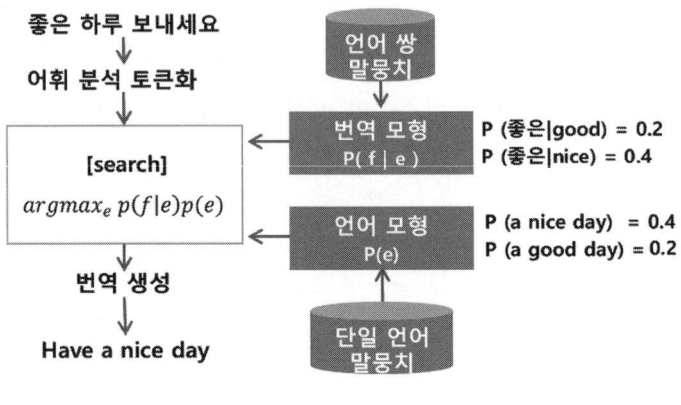

〈그림 4〉 번역 과정

    한국어의 '좋은'은 영어로 'good'이나 'nice'로 번역될 수 있는데 훈련 데이터로 사용하는 병렬 말뭉치에 따라 '좋은'에 해당하는 영어 등가어가 good(=0.2)보다 nice(=0.4)가 더 높은 확률로 나타났고 이는 nice가 더 많이 등장함을 뜻한다. 이 경우 '좋은'은 문맥에 상관없이 통계적으로 'nice'로 번역된다. 따라서 언어 모형에서 'a good day'(=0.2)보다 'a nice day'(=0.4)에 가중치가 더 부여되고 마침내 영어 번역문으로 'Have a nice day'가 생성된다.

    단어 기반의 통계적 번역은 언어학자 없이도 개발이 가능함을 보여준 최초의 통계 기반 기계 학습 모형이라는 점에서 의의가 있지만, 언어 의미의 모호성 문제를 해결하지 못함으로써 기존의 규칙 기반 기계번역보다 번역의 품질이 좋지 않다는 결정적인 단점이 있다.

2. 구 기반의 통계적 기계번역

구句 기반의 통계적 기계번역은 단어 기반의 번역이 나온 지 10년 후에 만들어진다. 구 기반 번역은 단어 기반의 번역이 남긴 의미 모호성의 문제를 해결하기 위해서 문맥을 더 길게 보는 것으로 출발한다. 바꿔 말해 단어 단위 번역 확률의 한계를 극복하기 위해 구 단위로 확률을 계산하는 방식으로 옮겨 가는 데 10년이 걸린 것이다. 구 단위의 확률 계산은 단어 단위의 확률 계산에 비해 훨씬 복잡하기 때문에 1993년에 나온 컴퓨터 성능으로는 불가능했다.

2003년에 드디어 속도, 처리량, 메모리, 하드디스크 속도와 용량의 증가 등 성능이 획기적으로 개선된 컴퓨터가 나오면서 구 단위의 확률 계산이 가능해진다. 그렇지만 단어의 연속에서 구 단위의 결합 가능성을 뽑으면 대역 쌍의 수가 거의 무한대로 증가해서 2003년의 컴퓨터의 저장 공간으로는 한계가 있었고 현재도 쉬운 작업이 아니다.

앞서 말했던 단어 기반의 번역으로부터 입력 언어와 출력 언어의 문장의 정렬alignment을 찾아내고, 그 정렬에서 대역이 될 수 있는 구들을 단위별로 뽑아낼 수 있는 알고리즘이 개발되면서 구 기반 번역 기술이 탄생했다. 〈그림 5〉에서 볼 수 있는 것처럼 구 단위의 대역 확률에 따라 구 단위의 번역 후보들이 생기고 그중에서 가장 좋은 후보를 선택하면 더 좋은 번역의 결과를 얻을 수 있다.

2006년 구글에서 이 기술을 활용한 번역 서비스를 시작하면서 규칙 기반 기계번역의 성능을 뛰어넘는 구글 번역기가 최초로 상

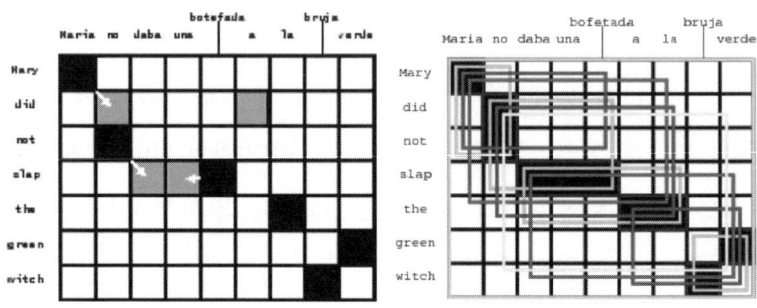

〈그림 5〉 구 단위의 대역 확률(Koehn, Och and Marcu, 2003)

용화된다. 하지만 문장이 길어지면 구 단위로 모두 치환할 수 없었고 이로 인해 발생한 두 가지 문제가 번역 품질을 하락시켰다. 첫 번째 문제는 문장에서 서로 떨어져 있는 의존 구문들이 제대로 번역되지 않은 점이다. 두 번째 문제는 한국어와 영어처럼 어순 구조가 다른 언어 쌍의 번역에서 훨씬 심각한 문제가 발생한 점이다.

이러한 문제를 구체적인 사례를 통해 살펴보자. 네이버에서 한국어-일본어 기계번역을 2012년에 출시했는데 그 당시의 번역 품질은 2020년 현재의 번역과 큰 차이가 나지 않을 정도로 좋았다. 한국어와 일본어는 알타이어계의 같은 어족language family에 속하는 언어 쌍으로서 어순 구조가 거의 같다는 이점 때문이다. 그러나 어족 관계가 먼 한국어와 영어 또는 한국어와 프랑스어가 언어 쌍을 이루는 경우의 번역은 전혀 다른 결과를 초래했다. 음운을 비롯하여 형태소, 구문, 문법 등 전혀 다른 언어 구조로 이루어진 한국어와 영어 간의 번역은 무엇을 의미하는지 알아보기 어려웠다. 한국어는 문장이 동사로 끝나는 점 이외에는 품사의 위치가 자유롭지만, 영어는 품사의 위치 자체가 규칙이고 그 순서를 엄격하게 지키지 않으면 의미가 통하지 않는다. 따라서 이러한 언어 쌍의 번역에서는 어순의 차이를 어떻게 해결하느냐가 중요한 관건이었고 인공신경망 기계번역 기술이 나오기 전까지 이 문제를 해결하는 데 연구가 집중되었다고 해도 과언이 아니다. 2012년부터 2014년까지 구 기반의 통계적 기계번역 기술 개발에 집중했던 네이버 기계번역 팀도 어족 관계가 먼 언어 쌍의 어순의 차이를 해결하기 위해 수많은 문장을 보고 또 사용자의 지적을 처리하면서 연구를 수행했는데, 마치 대자연과 싸우는 것 같았다고 한다.

결국 어순의 문제는 통계 기반 기계번역으로도 해결되지 않았다. 통계적 기계번역은 언어학적 규칙 없이[6] 이루어지기 때문에 번역의 품질은 얼마나 많은 그리고 정확한 언어 쌍의 번역 데이터가 확보되어 있는가에 달려 있다.

[6] 언어학자를 중심으로 개발되는 규칙 기반 기계번역에 견주어 보면, 통계 기반과 인공신경망 기반의 기계번역은 그 개발 과정에서 언어학자의 역할이 축소된다.

IV. 인공신경망 기계번역

1. 인공신경망 기계번역의 원리: 딥러닝

바둑 인공지능 알파고가 스스로 학습하는 딥러닝deep learning(심화 학습) 원리를 이용한 것처럼 기계번역에서도 통계적 방식 대신 자연어 처리에 딥러닝 원리를 이용한 인공신경망 기계번역이 탄생했다. 통계적 기반처럼 인공신경망 기계번역 역시 언어 쌍의 병렬 말뭉치를 활용하지만 전혀 다른 번역 방식을 사용한다. 인공신경망 방식은 통계를 이용한 확률적 결과를 계산하는 것이 아니라 인간이 수많은 사례를 접하면서 배워나가듯이 방대한 양의 데이터를 통해 스스로 학습하는 방식이다. 따라서 얼마나 정확한 번역 데이터를 통해 학습했느냐에 따라 번역의 품질이 결정된다.

딥러닝이 나오기 전에 단층 신경망을 통한 기계 학습 기법이 이미 1950년대와 1960년대에도 시도되었으나 유의미한 성과를 내지 못한 상태로 오랫동안 잊혀졌다. 2006년 토론토대학의 제프리 힌턴Geoffrey Hinton 교수의 딥러닝 기법에 대한 논문이 주의를 끌기 시작했고 2012년부터 딥러닝에 대한 깊이 있는 연구가 활발해졌다. 특히 힌턴 교수는 구글의 딥러닝을 통한 음성인식에서 기존의 모든 음성인식의 성능을 압도하는 성과를 냈고 이미지 분류에서도 획기적으로 향상된 성능을 보여줬다. 구글을 비롯한 글로벌 IT 업체들은 딥러닝을 이용한 다양한 서비스를 일반인들에게 제공하기 시작했다.

그렇다면 딥러닝 원리란 무엇인가? 그것은 다음 〈그림 6〉에서 볼 수 있는 것처럼 기존의 단층 신경망의 중간 단계에 숨은 층들을 삽입해서 심층 신경망deep neural networks(심층망deep networks)을 구성하고 대용량 데이터, 즉 빅데이터를 통해 학습시켜서 패턴인식이나 추론에 활용하는 과정을 말한다.

이렇듯 단층 신경망과 심층 신경망의 차이는 중간 단계의 숨은 층들의 유무에 있다. 일면 단순해 보이는 심층 신경망에 대한 생각을 과거에는 하지 못했던 것일까? 그보다는 그것을 구현할 수 있는 컴퓨터 성능과 데이터 양의 물리적 조건이 준비되어 있지 않았었다. 또한 심층망을 학습할 효과적인 방법이 없었던 것도 심층 신경망을 구현하지 못했던 이유다.

2006년에 힌턴이 제안한 사전 학습pre-training은 심층망을 통한 심화 학습의 가능성을 열어주었고, 자연어 처리에도 이러한 딥러닝 원리가 뒤늦게 응용되었다. 컴퓨터의 성능이 과거와는 비교할

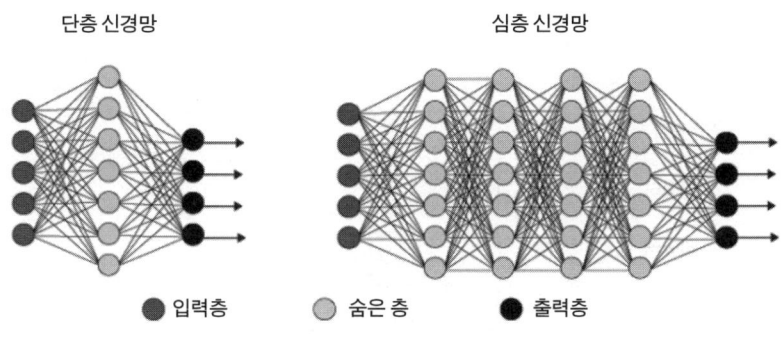

〈그림 6〉 인공신경망의 진화

3장 인공지능과 기계번역 79

수 없을 정도로 좋아졌고 데이터의 양이 많이 쌓인 덕분에 최근 신경망 기계번역이 놀랍도록 향상된 번역 성능을 보이고 있다. 요컨대 신경망에서 중간 단계의 연속되는 층layer을 통해 패턴인식의 학습 성과가 월등히 높아짐에 따라 딥러닝은 혁신적인 기법으로 발전하였고, 결국 인공지능의 새로운 패러다임을 열었다.

이렇듯 심화 학습을 뜻하는 딥러닝은 기계 학습machine learning의 한 분야로서, 1980년대까지 주류를 이루던 심볼릭 인공지능의 전문가 시스템 프로그래밍과는 전혀 다르게 전개된다. 딥러닝은 특정 작업을 수행하는 방법을 컴퓨터가 스스로 학습해서 점점 똑똑해짐을 뜻한다.

전통적인 프로그래밍인 심볼릭 인공지능의 패러다임에서는 규칙을 프로그래밍하고 그 규칙에 따라 처리될 데이터를 입력하면 해답이 출력된다. 반대로 딥러닝에서는 데이터와 이 데이터로부터 기대되는 해답을 입력하면 규칙이 출력되고, 이 규칙을 새로운 데이터에 적용하여 적절한 해답을 얻는다. 그 논리 구조는 다음 〈그림 7〉과 같다.

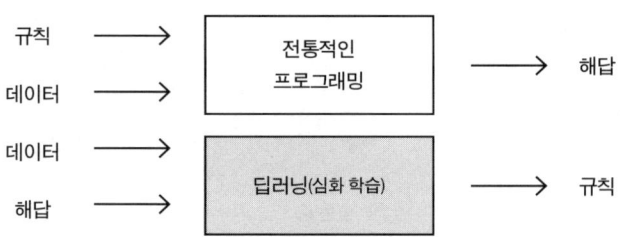

〈그림 7〉 전통적인 프로그래밍과 딥러닝의 비교

이러한 딥러닝 방식은 기계번역 분야에도 혁신적인 변화를 일으켰다. 앞서 살펴본 심볼릭 인공지능에 속하는 규칙 기반 기계번역은 언어학자가 만들어준 언어 규칙을 프로그래밍하고 그 규칙에 따라 원문의 언어를 입력하면 번역문의 언어가 출력되는 방식이다. 딥러닝 방식을 따르는 인공신경망 기계번역은 전혀 다르게 진행된다. 입력 언어와 출력 언어를 하나의 쌍으로 두고, 두 언어의 병렬 말뭉치를 기계번역기의 입력층에 입력하면 그 말뭉치의 데이터를 기반으로 번역기가 학습하여 출력층에서 규칙이 출력된다(〈그림 8〉). 이 규칙을 새로운 데이터에 적용하면 기대하는 번역문이 출력되는 방식이다.

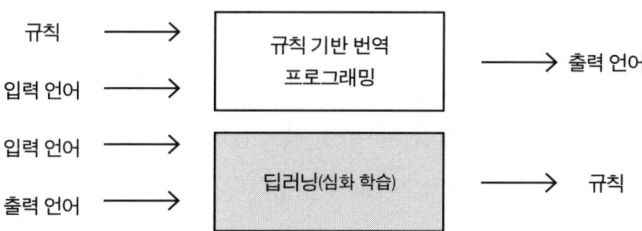

〈그림 8〉 규칙 기반 번역과 딥러닝 기반 번역의 비교

다시 말해 언어 쌍의 학습 데이터를 모아서 컴퓨터에 넘겨주면 컴퓨터는 그 학습 데이터를 스스로 공부해서 일련의 규칙을 찾아낸다. 이러한 과정을 거친 기계번역기는 스스로 공부한 바를 바탕으로 새로운 문장을 번역할 수 있는 능력을 지니게 된다.[7] 따라서 학습 데이터가 많을수록 번역기의 성능이 우수해지고 번역의 품

질도 좋아진다.

결국 인공신경망 기계번역은 입력 문장과 출력 문장을 하나의 쌍으로 두고, 최적의 답을 찾는 값을 학습하는 방식으로 이루어진다. 이러한 기계번역에는 사전 학습이 필요한데 사전 학습은 역전파 알고리즘backpropagation algorithm을 통해 이루어진다. 따라서 통계 기반처럼 인공신경망 기반 역시 언어학자의 개입 없이 엄청난 양의 병렬 말뭉치를 이용하기 때문에 기계 학습이 제대로 이루어지기 위해서는 정확한 번역이 이루어진 훈련 데이터가 필요하다. 이는 전문 번역가의 역할이 여전히 중요함을 시사한다.

2. 자연어의 벡터화: 워드 임베딩

인공신경망 기계번역은 단어나 구 단위로 번역하는 기존 기계번역과 달리 문장 전체를 넣어서 번역한다. 이 방식의 핵심은 딥러닝 분야에 속하는 워드 임베딩Word embedding이라는 기술인데, 자연어 처리에서 매우 중요하다. 컴퓨터는 데이터를 수치로 환산하여 계산하기 때문에 수치로 계산이 가능한 음악과 그림을 분석하고 그 분석을 바탕으로 스타일 변환이 가능하다. 그러나 의미 작용이 중요한 특징인 언어를 사용한 문장이나 텍스트를 기계로

---

7 딥러닝을 이용한 기계 학습에서 특히 주목되는 점은 두 가지이다. 하나는 전문가의 지식 없이 데이터로부터 자동으로 필요한 정보를 추출하는 것이고, 또 다른 하나는 기존에 독립적으로 학습하던 특징 추출기feature extractor와 분류기classifier가 하나의 모형으로 통합되어 패턴인식의 성능이 극대화된 점이다(최희열, 2019: 66).

번역하는 일은 여러 난관에 부딪힐 수밖에 없었다. 단어의 의미를 수치로 변환하여 나타내는 워드 임베딩 방식이 창안됨에 따라 기계번역에도 새로운 가능성이 열린 것이다. 워드 임베딩은 컴퓨터가 이해하고 효율적으로 처리할 수 있도록 단어를 수치로 변환하여 벡터 공간상에 나타내는 방식, 즉 자연어의 벡터화이다.

원핫인코딩ont-hot encoding은 단어를 벡터로 표현하는 가장 간단한 단어 임베딩 방식이다. 그러나 이 방식에는 단어의 의미를 표현하지 못하는 결정적인 단점이 있다. 2013년 구글의 토마스 미콜로프Tomas Mikolov 연구팀이 제안한 워드투벡Word2Vec 모형은 원핫인코딩의 한계를 극복하고 단어의 의미 정보를 일정 부분 수학적으로 표현할 수 있는 워드 임베딩 기술이다. 워드투벡의 특징은 신경망 언어 모형 중에서 학습을 빠르고 효율적으로 수행하면서 단어의 의미론적 정보를 찾아낼 수 있다는 점이다.[8]

워드투벡의 이해를 돕기 위해 먼저 원핫인코딩을 살펴보자. 원핫인코딩은 단어를 벡터로 표현할 때 컴퓨터가 좋아하는 0과 1의 이진법으로 벡터를 만들어나간다. 예를 들어 법률 세계에서 사용되는 모든 단어의 집합을 {강도, 방화, 살인, 상해, 절도, 폭행, 횡령}이라고 가정하고 이 7개의 각 단어를 순서대로 번호를 매기면서 벡터를 생성하면 다음의 〈그림 9〉가 생성된다. 처음 등장하는

---

[8] 인공신경망 모형의 기본 아이디어는 1980년대에 제프리 힌튼이 제시했고 2003년 요수아 벤지오가 구체화했지만 그 구성이 복잡하고 계산 양이 많아서 크게 빛을 보지 못했다. 간단한 방식의 신경망 모형인 워드투벡은 나오자마자 각광을 받았다(임영익, 2019: 223-224).

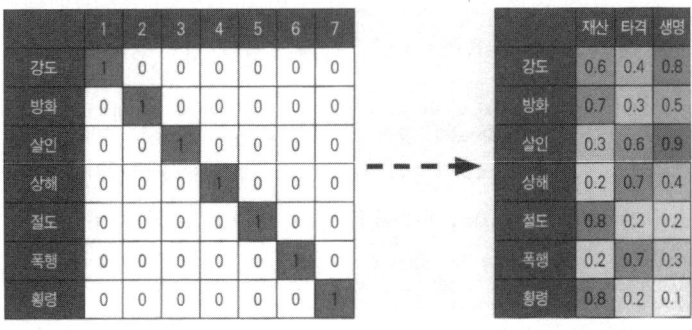

〈그림 9〉 원핫인코딩　　　　　　〈그림 10〉 분산 표현

'강도'에 1을 할당하면 [1, 0, 0, 0, 0, 0, 0] 모양의 벡터가 생성되고, 두 번째로 등장하는 '방화'의 벡터는 [0, 1, 0 … 0]이며, 나머지 단어도 이런 방식으로 벡터를 만들어간다. 결국 마지막 단어인 '횡령'은 [0, 0, 0, … 1]이 된다. 이처럼 모든 단어를 벡터로 표현하면 7차원 공간 속의 점으로 맵핑된다(임영익, 2019: 222).

이처럼 원핫인코딩은 단어를 자신의 언어로 표현한 것에 불과하므로 '국소 표현'이라고도 한다. 원핫인코딩은 기껏 엄청난 차원의 벡터로 표현했음에도 여전히 단어 간 의미나 관계를 전혀 알 수 없고 덩치만 커져 컴퓨터의 계산만 힘들게 한 기법이다.

이러한 점을 개선하기 위해 차원을 축소한 '분산 표현'이 등장했다. 분산 표현은 단어의 의미론적인 정보를 찾아내는 것을 목표로 한다. 앞에서 가정한 7개 단어를 가진 법률 세계에서 '재산, 타격, 생명'이라는 세 가지 숨은 특징을 반영하여 숫자들을 할당하면 위의 〈그림 10〉이 생성되는데, 이러한 방식을 분산 표현이라고 한다. 〈그림 10〉에서 상해, 절도, 폭행을 분산 표현된 벡터들의 숫자로 비교해보자. 이 세 단어는 재산, 타격, 생명의 요소를 모두 가지고 있지만 할당된 벡터의 숫자가 다르다. 상해와 폭행의 경우는 타격에 동일하게 0.7이 할당되었고, 절도의 경우는 재산에 0.8이 할당된 것으로 보아서 상해는 절도보다는 폭행과 더 가까움을 알 수 있다.

이처럼 인공신경망을 이용해 분산 표현된 벡터를 찾는 자연어 처리 방식을 신경망 언어 모형Neural Network Language Model이라고 한다. 이 모형은 어떤 모형이든 "단어의 주변을 보면 그 단어를 안다"라는 언어학자 존 퍼스John Firth의 분포 가설(또는 분산 가설)을 전제로 한다. 다음 예문의 빈칸에 무슨 단어가 들어갈지 생각해보면 퍼스 가설의 의미를 이해할 수 있다.

한여름에는 시원한 과일 ⬜️을/를 많이 먹는데, 이번 여름은 장마가 길어져서 그렇지가 않다.

위의 빈칸에 들어갈 수 있는 단어로는 참외, 복숭아, 자두, 수박, 포도 등 후보가 많이 있겠지만 우리는 대부분 수박을 생각할 것이다. 빈칸 단어가 그 주변 단어를 통해 결정된 것임을 알 수 있다.

워드 임베딩 기술의 유명한 모형 가운데 하나인 워드투벡은 퍼스의 분산 가설로부터 출발해서 분산 표현된 벡터로 단어의 의미를 표현하는 기술이다. 이 기술은 분산 표현을 전제로 하는 기존의 워드 임베딩 모형에 비해 학습 속도가 빠르고 효율성이 높을 뿐만

vec("man") − vec("king") + vec("woman") = vec("queen")

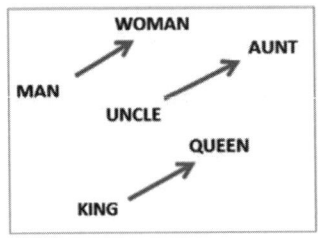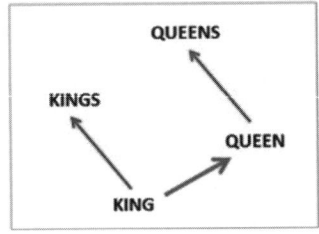

〈그림 11〉 워드투벡(Mikolov, Yih and Zweig, 2013)

아니라 단어의 의미 정보까지도 찾아내는 중요한 특징을 가진다.

워드투벡 방식은 어떤 단어가 있을 때 단어의 주변 문맥을 이용해서 그 단어의 벡터를 찾는다. 〈그림 11〉에서처럼 단어나 구 등이 다차원 공간에서 관계를 맺으며 맵핑되는데, 의미 정보가 유사한 단어들끼리 모인다. 즉 "여자woman"와 "남자man"가 짝을 이루듯 "왕king"과 "여왕queen"이 짝이 되고 "고모aunt(이모)"와 "삼촌uncle(외삼촌)"이 짝이 된다.

"여자"를 나타내는 벡터와 "남자"를 나타내는 벡터의 차이는 남녀의 차이를 나타낸다. 이 기준에 따라 자동으로 "왕"과 "여왕"의 차이도 "고모(이모)"와 "삼촌(외삼촌)"의 차이도 만들어진다. 이에 "그는 남자다"는 옳은 문장으로 분류되고, "그녀는 남자다"는 틀린 문장으로 분류된다. 이러한 분류 방식이 나머지 단어들에도 적용된다.

워드투벡이 특히 흥미로운 점은 "남자"라는 벡터에서 "왕"의 벡터를 빼고 "여자"의 벡터를 삽입하면 "여왕"이라는 벡터가 출력되는 놀라운 결과를 얻는다는 점이다. 또한 "한국"에서 "서울"을 빼고 "파리"를 더하면 "프랑스"가 출력되는 식이다.[9]

이처럼 워드투벡 모형은 맥락이 비슷한 단어들이 가까운 벡터를 지님으로써 벡터끼리 의미적 연산을 수행할 수 있는 기술이다.

3. 기계번역기의 이중구조: 인코더와 디코더

번역은 출발 언어와 도착 언어가 다르다는 점에서 매우 복잡한 지적 작업을 요구한다. 따라서 기계번역기는 출발 언어에 해당하는 입력 언어와 도착 언어에 해당하는 출력 언어를 각각 담당하는 인코더Encoder와 디코더Decoder의 이중구조로 설계된다. 인코더는 입력 언어의 이해 및 부호화를, 디코더는 출력 언어의 생성을 담당한다. 그렇다면 이 둘은 무엇으로 연결될까? 바로 위에서 본 워드 임베딩으로 얻은 단어의 표현 값이 둘을 연결하는 다리 구실을 한다.

영어 문장을 한국어 문장으로 번역하는 경우를 예로 들면 〈그림 12〉와 같은데 인코더와 디코더 사이에 수치로 표시된 것이 단어의 표현 값이다.

먼저 앞서 살펴본 워드 임베딩 방식으로 'I', 'am', 'a', 'student',

---

[9] 워드투벡 실험 사이트(https://word2vec.kr/search/)에서 실제로 단어를 입력하여 출력 결과를 실험해볼 수 있다.

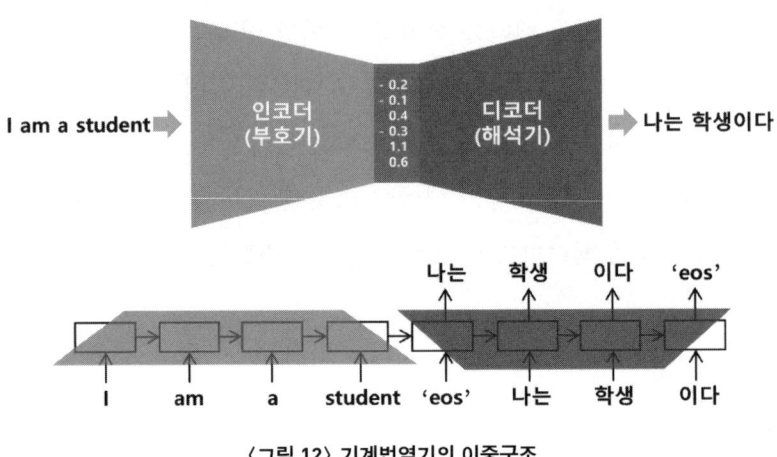

〈그림 12〉 기계번역기의 이중구조

'나는', '학생', '이다'가 각각 단어의 표현 값으로 변환된다. 그리고 입력 언어와 출력 언어를 연결하는 최적의 가중치weight parameter들을 찾아 행렬 곱으로 이어가며 벡터를 구해가는 방식이다. 번역은 문장의 끝을 뜻하는 'eos'(end of sentence) 값이 가장 높아지는 지점에서 끝나고 번역문이 출력된다. 가중치 값은 번역 언어가 달라질 때마다 바뀐다.

번역문의 출력은 일련의 추론 과정을 거치는데, 다음과 같이 다섯 단계로 설명된다(〈그림 13〉 참조).

① 첫 번째는 워드 임베딩을 하는 단계로서 입력한 문장의 단어가 컴퓨터가 이해할 수 있는 벡터로, 즉 단어 표현 값으로 변환된다.

② 두 번째 단계는 인코더(부호기)에서 입력 문장이 인코딩된다.

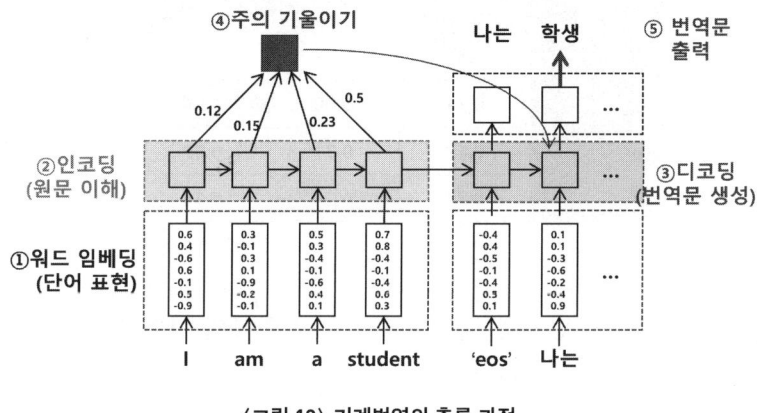

〈그림 13〉 기계번역의 추론 과정

여기서는 기계가 문맥 정보를 기억하는 데에 유용한 딥러닝의 일종인 순환 신경망recurrent neural networks(RNNs)을 활용한다. 즉 단어 표현 값으로 변환된 입력 문장이 순환 신경망 딥러닝 알고리즘을 통해 인코딩된다.[10]

③ 세 번째 단계는 디코더(해석기)에서 진행된다. 여기서는 입력 문장의 표현 값과 앞에서 번역된 지점까지의 출력 문장의 표현 값을 통해 해독한다.

④ 네 번째는 주의attention를 기울이는 단계이다. 입력 문장의 어디에 주의를 기울일 것인가에 따라서 가중치를 부여하며 동시에 해독한다.

[10] 순환 신경망은 음성인식 및 언어 텍스트처럼 연속적으로 이어지는 대상의 시계열time series 분석에 효과적이다. 신경망에 순환이 붙은 까닭은 동일한 태스크를 한 시퀀스마다 반복 적용하고, 출력 결과는 이전의 계산 결과를 항상 고려하기 때문이다.

주의	나는	학생	이다
I	0.43	0.25	0.34
am	0.31	0.08	0.54
a	0.13	0.21	0.09
student	0.21	0.44	0.14

■ 주의

⑤ 다섯 번째 단계는 디코더에서 최고 확률의 단어를 출력하는 마지막 단계이다. 디코더는 해독된 결과를 통해서 다음에 생성할 단어를 선택해야 하므로 주어진 모든 단어의 다음번 생성 확률을 구하여 최고 확률의 단어를 출력한다.

①-⑤의 과정은 'eos'가 나올 때까지 반복된다. 이상에서 살펴본 기계번역의 추론 과정을 정리하면 〈그림 13〉과 같다.

이러한 추론 과정을 거치는 구글 번역과 파파고의 다음 번역 사례를 살펴보자. 두 번역기로 영어 문장(My boss has the final say on what to buy)을 프랑스어와 한국어로 번역했다. 프랑스어 번역 결과는 같았지만, 한국어 번역은 다음처럼 각각 조금 다른 문장을 출력했다.

[원문] My boss has the final say on what to buy.
[프랑스어] Mon patron a le dernier mot sur ce qu'il faut acheter.
[파파고 번역] 우리 상사는 무엇을 사야 할지 최종 결정권을 가지고 있다.
[구글 번역] 제 상사가 무엇을 살 것인지에 대한 최종 결정권을 가지고 있습니다.

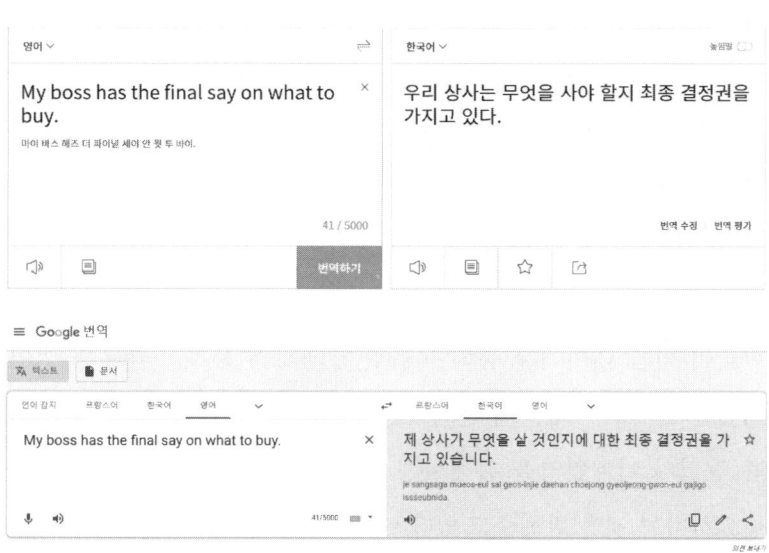

한국어 번역의 차이는 흥미로운 사실을 보여준다. 구글과 파파고는 둘 다 '최종 결정권을 갖다'를 뜻하는 영어 숙어 "have the final say"를 인지한 것으로 보이는 번역 결과를 출력했고, 전체 문장 구성은 구글 번역이 파파고 번역보다 오히려 더 자연스럽다고 할 수 있다. 하지만 "My boss"의 번역에 주의를 기울이면, 구글은 "제 상사"로 파파고는 "우리 상사"로 번역했는데, 여기서 문화적 가치관이 반영된 관습의 차이가 발견된다. 규칙 기반, 즉 문법적으로는 구글의 번역이 옳고 파파고의 번역은 틀렸다. 그러나 이는 문화적 관습의 차이를 고려하지 않은 채 내린 성급한 판단이라는 데에 한국인이라면 누구나 동의할 것이다. 영어와 프랑스어를 사용하는 서

양 문화권에서는 개인주의가 일찍이 정착한 것과 달리 공동체 의식이 우세했던 한국에서는 그러한 가치관을 반영하는 언어적 습관이 '우리'의 빈번한 사용으로 나타난다. '나' 대신 '우리'의 관습적 사용은 '나의 남편'을 '우리 남편'이라고 자연스럽게 말하는 것을 통해 알 수 있다. 파파고가 규칙 기반 기술을 사용했다면 구글처럼 '제 상사'나 '나의 상사'로 번역했을 것이다. 그러나 인공신경망 기반 파파고가 "우리 상사"로 번역한 것은 한국인들이 실제로 사용한 한국어 학습 데이터를 통해 학습한 결과로서 문자 그대로의 언어 의미를 뛰어넘어 한국의 문화까지도 반영한 것으로 볼 수 있다. 이는 양질의 기계번역을 위해서는 정확한 번역을 한 학습 데이터가 중요하다는 것을 말해주고 있다.

이처럼 인공신경망 기계번역은 기존의 어떤 기계번역보다 월등히 향상된 번역 품질을 보여주었고 특히 문장의 어순 및 의미, 때로는 문화까지("우리 상사"로 번역한 파파고의 경우)도 반영된 점이 눈길을 끌었다. 그러나 여전히 "제 상사"로 번역한 구글 번역처럼 문화의 차이가 반영되지 않거나 번역이 생략되는 문제가 발생하고, 표현 가능한 단어 수에 제약이 있으며, 고비용 고사양 장비가 필요한 점이 단점으로 꼽힌다.

2017년에 출시된 트랜스포머Transformer 기반 기계번역이 순환신경망(RNN) 기반 기계번역기를 대체하면서 인공신경망 기계번역의 발전형으로 등장하였다. 특히 2018년에 구글 인공지능 팀에서 제안한 버트(BERT, Bidirectional Encoder Representations from Transformers) 모형이 주목을 받고 있다. 버트는 워드투벡 모형과 셀프

어텐션Self-Attention이 결합된 확장된 개념이다(McCormick, 2019). 트랜스포머 기반 기계번역은 더 빠른 학습 속도와 더 안정적인 학습 성과를 보이고, 나아가 문장의 어순 및 의미에 대한 표현력도 개선되어 최상급의 번역 품질을 제공한다. 그러나 여전히 기존의 인공신경망 기계번역과 마찬가지로 생략 및 고유명사의 번역 문제가 발생하고, 고비용 고사양의 장비가 필요하다.

V. 기계번역의 과제 및 방향

기계번역은 컴퓨터 성능의 개선, 자연어 처리 소프트웨어의 발전, 그리고 엄청난 양의 학습 데이터가 축적됨에 따라 사람의 번역에 더 가까이 다가가고 있고 앞으로도 진화는 계속될 것이다. 이는 국제화 시대에 다양한 분야에서 지속적으로 증가하는 번역의 수요와 번역을 위한 막대한 인력과 시간을 생각할 때 긍정적인 미래를 기대하게 한다. 그렇다고 해서 전문 번역가가 더 이상 필요 없을 것이라고 단정하기에는 이르다.

실제로 인공신경망 기계번역 서비스가 시작된 이후 기계번역에 대한 낙관론이 나오고 있다. 인간에게는 불가능한 엄청난 양의 데이터를 처리할 수 있는 인공신경망 덕분에 얼마든지 번역의 품질을 향상해나갈 수 있으며 앞으로는 결국 다양한 언어 간의 장벽이 사라질 수 있을 것이라는 장밋빛 희망을 내놓고 있다. 이는 인간의 지능을 능가하는 시점이 올 수도 있다는 인공지능의 기술적 특

이점의 신화와 맞닿아 있다.[11]

그러나 구글 번역 총괄 연구원인 마이크 슈스터Mike Schuster는 인간의 대화는 변화무쌍하기 때문에 아무리 기계의 번역 기술이 좋아져도 "AI 번역기가 인간의 통·번역 활동을 완전히 대체하는 시점은 어쩌면 오지 않을 수도 있다"(김종일, 2018)[12]는, 낙관론과 상반된 견해를 내놓았다. 인간은 언어로 사유하고, 언어가 상징하는 문화를 소화하지만 인공지능은 단순히 반복 학습을 통해 확률적으로 매칭하는 것에 불과하다는 것이다.

2017년 서울에서 열린 인간 대 인공지능의 번역 대결에서 인공지능은 속도 면에서는 인간보다 비교가 안 되게 빨랐지만 문맥을 파악하지 못하거나 한글 고유의 의미를 정확하게 번역하지 못해서 인간에게 완패한 것으로 판정이 났다.[13] 3년여가 더 흐른 오늘날에도 기계번역은 위에서 보았듯이 문맥 및 문화적 차이를 고려한 번역의 문제들이 여전히 해결되지 않은 채로 있고 무엇보다도 섬세한 의미 작용을 담고 있는 문학 텍스트의 경우는 숙련된 번역가의 역할이 여전히 중요하다(유은순, 2018).

인공지능의 출현이 인간의 지능에 대한 새로운 성찰을 이끌어 내고 있듯이 자연어 처리의 발전은 언어란 무엇이고 인간 고유의

---

11 인공지능의 '특이점의 신화'와 관련하여 오늘날 세계는 기술적 특이점이 오면 인간은 '불멸의 존재'가 될 수도 있다는 장밋빛 희망의 낙관론과 파멸을 우려하는 비관론으로 양분되고 있다(Ganascia, 2017).

12 https://biz.chosun.com/site/data/html_dir/2018/01/03/2018010300580.html

13 2017년 서울에서 인간과 인공지능이 번역 대결을 펼쳤는데 바둑 대결과는 달리 인간의 완승으로 끝났다(http://news.jtbc.joins.com/article/article.aspx?news_id=NB11427428).

언어 지능은 무엇인가, 더 나아가 포더가 말하는 인간이 지닌 본유적인 사고 언어가 인공지능을 통해 구현되는 날이 올 것인가라는 질문으로 이어진다. 미국의 언어철학자이자 심리철학자인 존 설John Searl은 언어 번역 능력과 언어 이해 능력을 별개의 것으로 보고 기계번역을 비판하였다. 인간은 문장이 의미하는 내용과 그것이 이루어지고 있는 맥락과 의도를 이해하고 그것을 번역하지만 기계는 단순히 반복된 훈련에 의해 그것을 확률적으로 매칭하는 행위를 할 뿐이며, 고로 의미와 맥락을 이해했다고 할 수 없다는 것이다(유은순, 2018에서 재인용).

우리는 이미 인간과 기계의 협업이 점점 중요해지고, 디지털 시대의 신인류[14]가 주도할 포스트휴먼 시대에 접어들었다. 번역 영역에서도 인간과 기계는 긴밀한 관계를 맺으며 이미 상생의 길로 접어들었다고 할 수 있다. 인공지능은 인간이 한 왜곡된 번역이나 오역을 그대로 모방하기 때문에 정확한 번역을 한 학습 데이터가 기계번역의 발달에 필수적이다. 결국 인간의 정확한 번역 텍스트가 인공지능이 올바른 번역을 하도록 이끈다는 점에서 전문 번역가의 역할은 여전히 중요하다는 점을 잊지 말아야 할 것이다.

끝으로 몇 가지 오번역의 사례를 살펴보고 기계번역의 연구 방향을 제시하고자 한다.

---

[14] 디지털 시대의 신인류는 미셸 세르가 말한 인터넷이나 스마트폰 기기를 두 번째 뇌로 여기는 "엄지 세대"를 말한다(Serres, 2012).

1. 오번역의 원인과 대응

번역기가 괄목할 만한 성능 개선을 하고 번역기를 위한 엄청난 양의 데이터가 쌓였지만, 여전히 해결하기 어려운 오번역이 발생한다. 네이버의 파파고가 서비스를 제공하는 과정에서 발생했던 몇 가지 오번역의 사례를 보자.

첫째, 자동 수집된 의역 데이터로 인해 발생하는 오번역이다. 예를 들어 일본 만화책의 데이터를 가지고 학습한 번역기에 일본을 입력하면 우리나라로 번역되어 나오는 경우가 있다. 빅데이터의 모든 정보를 정제하기 위해 노력을 많이 기울임에도 불구하고 예기치 않게 이러한 오번역의 문제가 발생한다.

둘째, 시간에 따라 변화하는 호칭으로 인해 오번역이 발생하는 경우다. 현직 미국 대통령 "Mr. Trump"를 번역기는 트럼프 회장으로 번역하는 경우가 있다. 이런 경우 트럼프를 대통령으로 인정하지 않는다거나 정치적 의도를 숨기고 있는 건 아닌지 의심을 받기도 한다. 이러한 문제는 현재 데이터보다 예전 데이터가 더 많아서 발생하는 문제로서 시간이 지나면서 자동으로 해결될 수 있다.

셋째, 고유명사를 처리하는 관례나 언어별 차이로 인해 오번역이 나타난다. 예를 들어 "Park scored"를 입력하면 '박지성이 득점했다' 또는 '박세리가 득점했다'가 한국어 번역문으로 출력되거나 때로는 내가 아는 박 아무개의 이름으로 번역되어 출력되기도 한다. 미국 신문에서는 성명을 한번 쓰고 나면 그다음부터는 성만 쓰는 것과 달리, 한국에서는 계속해서 성명을 모두 쓰는 것이 관례이다.

　이상에서 살펴본 오번역의 사례들은 인공신경망 기계번역이 빅데이터를 통해 학습하기 때문에 발생하는데 이러한 오류를 미리 예측하기는 쉬운 일이 아니다. 또 인공신경망 기계번역은 방법론 자체로는 임의의 번역 수정이 매우 어렵기 때문에 일반적인 번역의 품질 저하를 극복하기 위해서는 향상된 번역 모형으로 대응할 수밖에 없다. 또한 최신 데이터의 확보도 번역의 품질을 개선하는 데 도움이 된다.

2. 기계번역 연구의 방향

　기계번역 분야의 연구는 다양하게 진행되고 있어 인공지능의 발전을 이끌 견인차 구실까지도 기대해볼 수 있다. 여기서는 기계번역과 직결되는 연구 방향으로서 다국어 번역 모형, 문맥 기반 번역, 실시간 번역을 간략하게 소개하려 한다.

1) 다국어 번역 모형

　양질의 기계번역을 위해서는 방대한 데이터가 필요한데, 여전히 번역 데이터가 부족한 언어들이 있다. 인공신경망 기계 학습은 이러한 문제를 극복하면서 다국어 번역 모형을 개발할 수 있는 놀라운 가능성을 보여주고 있다. 즉 상대적으로 풍부한 언어 쌍의 텍스트를 통해 학습한 결과를 이용하여 다른 언어 쌍의 텍스트를 번역하는 작업이다. 베트남어의 번역 데이터가 부족한 상황에서 한국어와 베트남어 번역기를 위한 다국어 번역 모형을 예로 들어 보자. 비교적 풍부한 번역 데이터를 가지고 있는 한국어와 영어의 번역 데이터로부터 한국어 데이터를 보충하고 영어와 베트남어 쌍에서 베트남어 데이터를 보충하여 한국어와 베트남어의 번역에 활용하는 방식이다. 다국어 번역 모형이 가능한 것은 번역기가 동일한 의미를 지닌 한국어, 영어, 베트남어의 문장을 하나로 묶어 인식하기 때문이다.

2) 문맥 기반 번역

현재 인공신경망 기계번역은 문장 단위의 번역 결과를 조합한 것이다. 따라서 문장을 넘나드는 문맥 번역에 어려움이 있다. 다음의 번역 사례에서는 "그녀는 발이 넓다"를 "She has wide feet"로 번역하고 있는데, 이는 문맥을 고려하지 않은 번역이다. '발이 넓다'는 '사교적이어서 아는 사람이 많다'를 뜻하는 관용구로서 의역이 필요하며 이러한 맥락을 고려하여 'She knows a lot of people'로 번역하는 것이 더 적절하다.

[원문] 진아는 여행을 좋아한다. 그녀는 발이 넓다.
[번역] Jina loves traveling. She has wide feet. → She knows a lot of people.

또한 고유명사 처리도 여전히 어려운 문제로 남아 있다. 다음 번역은 Park을 성씨로 파악하지 못하고 공원으로 오역을 했다.

[원문] When Park was here, Park scored.
[번역] 공원이 여기에 있을 때, 박지성 선수가 득점했다.
　　　→ 박지성 선수가 여기 있었을 때, 그가 득점했다.

이러한 오역을 극복하기 위해서는 문맥 단위의 번역 모형에 대한 연구가 필요하다.

3) 실시간 번역

현재 기계번역은 먼저 문장 전체를 입력한 다음에 번역을 수행하는 구조이다. 이 방식은 실시간 번역에 적용하는 데 한계가 있다. 향후 실시간 번역이 가능하도록 하려면 아래와 같이 입력 문장의 일부를 기반으로 번역을 시작하는 모형에 대한 연구가 필요하다.

[원문] We would like to introduce you to…
[번역] 여러분에게 소개하고 싶은 것은…

실시간 번역은 다국어 컨퍼런스, 외국인과의 실시간 대화, 강의 및 발표 등에 적용할 수 있는 기술로서 차세대 연구로 주목되는 분야이다.

참고 문헌

김종일, 2018, 「[interview: 마이크 슈스터 구글 번역 총괄 연구원] "번역기가 번역가 대체하는 날 오지 않을 수 있어"」, ChosunBiz 10.

그르노블·천관률, 2018, 「자동번역이 똘똘해졌죠? 이 사람 덕분입니다」, 시사IN.

유은순, 2018, 「인공지능 시대의 기계번역의 가능성과 한계: 프랑스어 교육을 중심으로」, 한국프랑스문화학회 학술발표논문집, 201-210쪽.

임영익, 2019, 『프레디쿠스: 인공지능을 이해하기 위한 최소한의 이야기』, 클라우드나인.

최희열, 2019, 「딥러닝이란 무엇인가」, 『인공지능의 이론과 실제』, 한국포스트휴먼연구소·한국포스트휴먼학회 편저, 아카넷.

Bahdanau, D., K. Cho and Y. Bengio, 2015, "Neural Machine Translation by Jointly Learning to Align and Translate," Int'l Conf. on Learning Representations (ICLR).

Brown, P., S. Della Pietra, V. Della Pietra and R. Mercer, 1993, "The mathematics of statistical machine translation: parameter estimation", Computational Linguistics.

Fodor, Jerry A., 1975, The Language of Thought, New York: Crowell.

Ganascia, Jean-Gabriel, 2017, Le mythe de la Singularité, Seuil[장가브리엘 가나시아, 『특이점의 신화』, 이두영 옮김, 글항아리, 2017].

Hinton, G., R. Salakhutdinov, 2006, "Reducing the dimensionality of data with neural networks", Science 313(5786): 504-507.

Hunter, Heidenreich, 2018, "Introduction to Word Embeddings", http://hunter-heidenreich.com/blog/intro-to-word-embeddings/

Koehn, P., F. J. Och and D. Marcu, 2003, "Statistical phrase based translation", In Proceedings of the Joint Conference on Human Language Technologies and the Annual Meeting of the North American Chapter of the Association of Computational Linguistics (HLT-NAACL)

McCormick, Chris, 2019, "BERT Word Embeddings Tutorial". http://mccormickml.com/2019/05/14/BERT-word-embeddings-tutorial/

Mikolov, T., W. Yih and G. Zweig, 2013, "Linguistic Regularities in Continuous Space Word Representations", HLT-NAACL: 746-751.

Mikolov, T., K. Chen, G. Corrado and J. Dean, 2013, "Efficient estimation of word representations in vector space", arXiv: 1301.3781v3.

Serres, Michel, 2012, *Petite Pouchette*, Le Pommier[미셸 세르, 『엄지세대, 두 개의 뇌로 만들 미래』, 양영란 옮김, 송은주 해제, 갈라파고스, 2014].

Wolf, Thomas, 2018, "Learning Meaning in Natural Language Processing — The Semantics Mega-Thread". https://medium.com/huggingface/learning-meaning-in-natural-language-processing-the-semantics-mega-thread-9c0332dfe28e

4장 기계 학습과 인공지능 시대의 교육

이영준

　인공지능은 4차 산업 시대의 핵심 동력으로 주목받고 있으며, 인류의 삶을 크게 변화시키고 있다. 인공지능은 인간의 지적 능력(인지 능력, 이해 능력, 추론 능력과 학습 능력 등)을 컴퓨터로 구현한 것이다. 인공지능은 산업과 사회의 전반적인 구조를 바꿔주는 혁신의 기술이며, 일상생활에서 다양하게 사용되고 있다.

　예를 들어 구글 포토는 인공지능 기술이 도입된 사진 관리 프로그램으로 사진을 자동으로 분류하고, 키워드 검색을 통해 원하는 사진을 쉽게 찾을 수 있도록 도와준다. 네이버의 파파고,[1] 구글의 실시간 번역 프로그램[2] 또한 대표적으로 인공지능 기술이 활용된

---

[1] 네이버가 무료로 제공하는 기계번역 서비스이다. 네이버 랩스Naver Labs에서 자체 개발한 인공신경망 기반 번역 서비스로 한국어, 영어, 일본어 등 다양한 언어를 지원해준다.
[2] 구글이 무료로 제공하는 다언어 기계번역 서비스이다. 2006년에 통계 기계번역 서비스로 시작되었으나, 2016년에 신경 기계 언어 엔진인 구글 신경 기계번역Google Neural Machine Translation(GNMT)으로 전환하였다.

분야이다. 또한 자동으로 부족한 식재료를 주문하는 냉장고나, 자동차가 교통 체증 없이 이동 가능한 최적의 이동 경로를 실시간으로 제공하는 네비게이션이나, 사람의 관여 없이 운행 가능한 자율주행자동차도 일상생활에서 인공지능이 활용되고 있는 대표적인 예라고 할 수 있다.

이와 같이 인공지능의 발달은 사회에 지대한 영향을 미치고 있는데, 인공지능의 다양한 기술 중에서도 특히 가장 큰 영향을 미치는 기술은 스스로 학습하는 기술이라고 할 수 있다. 이 장에서는 인공지능 패러다임의 변화를 살펴보고, 기계 학습과 인간의 학습을 비교 검토하는 과정을 통해 인공지능이 교육에 미치는 영향에 대하여 논의하고자 한다.

I. 인공지능 패러다임

인류는 문명을 발전시켜나가면서 지식의 본질적 성격과 인간의 지적 능력에 대한 이해를 탐구하였다. 인공지능은 이러한 이해를 기반으로 실체화한 결과물이다. 이러한 결과물은 날로 발전하고 있으며, 이제 우리 생활에 가깝게 자리하고 있다(Russell & Novik, 2016). 인공지능에 관한 본격적인 연구는 제2차 세계대전 직후에 시작되었고, 인공지능이라는 용어는 1956년에 처음 등장했다. 인공지능은 학습과 인지에서부터 세부적인 분야(바둑, 수학 정리 증명, 시 쓰기, 질병 진단 등)에 이르기까지 다양한 하위 분야를 포괄하며,

모든 지적 과제와 관련되어 있다.

　인공지능 연구가 시작된 이래로 지난 60여 년간 다양한 패러다임의 전환이 이루어져왔다. 처음 30여 년 동안의 패러다임은 기호주의 인공지능Symbolic AI으로 합리론에 기초한 지식 프로그래밍을 통하여 지능을 구현하고자 하였다(Charniak & McDermott, 1985). 20세기 초에는 인간 지능에 관한 관심이 증대하기 시작하였다. 지능에 관한 연구를 수행한 연구자들은 심리학의 연구를 반영하여 마음, 인지, 지능을 세계에 대한 기호적 표상을 통해 규칙에 따라 계산하는 과정으로 보았다. 인간의 지능은 개인이 가지고 있는 마음의 표상을 처리하고 변환하는 인지적인 과정인 것이다. 인간은 보고 듣고 느끼고 생각한 것을 자신의 기호로 변환하고 이를 감각, 단기, 장기 기억 저장소로 이동시켜 유지하며 필요할 때 꺼내 쓰는 기억의 활동을 한다. 많은 정보를 저장하였다가 특정 상황에 맞는 정보를 인출하는 능력을 가진 사람이 우수한 지능을 가진 것으로 여겨진다. 이와 같은 관점에서의 인간 지능에 관한 이해는 인간 학습에서 지식의 암기, 이해 활용 등과 같은 활동의 중요성을 부각시키고, 인공지능 개발의 초기 성과에도 지대한 기여를 하였다.

　정보의 저장 및 인출, 수리적 문제 해결 방법을 학습한 인공지능은 복잡한 수학적, 과학적 문제들을 사람보다 더 잘 해결하는 능력을 갖게 된다(허희옥 외, 2017). 따라서 사람이 가지고 있는 지식을 기계에 주입하려는 시도가 이루어졌으며, 지식을 기호로 형식화하여 기계에 표현하고 이를 주입하는 방법들이 개발되었다.

논리와 규칙 기반의 지식 표현 방법과 추론 방법 등이 등장하였으며, 이는 전문가 시스템Expert System으로 활용되었다.[3] 기호주의 인공지능 시스템에서는 기존에 존재하고 있던 지식을 컴퓨터에 주입함으로써 컴퓨터가 빠르게 작동하고, 빠르게 인공지능을 구축할 수 있다는 장점이 있다. 그러나 전문가의 지식을 추출하는 것이 어려울 뿐만 아니라, 지식의 양이 방대해질수록 지식 사이의 상호 간섭이 일어나 오류가 발생할 수 있고, 복잡한 문제인 경우 유효한 결과에 도달하기 어렵다는 단점이 나타났다.

또 다른 대표적인 패러다임인 연결주의 인공지능 패러다임Connectionist AI Paradigm에서는 철학적 경험론에 기초하여 데이터로부터 학습함으로써 지능 시스템을 구현하는 방법이 적용된다(Mitchell, 1997). 생물학, 신경과학, 유전학, 뇌과학이 기반이 되어 또 다른 시각을 제공하는 것이다. 인간의 사고는 컴퓨터가 정보를 처리하듯이 기호를 순차적으로 처리하는 것이 아니라 뇌의 신경세포 간의 연결과 그 안에서의 신호 처리 및 교환에 의존한다는 것이다. 이것은 사람이 가진 지식에 의존하기보다는 관측되는 데이터에 의존하려는 시도이다(Mitchell, 1997; Russell & Novig, 2010).

지능의 한 활동인 기억은 뇌의 전체 영역과 관련되기 때문에 이전에 경험을 통하여 저장한 정보를 뇌의 특정 영역에서 가져오는 것만으로 기억이 가능한 것은 아니다. 기억은 외부 환경과의 상호

---

[3] 전문가 시스템은 생성 시스템의 하나로서, 인간이 가지고 있는 특정 분야의 전문 지식을 정리하여 컴퓨터에 저장함으로써 이 전문 지식을 쉽게 이용할 수 있도록 하는 시스템이다. 의료 진단이나 설계 시스템 등이 그 예시가 될 수 있다.

작용을 통하여 경험했던 것에 관여한 신경세포들을 다시 자극하여 기존의 경험을 새롭게 재창조하는 것이다. 즉 인간이 기억한다는 것은 이전에 저장된 경험을 그대로 인출하는 것이 아니라, 이전에 저장된 경험의 일부와 관련된 다른 경험을 융합하여 새로운 이야기를 만들어내는 것이다. 기억은 뇌의 특정 영역에 있다기보다는 신경세포들을 연결하는 시냅스와 그 시냅스로 연결된 회로에 있다. 이 회로가 새롭게 생성되거나 변형되는 과정을 지적 활동으로 본다. 이와 같이 인간의 뇌가 정보를 처리하는 과정에 기반한 연구를 통해 인공신경망Artificial Neural Network 기계 학습 방법에 대한 연구가 번성하였다.

연결주의 인공지능 패러다임에서는 데이터로부터 지식을 자동으로 생성함으로써 기호주의 인공지능 시스템의 한계를 극복할 수 있었지만, 데이터가 많이 존재하지 않는 경우에는 지식 습득에 한계가 있다. 이러한 이유로 한동안 인공지능 연구는 다소 침체기를 겪었고, 2000년대 초반 인터넷과 컴퓨터 성능의 비약적인 발전이 이루어지고 나서 본격적으로 기계 학습이 발전하기 시작하였다. 연결주의 인공지능 연구들은 효과적이었지만, 학습된 지식이 명시적이지 않고 암묵적이기 때문에 생성된 모델을 이해하거나 설명하기 어렵다는 단점이 있었다(장병탁, 2018).[4]

---

[4] 알고리즘의 설계자조차도 특정 판단의 이유를 설명할 수 없는 심층 신경망 기반의 인공지능을 '블랙박스' 인공지능이라고 부른다. 이를 해결하기 위해 미국에서는 설명 가능한 인공지능Explainable AI을 개발하는 데 막대한 예산을 들여 '유리박스' 인공지능을 개발하고 있다.

최근 등장한 패러다임은 구성주의Constructivism를 기반으로 하는 인지주의 인공지능Cognitive AI 혹은 체화주의Embodimentism라고 한다. 구성주의 이론은 심리학과 언어학 등 인지과학 분야에서는 오랫동안 주장되어온 이론이다. 구성주의를 뒷받침하는 대표적인 인지 이론은 브루너(Bruner, 1973)의 개념 학습 이론, 피아제(Piaget, 1954)의 인지 발달 이론, 비고츠키(Vygotsky, 1934)의 문화 인지 이론 등이 있다. 인지주의 인공지능에서는 인공지능체가 초기의 간단한 구조와 기본 지식에서 출발하여 환경과의 상호작용 경험을 통해 데이터를 관측하고 학습함으로써 순차적으로 모델 구성 요소들을 만들고 재창조하면서 보다 고차의 복잡한 구조로 진화한다. 즉 환경과의 상호작용과 개체의 번영에 도움이 되는 인지구조는 더욱 번성하고 그렇지 못한 인지구조는 퇴화하는 것이다(장병탁, 2018). 체화주의는 마음의 작용과 몸의 작용이 유기적이라는 것을 강조한다. 이런 공통 기반 위에서 강조되는 특성에 따라 체화된 인지Embodied cognition, 확장된 인지Extended cognition, 행위적 인지Enactive cognition, 구현된 인지Embedded cognition 등의 이론으로 나뉘기도 한다. 이러한 이론들은 주요한 관점은 다르지만, 인간의 인지 과정이 몸의 구조와 능력에 기반을 두고 유기적으로 연결된 환경과의 역동적 상호작용으로 이루어지며, 이를 통하여 의미를 만들어낸다는 인식을 공유하고 있다. 즉 지각, 기억, 이해, 문제 해결 등을 포함하는 지능의 작용은 몸의 구조 및 기능과 독립적으로 이해되거나 설명될 수 없기 때문에 몸이 관계하는 인지적 기능을 고려해야 한다는 것이다.

인지주의 인공지능은 인공지능이 환경과 상호작용하면서 필요한 데이터를 스스로 평가하고 수집하는 가운데 지식을 축적해나가는 인지 시스템을 의미하는 것이다. 기호주의 인공지능의 경우 규칙을 통해 기술을 이해하는 추론 시스템이 핵심이었다면, 연결주의 인공지능 패러다임은 통계 분석을 통한 패턴의 이해에 기반한 기계 학습, 딥러닝Deep Learning이 핵심이 되었다. 인지주의 인공지능은 관계 설명을 통해 맥락을 이해하여 인지 시스템을 구현하는 것이 핵심이다. 인공지능이 점차 센서Sensor[5]와 액추에이터Actuator[6]를 갖추게 되면 환경을 인식하는 것은 물론 부족한 데이터는 스스로 채집하면서 데이터 문제를 해결할 수 있게 될 것이다. 설명력이 부족했던 연결주의 인공지능 패러다임에 반해 인지주의 인공지능은 스스로 가설을 세우고 능동적으로 데이터를 수집하는 과정에서 지식을 쌓고 불확실성을 줄이는 방향으로 작업을 수행할 수도 있을 것이다.

II. 기계 학습과 응용

지능적 시스템을 만들기 위한 인공지능 연구의 주요 목표 중 하나는 인간의 지능이 작동하는 방식을 복제하는 것이었다. 즉 인간

---

[5] 센서는 감각하여 알아내는 장치를 의미하며, 기기Device에 입력되는 값에 관련한다.
[6] 액추에이터는 시스템을 움직이거나 제어하는 기계 장치를 의미하며, 기기에서 출력되는 것에 관련한다.

을 이해하고 인식하며 인간이 결정을 내리는 것을 돕는 기계를 꿈꿔온 것이다. 인공지능의 대표적인 구현 기술인 전문가 시스템은 사람이 컴퓨터에 직접 많은 수의 규칙을 집어넣는 것을 전제로 한다. 빠르게 작동하는 컴퓨터에 기존의 지식을 주입함으로써 인공지능을 구축할 수 있다는 장점이 있다. 그러나 앞서 말했듯이 지식의 양이 방대해질수록 지식 사이의 상호 간섭이 일어나 오류를 발생시킬 수 있고, 복잡한 문제인 경우 유효한 결과에 도달하기 어렵다는 단점이 나타났다. 또한 사람조차 어떻게 작동되는지 아직 정확히 모르는 영역에서도 인공지능 기술의 도입이 요구되기 시작했다. 예를 들어 음성 인식 프로그램을 생각해보자. 일단 사람이 어떤 문장을 말하면 그 소리를 문자로 알아들을 수 있어야 하고, 그 문장이 어떠한 의미를 갖는지 해석할 수 있어야 한다. 이 같은 시스템은 사람이 하나하나 규칙을 만들어준다고 형성될 수 있는 것이 아니다. 전체적인 데이터를 보고 그것이 의미하는 정보들을 명확히 알아내야 한다. 이러한 관점에서 나타난 대안이 기계 학습 이론이다. 명칭에서 알 수 있듯이 기계 학습 이론은 기계, 즉 컴퓨터를 인간처럼 학습시킨다면 스스로 규칙을 형성할 수 있지 않을까 하는 생각에서 비롯되었다. 현재는 거의 모든 인공지능 시스템이 빠르고 만족스러운 결과를 얻기 위해 기계 학습이라는 방법론에 의존하는 추세이다.

기계 학습에는 다양한 방법이 존재한다. 인공신경망은 인간의 뇌가 패턴을 인식하는 방식을 모사한 기계 학습법의 일종이다. 이 인공신경망을 심화시킨 연구 결과가 오늘날 주목받고 있는 딥러닝이다.

　기계 학습은 학습 시스템에 훈련 데이터를 입력하는 형태에 따라 지도 학습Supervised Learning, 비지도 학습Unsupervised Learning, 그리고 강화 학습Reenforcement Learning으로 나뉜다. 지도 학습의 가장 큰 특징은 주입하는 훈련 데이터에 답이 포함된다는 점이다. '입력'과 '올바른 출력'이 세트가 된 훈련 데이터를 미리 준비하고, 어떤 입력이 들어오면 올바른 답이 나오도록 컴퓨터를 학습시키는 방법이다. 분류와 회귀는 전형적인 지도 학습이다. 주어진 입력 데이터가 어떤 부류의 값인지 표시하는 것, 즉 레이블이 이산적인 경우를 분류라고 하며, 주어진 훈련 데이터에서 대응되는 레이블이 연속적인 값을 가진 경우를 회귀분석이라 한다. 지도 학습과 달리 비지도 학습의 데이터에는 답이 존재하지 않는다. 비지도 학습은 데이터 속에 있는 일정한 패턴이나 규칙을 추출하는 것이 목적이다. 전체의 데이터를 어떤 공통 특성을 가지는 군집으로 나누거나(클러스터링), 너무 많은 정보를 잃지 않으면서 데이터를 간소화하는 차원 축소 알고리즘 등이 대표적인 비지도 학습이다. 강화 학습은 앞의 두 학습 방법과는 다른 개념의 알고리즘이다. 학습하는 시스템을 훈련시킬 때 잘한 행동에 보상을 주고 잘못된 행동에 벌칙을 주는 방법이다.

　인공신경망은 뇌에서 영감을 얻어 탄생한 수학적 모델이다. 인간의 뇌는 뉴런Neuron이라는 수많은 신경세포로 이루어져 있으며, 각 뉴런은 시냅스라고 불리는 뉴런과 뉴런의 연결 부위를 통해 인접한 다른 수천 개의 뉴런과 연결된다. 각각의 뉴런은 수상돌기Dendrites를 통해 자신과 연결되어 있는 인접한 다른 뉴런들로부터 전기·화학적 신호를 받아들여 이들 신호를 세포체에서 중합한다. 자극이 일정 임계치를 넘지 못하면 전기 신호가 출력되지 않고, 출력되면 축색돌기Axon를 통해 인접한 다른 뉴런에 자신의 출력값을 전달한다. 이와 같은 신경망의 구조를 컴퓨터에 도입한 것이 인공신경망이다(⟨그림 1⟩ 참조).

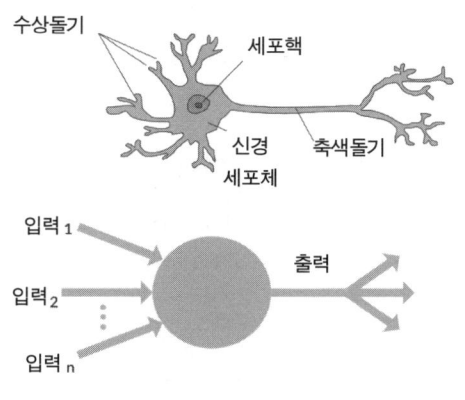

⟨그림 1⟩ 신경세포와 인공신경세포

퍼셉트론Perceptron은 프랑크 로젠블랫Frank Rosenblatt가 1957년에 제안한 초기 형태의 인공신경망으로 다수의 입력으로부터 하나의 결과를 내보내는 알고리즘이다. 퍼셉트론이 작동하는 방식은 기본적으로 뉴런과 비슷하다. 퍼셉트론은 입력값을 바탕으로 신호의 출력 여부를 결정한다. 각 노드의 가중치와 입력치를 곱한 것을 모두 합한 값이 활성화 함수에 의해 판단되는데, 초기의 퍼셉트론에서는 그 값이 임계치보다 크면 뉴런이 활성화되고 결과 값을 출력한다. 사람들은 퍼셉트론의 등장으로 곧 인간 수준의 인공지능을 만들어낼 수 있을 것이라고 생각하였으며 많은 관심을 보였다. 하지만 1969년 민스키Minsky와 페퍼트Papert가 퍼셉트론은 XOR 문제[7]를 풀 수 없음을 증명하였다. 퍼셉트론의 한계에 실망한 많은 연구자가 인공신경망 연구 분야를 떠났다.

이러한 문제점을 해결하기 위해 퍼셉트론을 쌓아 올려 XOR 문제를 해결하는 방법이 연구되었으며, 이를 다층 신경망이라고 한다(〈그림 2〉 참조). 다층 신경망은 입력층, 하나 이상의 은닉층, 출력층으로 구성된다. 은닉층의 개수가 많아질수록 인공신경망이 '깊어졌다'고 하며, 이렇게 충분히 깊어진 인공신경망을 학습 모델로 사용하는 기계 학습 패러다임이 바로 딥러닝이다.

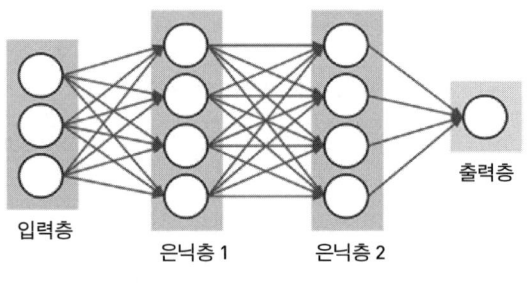

〈그림 2〉 다층 신경망

[7] XOR은 배타적 논리합으로 주어진 두 개의 값이 서로 다를 때 1의 값을 가진다는 개념이다. 퍼셉트론은 선형 분리만 가능하기 때문에 XOR 문제를 해결할 수 없다.

III. 인간의 학습

학습은 경험으로 인한 지식의 변화이다. 학습은 항상 변화를 포함하며, 학습자의 지식이 변화하지 않았다면 학습하지 않은 것이라 말할 수 있다. 인간의 지식의 변화를 긍정적으로 이끌기 위한 활동들을 우리는 교육이라 일컫는다. 교육의 관점에서 인간이 어떻게 학습하는지에 대한 다양한 연구가 이루어져왔으며, 대표적인 이론은 행동주의Behaviorism, 인지주의Cognitivism, 구성주의의 세 가지 패러다임으로 구분할 수 있다.

첫째, 행동주의 패러다임에서는 인간의 학습을 자극과 반응과의 연합으로 본다. 예를 들면 어떤 학생에게 "한국의 수도는 어디인가?"라고 물었을 때, "서울입니다"라고 대답하면 "정답입니다"라고 보상을 제공하고, 만일 틀린 대답을 했다면 "틀렸습니다"라고 반응(벌)하는 것이다. 보상으로 제시하는 것은 학습자에게 칭찬, 상, 사탕 등이 될 수 있고 벌로 제시하는 것은 꾸중, 벌점 등이 될 수 있다. 보상은 자극과 반응 간의 연합을 강화시키는 것이고, 벌은 자극과 반응 간의 연합을 약화시키는 것이다. 이는 반복 연습 훈련과 같은 기술들을 가르치는 데 있어서 주요한 기반이 된다.

둘째, 인지주의 패러다임에서는 정보를 학습자에게 제공하는 것으로 학습을 설명한다. 학습자에게 강의, 책, 프레젠테이션, 동영상 등의 정보를 제공하고, 학습자는 이러한 정보들을 받아들이는 것이다. 이 패러다임에서는 학습자가 스스로 인지적 표상을 형성하는 유의미 학습을 강조한다. 유의미 학습은 기존의 스키마Schema에 새로운 정보를 동화시키는 것을 의미한다. 스키마는 인간이 가지고 있는 배경지식, 대상에 대한 개요 혹은 전체적 대상을 모사하여 기억 속에 재생한 지각의 형태를 의미한다. 학습자가 적절한 선수 지식이 부족할 때 학습은 제대로 이루어지지 않는다. 새로운 정보는 그것을 받아들이는 사람의 머릿속에 이미 들어 있는 내용과 연결될 때에만 의미를 갖는다고 철학자 칸트Kant는 주장하였다.

한편 새로운 학습이나 수행을 하는 데 있어서 선행 학습의 효과로 전이Transfer를 논하기도 한다. 전이는 이전에 학습하여 구축된 지식의 새로운 학습에 대한 영향으로 설명된다. 예를 들어 국어 학습에서 문장의 수사적 구조에 관한 선행 학습은 학생들이 다양한 설명문을 이해하는 데 도움을 줄 수 있다. 수학의 수리적 개념은 학생들이 광범위하고 다양한 연산 절차 및 수 감각을 익히는 데 도움을 줄 수 있다. 이와 같이 인간을 대상으로 하는 교육에서는 어떤 교과에서 배운 내용을 다른 교과에 전이시키고, 학교에서 배운 내용을 실생활에 적용시킬 수 있게 하는 것을 목표로 한다.

마지막으로, 탐구 학습[8]과 발견 학습[9]을 강조하는 구성주의 패러다임에서는 이전의 패러다임과는 다르게 지식이란 주입하거나 발견하는 것이 아니라 인간이 완성시켜가는 것이라고 본다. 앞

---

[8] 교사가 제시한 자료를 분석하고, 가설의 설정 및 실험(관찰, 탐구 등)을 통한 검증을 통하여 내린 결론을 일반화하는 학습 방법론이다.
[9] 브루너에 의해 주장된 학습 방법론으로서 학습자들이 교사가 제시하는 구체적 사례를 통해 귀납적 추론으로 개념과 원리를 발견 및 추출하여 지식의 구조를 발견하는 것이다.

의 두 패러다임이 교사가 객관화된 지식을 효과적으로 가르치는 것에 집중하였다면, 구성주의 패러다임에서는 학습자들이 어떻게 배우는가, 어떻게 학습하는가에 초점을 둔다. 구성주의 패러다임에서는 교수자가 학습자에게 학습을 구성하는 경험을 제공하고 학습을 촉진시키며, 학습자는 지식을 능동적으로 구성한다는 점이 특징이다. 이는 구성주의의 기본 가정과 밀접하게 관련이 있다. 구성주의에서는 지식은 전달되는 것이 아니라 구성되는 것이라고 본다. 또한 지식은 사회적 협상을 통해 이루어지며 맥락적이라는 입장을 취한다. 따라서 문제 중심 학습, 프로젝트 기반 학습 등을 통해 협업하여 해결해야 하는 실제적인 과제의 중요성을 강조한다. 이러한 과정을 통해 학습자는 스스로 문제를 해결하고 지식을 구축하는 능력을 습득할 수 있고, 상황적 맥락 정보가 내재된 실제적 지식을 산출할 수 있기 때문이다.

VI. 인공지능 시대의 교육

블룸의 개정된 텍사노미Bloom's Revised Taxonomy(〈그림 3〉 참조)에서는 교육을 통하여 성취되는 지식은 위계적 구조를 갖고 있다는 입장에서 인간 학습의 단계를 기억하기Remember, 이해하기Understand, 응용하기Apply, 분석하기Analyze, 평가하기Evaluate, 창조하기Create의 6단계로 제시하였다. 기억하기부터 창조하기까지, 낮은 수준의 사고부터 높은 수준의 사고의 순으로 학습의 위계가 존재하는 것이다. 즉 기억하기, 이해하기는 낮은 수준의 사고이며, 평가하기, 창조하기는 높은 수준의 사고라는 것이다.

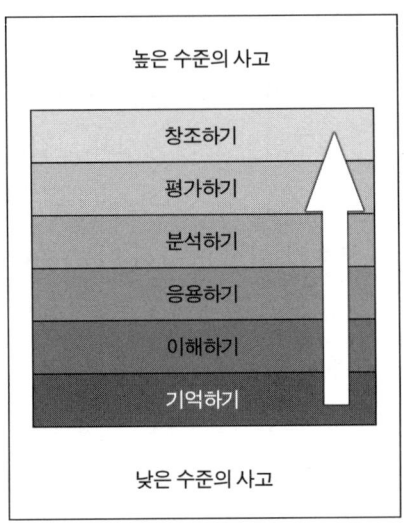

〈그림 3〉 블룸의 개정된 텍사노미

인간 학습은 경험을 일반화하거나 예측하는 것이 목표임에 비해, 인공지능은 경험 대신 데이터를 통해 학습한다. 인공지능은, 특히 기계 학습은 방대한 데이터를 다양한 유형의 매우 복잡한 알고리즘으로 처리하여 디지털 지식으로 생성한다. 그 처리 과정은 뇌의 신경망에서 따왔기 때문에 인공신경망이라고 불리지만 인간만큼 지식을 스스로 생성하거나 적용하는 데에는 한계를 보인다.

지식의 기억하기나 이해하기와 같은 낮은 수준의 사고에서는 인공지능이 인간의 두뇌 능력을 훨씬 초과한다는 것이 입증되었다. 현대사회에서 인간은 컴퓨터 기반 지식에 의존한다. 컴퓨터 기반 지식은 온라인에서 항상 접근 가능하다. 예를 들어 어떤 동물의 학명을 굳이 외우지 않아도 웹에서 조금만 검색하면 바로 답을 알 수 있다. 도서관에 보관된 장서 수나 유명인의 명언도 마찬가지다. 객관적 사실이나 수치 등은 더 이상 인간이 기억하지 않아도 된다.

응용하기 및 분석하기 단계의 지식이 필요한 분야에서는 인간과 인공지능이 협업하면 최선의 결과를 낼 수 있다. 예를 들면 대규모 의료 기록을 기계 학습하여 질병의 증상을 분석하는 시스템을 활용하여 질병으로 인해 문제가 발생할 확률을 계산하고, 의사는 치료 방법을 결정하는 역할을 할 수 있다.

고차원 수준의 사고인 평가하기 및 창조하기 단계에서는 학습 공간이 사회 및 기타 가치 시스템에 대한 상호작용을 요구하기 때문에 인간이 주도적인 역할을 한다. 예를 들어 인공지능이 렘브란트 화법을 학습하여 작품을 생성한 넥스트 렘브란트 프로젝트[10]를 단편적으로 보면 인공지능이 인간의 창의성 영역을 뛰어넘은 것처럼 판단할 수도 있다. 하지만 엄밀하게 말하자면 인공지능은 렘브란트처럼 새로운 것을 창작하지는 못하였다. 기존의 작품의 특징을 아주 비슷하게 흉내 내기만 했을 뿐이다.

현재 우리는 인공지능을 활용하여 다양한 영역에서 효과적으로 문제를 해결하고 있으며, 점점 더 많은 영역에 인공지능이 도입되

---

[10] The Next Rembrandt Project: https://youtu.be/IuygOYZ1Ngo

고 있다. 인공지능이 발전한 미래에는 인공지능을 효과적으로 활용할 수 있는 전략이 더욱 요구될 것이다. 이러한 측면에서 미래 학습자들에게는 현재와는 다른 방식으로 다른 내용의 교육이 실시되어야 할 것이다.

인공지능 교육 시스템을 활용한 교육은 교실의 모습을 바꿀 것이다. 인공지능 교육 시스템은 학습자의 수준에 맞게 진도를 나가고, 교육과정을 맞춤형으로 제공할 수 있다. 따라서 학습자는 일대일 수준별 맞춤 서비스를 받을 수 있으며 교실 밖에서도 언제든 도움을 받을 수 있다. 인공지능 교육 시스템은 학습자가 잘 해결하지 못하는 부분은 반복하여 참을성 있게 제시하며, 다양한 참고자료를 제시해줄 수도 있다. 학습자가 잘 이해하는 부분에 대해서는 빠른 속도로 학습 내용을 제공해줄 수 있다. 이는 학습자에게 시간적 효율을 극대화해줄 수 있다. 현재 다양한 분야에서 인공지능 시스템을 교육에 활용하는 사례가 다수 있다. 인공지능 교육 시스템이 학습자에게 차별화된 효과적인 교육을 제공하고 있는 것이다.

교사에게는 인공지능 시스템이 교육 보조자로서 채점과 과제 점검 같은 교육 업무를 경감시켜줄 수 있다. 특히 반복적으로 처리해야 하는 행정 업무와 같은 경우 인공지능 시스템이 손쉽게 처리해줄 것이다. 또한 인공지능 시스템은 학습자의 성향이나 행동 패턴을 분석하여 교사와 학부모에게 제공해줄 수도 있다. 인공지능 시스템을 활용한다면 교사는 학습자 및 학부모와의 인간적 측면의 상호작용에 집중할 수 있을 것이며, 업무 경감 효과를 누릴 수 있을 것이다.

이처럼 인공지능 시스템이 적용되면 교사와 학생 모두에게 효율적인 교육 방법이 제공되고 교육의 질이 높아지겠지만, 모든 교육 영역이 인공지능으로 대체될 수는 없다. 학교는 학생에게 교과 지식만 교육하는 곳이 아니다. 교실에서는 인간 고유의 상호작용을 토대로 학생들의 자주성과 사회성, 리더십, 창의성, 협동심 등 인간 고유의 특성이 교육되어야 한다. 인공지능 시스템이 학습의 보조적 수단으로서 교육의 효율성을 이끌어갈 때 인간은 인공지능의 활용 역량을 강화하면서도 인공지능이 닿을 수 없는 인간의 영역을 공고히 교육해야 한다.

이제 우리 시대의 교육은 인공지능과 협업할 수 있는 형태가 되어야 한다. 인공지능의 강점과 인간의 강점을 결합하여 인공지능을 잘 알고, 인간을 보완할 수 있는 방향의 교육이 이루어져야 할 것이다.

참고 문헌

강은정·장윤영·이보아, 2018, 「인공지능 기반의 융복합 예술창작물 사례 분석 및 고찰」, 『한국과학예술융합학회』 제35권: 1-13.
김대식, 2016, 『김대식의 인간 vs 기계: 인공지능이란 무엇인가』, 동아시아.
김환석, 2017, 「인공지능 시대를 보는 이론적 관점들」, 『사회와이론』 제31권: 41-62.
박유신·조미라, 2017, 「미래사회를 위한 포스트휴먼 교육」, 『미술교육논총』 제

21권 2호: 180-216.

유원준, 2018, 「인공적 자율성에 기반한 예술 작품 연구」, 『문화와융합』 제40권 2호: 325-358.

유은순, 2018, 「인공지능 시대의 기계번역의 가능성과 한계: 프랑스어 교육을 중심으로」, 『한국프랑스문화학회 학술발표논문집』, 201-210쪽.

이대열, 2017, 『지능의 탄생』, 바다출판사.

이영의, 2015, 「체화된 인지의 개념 지도: 두뇌의 경계를 넘어서」, 『Trans-Humanities』 제8권 2호: 101-139.

이영준 외, 2018, 『인공지능이 여는 세상』, 이모션미디어.

이은빈, 2018, 『체화된 인지(Embodied Cognition) 이론과 트랜스휴머니즘』, 석사 학위논문. 서울대학교 대학원.

장병탁, 2018, 「인간지능과 기계지능」, 『정보과학회지』 제36권 1호: 17-26.

조용수, 2015, 「포스트휴먼시대 인공지능과 미래 경제 트렌드」, 『FUTURE HORIZON』 제26권: 10-13.

최은창, 2016, 「인공지능 시대의 법적윤리적 쟁점」, 『FUTURE HORIZON』 제28권: 18-21.

허희옥·양은주·김다원·문용선·최종근, 2017, 「인공지능 시대의 인간 지능과 학습」, 『교육철학연구』 제39권 1호: 101-132.

Bruner, Jerome S., 1973, *Beyond the Information Given: Studies in the Psychology of Knowing*, Norton.

Charniak, E., & D. McDermott, 1985, *Introduction to Artificial Intelligence*, Addison-Wesley.

Ebbinghaus, H., 1962, *Memory: A contribution to experimental psychology*, Dover.

Hinton, G. E., 1989, "Connectionist learning procedures." *Artificial Intelligence*, 40: 185-234.

Mayer, R., 2010, *Applying the Science of Learning*, Pearson Education[리처드 메이어, 『학습과학: 원리와 실천적 적용』, 임정훈·성은모 옮김, 아카데미프레스, 2012]

Minsky, M., 2006, *The Emotion Machine: commonsense Thinking, Aritifical Intelligence*, *and the Future of the Human Mind*, Simon & Schuster.

Mitchell, T., 1997, *Machine Learning*, McGraw Hill.

Piaget, J., 1954, *The Construction of Reality in the Child*, Basic Books.

Russell, S., & P. Novig, 2010, *Artificial Intelligence: A Modern Approach*, Pearson Education[스튜어트 러셀·피터 노빅, 『인공지능 1, 2: 현대적 접근방식』, 류광 옮김, 제이펍, 2016].

Sawyer, R. K., 2005, *The Cambridge handbook of the learning sciences*, Cambridge University Press.

Vygotsky, L., 1934 *Thought and Language*, MIT Press.

Wolfe, Cary, 2010, *What Is Posthumanism?*, University of Minnesota Press.

제3부 **인공지능과 포스트휴먼 사회**

5장 인공지능과 포스트휴먼[1]

신상규

나는 여러 글에서 오늘날 우리가 직면하고 있는 변화가 '4차 산업혁명'이란 말이 나타내는 생산양식이나 정치·경제적 수준의 변화보다 훨씬 더 근본적인 수준의 변화임을 주장한 바 있다. 이는 우리의 삶의 형식form of life 전체를 뒤바꾸는 것으로, 우리가 경험하고 살아가는 생활세계 자체의 급격한 변동을 동반할 뿐 아니라, 현재의 생활세계에서 인간을 중심으로 적용되는 많은 개념 범주나 그것과 연관된 판단들이 더 이상 유효하지 않게 되는 변화라는 것이다.

이탈리아 출신의 철학자 루치아노 플로리디Luciano Floridi는 디

---

[1] 이 글은 다른 지면을 통하여 발표된 여러 글을 토대로 해서 '인공지능과 포스트휴먼'이라는 주제에 맞도록 내용을 편집하고 보완한 글이다. 활용된 글은 문학지 『쏢』 제8호에 실린 「포스트휴먼의 조건과 인간-기계의 공존」, 『포스트휴먼이 몰려온다』(아카넷, 2020)의 4장 「소셜로봇: 로봇과의 사랑? 관계의 재구성」, 그리고 『카이스트 미래전략 2021』의 「로봇, 도구인가 동반자인가」이다.

지털 정보 기술로 촉발된 정보혁명에 초점을 맞추어서, 오늘날 일어나는 변화를 코페르니쿠스, 다윈, 프로이트의 혁명을 잇는 '4차 혁명'의 과정으로 이해한다(Floridi, 2014). 코페르니쿠스가 지동설을 통해 우리가 사는 지구의 위치에 대한 인식을 바꿈으로써 인간을 우주의 중심에서 변방으로 밀어내었다면, 다윈은 모든 생명종이 자연선택의 메커니즘을 통해 공통의 조상에서 진화했음을 주장함으로써 인간이 다른 생물종과 근본적으로 구분되는 존재라는 가정에 도전했다. 프로이트는 우리 마음의 많은 부분은 무의식의 영역에 속하며 억압에 대한 방어기제의 지배를 받는다고 주장함으로써 투명한 이성성이나 자율성에 입각한 근대적인 인간 주체의 이해에 일격을 가하였다.

역사적으로 인류는 인간이 세계의 다른 존재들과 근본적으로 구분되는 존재이며, 인간의 필요에 따라 그것들을 지배하고 활용할 수 있는 모종의 특권을 가진 존재라고 생각해왔다. 이는 인간과 다른 존재 사이에 존재하는 어떤 차별적인 특성을 통하여 일종의 근본적인 범주적 차이를 상정하고, 인간이 가하는 차별적 실천을 내면화하고 정당화해온 관행과 밀접한 관련이 있다. 코페르니쿠스나 다윈, 프로이트의 역사적 기여는 인간과 다른 존재를 구별 짓는 여러 범주적 구분의 타당성에 의문을 제기하고 그것들을 해체한 것이다.[2]

플로리디는 디지털 정보 기술의 발달로 야기된 오늘날의 변화

---

2 이에 대해서는 매즐리시(2001)를 참조하라.

가 그 이전에 일어났던 세 번의 혁명과 유사하게 인간 본질에 대한 근본적인 인식의 전환을 초래한다는 의미에서 인간학의 4차 혁명을 추동하고 있다고 주장한다. 플로리디의 표현을 따르자면 인공지능을 포함한 디지털 정보 기술은 인간의 본성뿐 아니라 세계(환경)의 본성, 그리고 인간과 세계의 상호작용을 근본적으로 변형시키고 있다. 그에 따르면 인간을 포함한 동물, 식물이나 자연적 사물, 기계와 같은 인공적 존재는 모두 정보적 구조로 분석될 수 있는 정보적 존재자이다. 그리고 인간은 따로 분리되어 자족적으로 존재하는 특권적 존재가 아니라, 다른 생물학적 행위자 및 기술적 인공물과 상호 연결되어 존재하면서 정보권inforsphere[3]을 함께 공유하는 정보적 유기체로서의 인포그inforg이다.

I. 인간의 기계화

4차 혁명의 핵심은 인간과 기계 사이에 존재하는 범주적 구분의 해체이다. 인간과 기계, 자연과 인공이라는 이원적 구분에 대한 도전과 해체는 인간의 기계화와 기계의 인간화라는 두 가지 차원에서 일어나고 있다. 먼저 인간의 기계화부터 살펴보자.『생명 3.0Life 3.0』의 저자 맥스 테그마크Max Tegmark는 생명의 발전을 3단계

---

[3] 여기서 정보권은 모든 정보적 존재자가 그 안에서 상호작용하며 존재하는 일종의 생태환경을 나타낸다.

로 나누어 설명한다(테그마크, 2017). 먼저 생물학적 단계로서 생명 1.0이 있다. 생명 1.0은 생명을 구성하는 하드웨어나 소프트웨어 모두가 그 존재가 갖는 DNA에 의해 결정되며 자연선택을 통한 생물학적 진화의 과정을 거쳐서 변화하는 단계이다. 여기서 하드웨어는 생물학적 신체에 해당하며, 소프트웨어는 신체의 행동이나 반응을 지배하는 통제 기제라고 말할 수 있다. 생명 1.0은 하드웨어나 소프트웨어 모두 철저히 자연적 진화의 지배를 받으며, 그 생애 동안 하드웨어나 소프트웨어를 재설계할 수 없다. 인간을 제외한 대부분의 생명이 생명 1.0의 단계에 머물러 있다.

생명 2.0은 문화적 단계이다. 생명 2.0에서는 신체에 해당하는 하드웨어는 여전히 자연적 진화의 과정에 맡겨져 있지만, 외부 감각에서 오는 정보의 처리나 어떤 행동을 할지를 결정하는 알고리즘이나 지식의 총체로서의 소프트웨어, 즉 정신을 재설계할 수 있다. 생명 2.0에 해당하는 인간은 학습을 통해서 새로운 언어나 기술, 지식을 습득하며 이를 다음 세대에게 전승한다. 그리고 이렇게 축적된 문화적 변천을 통하여 세계관이나 목표를 근본적으로 업데이트할 수 있다.

마지막으로 생명 3.0은 기술적 단계이다. 이 단계에 이르게 되면 생명은 소프트웨어뿐 아니라 하드웨어마저도 자신의 선택을 통해 재설계할 수 있게 되며, 신체의 변화를 위해 더 이상 세대에 걸친 생물학적 진화의 과정을 거치지 않아도 된다. 테그마크에 따르면 인류는 지금까지 생명 2.0의 단계에 머물러 있었지만 이제 생명공학이나 신경과학, 컴퓨터, 기계공학 등의 발전에 따라 생명 3.0의 단계에 접어들고 있다.

  생명 3.0의 전망을 가장 잘 보여주고 있는 것이 바로 인간의 자연적 본성을 변화시키고자 하는 인간 향상human enhancement 기술이다. 인간 향상은 유전공학이나 신경과학, 의학, 인지과학, 컴퓨터 과학 등과 같은 첨단의 과학기술을 통해, 외부 대상을 조작하는 것과 마찬가지로 인간의 신체나 정신에 직접적으로 개입하여 인지나 감정적 기능, 신체적 능력, 건강 수명과 같은 인간의 자연적 본성을 개량하거나 강화시키려는 시도를 일컫는 말이다. 이러한 시도를 옹호하고 장려하는 입장을 트랜스휴머니즘이라고 부른다.

  향상의 범주에는 유전자의 직접적 조작뿐 아니라 인공심장이나 인공혈관과 같은 인공장기의 개발, 로봇팔이나 로봇다리, 인공시각이나 인공와우와 같은 다양한 외적 프로스테시스 장치prosthesis와의 결합이 포함된다. 인간(두뇌)-컴퓨터 인터페이스를 통해 인공지능이나 사물 인터넷과 같은 스마트 디지털 장치와 인간의 두뇌를 직접 연결하는 것도 가능한 시나리오 중의 하나이다. 생물학적 신체와 기계적 장치가 결합한 존재를 사이보그라고 부른다. 향상 기술이 발전함에 따라 우리 인류는 문자 그대로 점점 더 사이보그화할 가능성이 높으며, 생명 3.0이 전망하는 그대로 소프트웨어 차원만이 아니라 하드웨어 차원에서도 자신의 진화 방향을 스스로 결정하고 선택할 수 있는 지점에 도달할 것이다.

II. 기계의 인간화

인간의 기계화에 대응하는 또 다른 축의 변화가 인공지능과 관련된 기계의 인간화이다. '인공지능'이란 표현이 처음 등장한 것은 1956년 다트머스대학에서 열린 '인공지능에 관한 다트머스 여름 연구 프로젝트'라는 학술 대회에서였다. 당시 다트머스대학의 수학과 조교수였던 존 매카시는 기계가 모의할 수 있도록 학습이나 지능의 모든 특징을 정확하게 기술하는 것을 인공지능 연구의 목표로 제안했다.

매카시는 기계(컴퓨터)가 인간의 전유물로 여겨지는 고등한 인지 기능의 일부 혹은 전부를 모방할 수 있다고 생각했으며, 기계가 언어를 사용하고 개념을 형성하며 인간만이 해결 가능하다고 여겨지는 종류의 문제들을 해결하도록 만드는 연구를 독려했다. 당시 이 회의에 참가한 학자들은 "신중하게 선택된 과학자 집단이 이번 여름 동안 이에 대해 함께 연구하면 하나 혹은 그 이상의 문제들에 대해서 중대한 진전을 이룰 수 있을 것"이라고 대단히 낙관적으로 전망하였다. 1965년 허버트 사이먼Herbert Simon은 기계가 향후 20년 내에 인간이 하는 모든 일을 할 수 있을 것이라 공언하기도 했다.

그러나 인간의 지능에 버금가는 능력을 갖춘 기계를 만드는 일은 당초의 예상보다 훨씬 어려운 작업이었으며, 성급한 낙관과 빈약한 성과가 교차하면서 인공지능 연구는 몇 차례의 호황과 침체(AI 겨울)를 반복해왔다. 지금 우리는 2016년 바둑에서 구글의 알파고가 이세돌 9단에게 승리한 사건으로 상징되는 또 하나의 인공지능 호황기를 경험하고 있다.

알파고는 인간 프로그래머가 작성한 규칙을 따라서 기호 조작을 수행하는 고전적 AI와는 달리, 인간 두뇌의 작동 방식을 모방한 신경망 방식을 혼합한 컴퓨터이다. 신경망 인공지능은 기계 학습 알고리즘을 토대로 스스로 패턴을 인식하고, 추론이나 판단, 선택을 수행할 수 있다. 신경망 인공지능이나 기계 학습의 아이디어는 사실 컴퓨터나 인공지능의 역사만큼이나 오래된 것이다. 1943년 워런 매컬럭Warren McCulloch과 월터 피츠Walter Pitts가 뉴런의 기능적 모형을 개발하였고, 1950년대에는 프랭크 로젠블랫이 퍼셉트론이라 이름 붙인 신경망 컴퓨터를 개발한 바 있다. 1980년대에는 '연결주의'라는 이름으로 인공신경망에 대한 연구가 큰 관심을 끌기도 했으나, 괄목할 만한 성과는 남기지 못한 채 2차 AI 겨울의 도래로 이어졌다.

하지만 그 이후에 인터넷이나 SNS의 등장과 함께 엄청난 양의 빅데이터가 축적되고, 무어의 법칙에 비례하여 컴퓨터 연산력이 지수적으로 계속 향상되면서 변화를 위한 토대가 마련되었다. 돌파구의 마지막 실마리는 2004년 토론토대학의 제프리 힌튼 교수 등이 개발한 새로운 기계 학습 알고리즘, 딥러닝이었다. 지금의 인공지능 호황이 다시 새로운 AI 겨울을 맞이할지, 아니면 과거와는 다른 양상으로 전개되어 인간 지능에 버금가는 일반 인공지능artificial general intelligence(AGI)이나 인간을 훨씬 능가하는 초지능의 출현으로 이어질지는 누구도 쉽게 예단할 수 없다.

신경망 인공지능의 핵심적 특성은 빅데이터 기반의 패턴인식과 같은 학습 능력이라고 할 수 있다. 이를테면 테그마크가 말하는 생명 2.0의 특성을 갖고 있는 셈이다. 구글이 제공하는 자동화 머신러닝AutoML은 인공지능을 만드는 인공지능으로 불린다. 기계학습의 알고리즘 개발 자체를 인공지능이 맡도록 하는 것이다. 만일 이러한 기술이 성숙해진다면 이미 1965년 어빙 존 굿Irving John Good이 예견한 대로, "자신의 설계를 이해할 만한 지능을 지닌 인공지능은 자기 자신을 더 지능적으로 재설계하거나 후속 시스템을 자신보다 더 지능적인 것으로 창조할 수 있으며, 그렇게 재설계된 혹은 창조된 인공지능은 다시금 같은 방식으로 훨씬 더 지능적인 시스템이 될 것이고, 이런 식으로 긍정적 되먹임positive feed-back의 주기가 이어질 수 있다."(Good, 1965) 이때 인공지능은 생명 3.0의 특성도 갖게 된다.

III. 포스트휴먼 담론

많은 학자는 인간의 기계화나 기계의 인간화를 둘러싸고 벌어지는 변화를 이해하는 데 '포스트휴먼'의 개념이 매우 유용한 프레임을 제공한다고 생각한다. '포스트휴먼'은 '포스트'라는 말의 해석에 따라 크게 다음 두 가지 중 하나의 의미로 이해될 수 있다.

'포스트'라는 말의 첫 번째 의미는 시간적으로 '- 이후' 혹은 '- 다음'이라는 뜻이다. 이런 의미로 해석하면, '포스트휴먼'은 휴먼 이후에 등장하는 어떤 존재를 가리키는 표현이다. 대표적인 트랜스휴머니스트이자 『슈퍼인텔리전스』의 저자로도 잘 알려진 닉 보스트롬Nick Bostrom은 '인간 향상'의 폭이 너무 커져서 지금의 기준으로 더는 인간으로 부르기 힘든 존재를 "포스트휴먼"이라 부르자고 제안했다(Bostrom, 2003). 생물학적 종으로서 호모사피엔스를 "휴먼"이라고 한다면, 앞으로 인간의 자리를 대체하게 될 인간 다음의 존재, 즉 인공지능과의 결합이나 유전적 조작(변이)을 거쳐서 지금의 인간과는 너무 다른 본성을 갖게 된 미래의 인류가 바로 포스트휴먼이라는 것이다. 미래를 소재로 하는 많은 SF 영화가 이러한 '인간 이후의 인간'에 대한 내용을 그리고 있다.

그런데 '포스트휴먼'이 반드시 그런 SF적 존재만을 가리키는 표현은 아니다. '포스트'라는 말의 두 번째 의미는 '탈'이라는 뜻이다. 탈근대주의나 탈식민주의에서의 '탈'이 바로 '포스트'라는 말을 번역한 표현이다. 이런 의미로 해석하면 '포스트휴먼'은 '탈인간' 혹은 '탈인간적'이라는 의미를 갖는다. '탈인간'을 문자 그대로 해석하면 인간을 벗어나거나 넘어선다는 의미이다. 인간을 벗어나거나 넘어선다는 것은 어떤 의미인가? 트랜스휴머니즘은 과학기술을 이용하여 지금 인간의 생물학적 조건 혹은 본성을 넘어서자는 주장이다. 그러나 다른 한편으로 생물학적 존재로서의 인간이 아니라, 인간에 대한 특정한 이해 방식 혹은 그에 입각한 세계관이나 삶의 형태를 뛰어넘는 것을 생각해볼 수 있다. 이런 맥락에서라면 '포스트휴먼'은 기존의 인간관이나 '인간' 개념에 도전하는 표현으로 이해될 수 있다.

지금 우리가 인간뿐 아니라 다른 비인간-존재, 혹은 외부 세계를 인식하는 방식이나 그와 맞물려서 수용하는 규범적 원칙들은 여전히 인간/기계, 마음/물질, 자연/인공의 이분법에 근거한 근대 휴머니즘의 관점에서 자유롭지 않다. 그런데 유전적으로 강화(향상)된 인간, 전자장치와 결합한 사이보그 인간, 페퍼나 파로 혹은 섹스로봇과 같은 인공지능 로봇, 인공초지능(슈퍼인텔리전스), 유전적·기술적으로 변형된 동물-기술의 혼종체 등은 이러한 이원적 관점과 잘 들어맞지 않는다. 생명 활동(작용)과 기술이 서로 구분하기 힘들 정도로 상호 수렴되고 있기 때문이다. 이러한 포스트휴먼 현상들에 직면하여 '인간', '기계', '생명'에 대한 이해의 문제에 철학적, 정치적, 문화적으로 새롭게 접근하게 해주는 패러다임이나 언어 문법을 모색하려는 시도가 바로 '포스트휴머니즘'이다.

포스트휴머니즘은 '포스트휴먼'에 대한 담론을 총칭하는 표현이다. 그런데 포스트휴머니즘의 논의 또한 '포스트휴먼'의 두 가지 의미에 따라 앞으로 도래할 포스트휴먼에 대한 담론으로서의 '포스트휴먼-이즘posthuman-ism'과 탈인간 혹은 탈휴머니즘 담론으로서의 '포스트-휴머니즘post-humanism'의 논의로 구분할 수 있다. 물론 두 담론의 구분은 논의의 초점을 어디에 두느냐에 따른 구분일 뿐이며, 두 담론의 내용이 반드시 배타적이거나 대립적일 필요는 없다.

IV. 포스트휴먼-이즘

'포스트휴먼-이즘'의 맥락에서 '포스트휴먼'은 포스트휴먼화의 과정을 통해 창조되거나 만들어진 존재자들의 집합을 가리키는 표현이다. 유전공학을 통해 변형된 인간이나 전자장치와 물리적으로 통합된 사이보그 인간이 우리가 쉽게 생각해볼 수 있는 포스트휴먼들이다. 이 집합에는 비단 변형된 인간만이 아니라 인공지능과 같은 기술적 인공물이나 인간-동물-기술이 결합된 다양한 혼종체도 포함된다. '포스트휴먼-이즘'은 이러한 '포스트휴먼'의 관점에서 인간을 재정의하고, 이로부터 다양한 실천적 함축을 도출해내고자 하는 담론의 집합으로 간주될 수 있다.

첨단의 과학기술을 이용하여 인간의 능력을 강화하고 수명의 연장을 시도하려는 입장인 트랜스휴머니즘이나 그에 반대하는 생명보수주의bioconservatism의 논의들이 '포스트휴먼-이즘'의 하위에 포섭될 수 있는 대표적인 주장들이다. 트랜스휴머니즘에서 그리는 포스트휴먼에 대한 상상은 뒤에서 살펴볼 '포스트-휴머니즘'의 주장과 많은 부분 충돌하며, 오히려 근대 계몽적 기획의 연장선상에서 이루어진다. 트랜스휴머니즘을 뒷받침하는 가장 핵심적인 논거는 삶에 대한 이상과 열망을 기초로 자신의 신체나 정신을 향상하거나 변형하려는 개인의 자율적 선택에 대한 존중이다. 물론 개인은 향상을 거부할 수도 있다. 보스트롬은 어떤 선택을 하건 간에 개인의 자율적 선택이 존중되어야 하며, 그런 점에서 트랜스휴머니즘은 인간과 개인을 문제 삼는 휴머니즘의 연장이라고 주장한다.

포스트휴먼-이즘과 관련된 주된 이슈는 자율적 선택의 대상으로서의 '향상'이라는 것이 과연 그 표현이 암시하는 바처럼 바람직하거나 좋은 것인지와 관련되어 있다. 여기에는 개인의 자유의 허용 범위, 공동체의 문제, 자율성과 사회적 정의의 충돌, 삶의 의미나 진정성, 인간 존엄성과 같은 가치의 훼손 문제 등 여러 복잡한 문제가 얽혀 있으며, 간단하게 결론 내릴 수 있는 사안은 아니다.[4] 그러나 일부 학자들이 트랜스휴머니즘을 울트라휴머니즘이나 스테로이드 휴머니즘Humanism in steroid이라고 부르듯이, 트랜스휴머니즘의 많은 주장은 '인간'이라는 개념에 대한 비판적이거나 역사적인 반성을 결여하고 있으며, 미래의 진보에 대한 비전을 특정 기술의 개발 및 적용으로 치환하는 기술환원주의의 위험성을 띠고 있는 것도 사실이다.

V. 포스트-휴머니즘

탈-휴머니즘 담론으로서 '포스트-휴머니즘'은 근대의 휴머니즘적 인간관에 대한 도전을 그 핵심으로 한다. 휴머니즘 시대에 인간은 정신/물질, 생명/기계, 자연/인공과 같은 이원론적 구분을 토대로 인간 아닌 것non-human being 혹은 비인간inhuman과의 대비

---

[4] 트랜스휴머니즘과 관련된 자세한 논의는 신상규(2014)를 참조하라.

를 통해 정의되었다. 인간은 이성적인 자율적 행위자로서 역사의 산출 주체이자 만물의 척도이며 세계의 중심이다. 이와 달리 다른 생명체와 자연은 주체의 자리에서 배제된 채 인간의 필요와 욕구에 따라 마음대로 처분 가능한 수동적인 대상(객체)에 불과하다. 보편적 이념으로서 상정된 이러한 인간 주체에게 가장 중요한 규범적 가치는 자기의식을 바탕으로 개인의 선택을 추구하는 자유이다. 이러한 자유를 가능하게 하는 인간의 정신, 이성 혹은 생각하는 능력은 신체와 구분되어 인간의 본질을 구성하며, 인간을 다른 생명체/존재와 구분 짓는 결정적인 기준으로 작동한다. 인간의 존엄성 및 도덕성, 윤리, 책임, 권리 등의 규범적 개념에 대한 근대적 이해는 대부분 자기 결정권을 갖는 이러한 독립적이고 이성적인 인간상에 대한 견해로부터 파생된다고 말할 수 있다.

비판적 포스트휴머니즘으로 불리기도 하는 '포스트-휴머니즘'의 핵심은 근대 휴머니즘에 내재된 인간/비인간-존재의 위계와 이에 입각한 차별과 배제의 정치학에 대한 극복이다. 우리는 포스트모더니즘이나 탈구조주의의 논의를 통하여 어떻게 근대 인간중심주의가 성별이나 인종, 민족, 종교 등의 차이를 기반으로 여성, 노예, 인종 집단과 같은 '다른' 인간들을 '인간'의 범주에서 배제하고, 성차별주의, 인종주의, 노예제, 집단 학살과 같은 야만적 행위를 정당화했는지에 대해서 들은 바 있다.

'포스트-휴머니즘'은 이러한 논의를 계승하여 식물이나 동물과 같은 생명체는 물론이고, 새로운 기술의 발전으로 가능해진 변형된 인간이나 사이보그, 인공지능과 같은 기술적 존재를 아우르는 방식으로 확장시킨 다종족 시민권multispecies citizenship 담론으로 볼 수 있다. 포스트휴먼의 관점에서 인간은 환경과 기술에 얽혀 있으면서 다른 형태의 생명과 함께 상호 의존하면서 살아가고 공진화하는 존재이다(브라이도티, 2015). 인간은 다른 존재와 분리되어 자족적으로 존재하는 세계의 중심이 아니라, 모든 형태의 생명 및 기술적 존재와 연결되어 상호작용과 교차의 네트워크를 형성하고 있는 관계적 체계relational system의 노드와 같은 것이다. 이때 인간은 인간-아닌 것과의 대비가 아니라, 오히려 비-인간 요소를 포함하기 때문에 비로소 인간다움을 유지할 수 있는 혼종적 존재이다. 인간의 많은 능력이나 특징, 성질은 다른 형태의 생명, 기술, 생태계와 공진화하면서 만들어진 것이며, 심지어 인간은 다른 생명 형태와 생태계, 생명 과정, 유전물질 등을 공유하고 있다는 점을 상기할 필요가 있다. 기술 또한 단순한 보철의 수단이 아니라 인간의 확장으로서 인간 정체성의 필수 불가결한 부분으로 인식되어야 한다.

이런 인식 속에서 '포스트-휴머니즘'은 인간을 다른 형태의 생명이나 존재와 분리하여 예외적인 것으로 간주하고 인간이 그것들을 지배하거나 통제할 권리가 있다는 생각을 부정한다. 인간은, 생물학적 유기체로서의 자연적 인간이건 혹은 기술적으로 변형된 인간이건 간에 다양한 형태의 주체, 행위자, 생명, 기계와 더불어 살아가고 진화하며, 그것들에 의해 구성되고 또 그것들을 구성하는 상보적인 관계를 형성한다. 이제 의미나 행위의 원천은 인간만으로 국한되지 않는다. 인간은 다양한 형태의 주체, 행위자, 생명,

기계와 더불어 살아가고 진화하며, 기술적 생태 공간 안에서 이들 다른 주체나 행위자들과 교섭하면서 세계의 의미를 만들어간다. 결국 '포스트-휴머니즘'은 인간의 경계를 재정의함으로써 인간을 중심으로 한 다양한 위계를 해체하는 동시에 지금까지 배제되었던 다양한 타자뿐 아니라 앞으로 등장할 다양한 혼종적 인간/비인간-존재 사이의 조화로운 공생을 모색하려는 시도라고 볼 수 있다.

VI. 포스트휴먼의 미래

포스트휴머니즘의 관점이 인공지능뿐 아니라 그로 인해 가능해질 여러 변화에 대해 우리에게 시사하는 바는 무엇인가? 다양한 논의가 가능하겠지만, 이 글에서는 기술 발전을 대하는 우리의 태도와 새로운 관계의 가능성에 대해서 간략히 짚어보려고 한다.

기술적 미래의 전망과 관련하여 크게 대립적인 두 가지의 입장이 있다. 하나는 기술 발전으로 가능해질 다양한 장밋빛 결과에 초점을 맞추고, 기술 발전이 우리가 지금 고민하는 온갖 문제를 해결해줄 것이라는 기술 환원적 낙관주의이다. 다른 하나는 기술 발전이 초래하는 다양한 문제점에 초점을 맞추고 기술 발전이 결국엔 불평등의 강화, 인간의 소외 혹은 인간성의 상실, 그리고 인류의 종말로 이어질 것이라는 디스토피아적인 전망이다.

그런데 여기서 우리가 미래의 변화를 다루는 방식 자체를 점검

해볼 필요가 있다. 미래는 단순히 예측predictive의 대상으로서 그 도래를 기다려야 할 어떤 것이 아니다. 미래는 오히려 우리가 원하는 방향으로 진취적이고 주도적proactive으로 직조해나가야 할 무엇이다. 따라서 어떤 예측이 참으로 드러날 것인가를 단순히 전망하기보다는, 우리가 미래를 어떤 방향으로 변화시켜나갈 것인가로 논의의 초점을 바꿀 필요가 있다. 물론 과학기술 발전의 큰 흐름에 대한 우리의 개입 범위는 제한적일 수 있다. 그러나 과학기술이 어떤 사회적 실천과 가치, 제도 속에서 뿌리내리고 작동하도록 할 것인지는 전적으로 우리의 노력에 달린 문제이다.

우리가 상상해야 하는 미래에 대한 비전은 기술 발전으로 가능해진 기계장치의 모습만이 아니라, 그러한 기계장치와 더불어 공진화하는 일상성의 조건 변화와 함께 그 장치들이 우리 삶을 구성하는 다양한 사회적 실천, 가치, 제도에 뿌리내리고embedded 있는 모습에 대한 기술 사회적 비전이어야 한다. 우리 삶의 태도나 습관을 관통하고 규제하는 도덕적 사고나 심미적 가치 지향의 변화는 여러 가능성의 조건에 달려 있다. 이는 기술적 조건의 변화만이 아니라, 우리가 사용하는 언어나 말, 사랑이나 우정, 연대의 관계에 대한 우리의 태도, 문학·음악·미술이 우리의 삶에서 차지하는 위치, 노동이나 여가, 부와 소비를 바라보는 관점을 포괄하는 삶의 양식 전체의 변화와 연관되어 있다. 따라서 기술적 미래에 대한 상상은 새로운 가치관과 실천적 지향을 통하여 새로운 삶과 관계의 방식을 발명하는 문제이다. 그러한 관계의 방식에 따라 인간-생명-기술의 관계 네트워크가 갖는 모습이 달라질 것이다. 이는 결국 좋은 삶good life이란 어떤 것인가에 대한 전망 속에서 인간의 활동과 삶에 의미를 부여하는 근본적인 조건이나 구조를 새롭게 조직하는 문제이다.

우리는 기술이 가능하게 만들 미래에 각 개인이 자신의 삶을 어떻게 의미 있게 조직하고 심미적으로 향유할 것인지에 대해서, 그리고 거기에 내재된 규범적 가치의 내용이 무엇일지에 대해서 고민해야 한다. 그러나 개인의 삶에 대한 전망은 분절적인 방식이 아니라 그것이 속한 생태망과의 연관성 속에서 이루어져야 한다. 다시 말해서 포스트휴먼 시대의 가치 지향은 전체 시스템으로서의 기술-생태 공간을 중심으로 숙고되어야 한다. 포스트휴먼 사회는 인간과 동물, 기술적 존재들이 서로 얽혀 함께 살아가고 공진화하는 기술-생태적 공간이다. 생태적 사고가 우리에게 주는 통찰은 생태계를 이루고 있는 구성 요소들 사이에서 일어나는 복잡한 상호작용의 중요성이다. 이는 윤리나 도덕을 비롯한 다양한 가치의 문제가, 분리된 개체의 단위가 아니라 생태계를 구성하는 다양한 개체 및 환경 사이의 상호작용이라는 관계성 속에서 고민되어야 함을 의미한다.

결국 기술 사회의 미래에 대한 상상은 변화된 기술적 조건 속에서 우리 인간이 지구에 거주하는 방식, 즉 우리가 다른 인간뿐 아니라 지금까지 온전하게 인정받지 못했거나 혹은 새롭게 출현할 인간/비인간 주체들과 구체적으로 어떻게 관계 맺을 것인가를 상상하는 일을 포함하며, 우리가 무엇을 입고, 무엇을 먹으며, 어디에 살며, 어떻게 이동하고 소비할지와 같은 삶의 습관을 바꾸는 문제와 연관된 일이다. 그 어느 때보다도 경쟁이나 대립보다 공존과 협력의 가치에 대한 실천과 훈련(습관화)이 필요하다.

VII. 언택트 사회

인공지능이 야기할 미래의 변화 중에서 가장 많은 관심과 우려를 낳고 있는 것 중의 하나가 직업이나 산업구조의 변화이다. 앞서 언급했듯이 기술은 인간 정체성의 일부이며, 우리 삶을 구성하는 근본적인 조건 중의 하나이다. 기술이 변화하고 발전한다면 우리 삶의 모습도 자연스럽게 변화할 수밖에 없다. 일자리 문제와 관련하여 한 가지 피해야 할 태도는 인공지능과 인간의 관계를 대립적으로 설정하고, 인공지능이 마치 인간과 경쟁하듯이 인간의 일자리를 앗아간다는 식으로 바라보는 것이다. 우리에게 주어진 과제는 기술을 생태적 환경이나 인간의 상대역과 같은 하나의 상수로 설정하고, 어떻게 이를 인간의 좋은 삶이라는 이상과 조화롭게 배치할 것인가를 모색하는 것이다.

최근 많은 사람이 코로나바이러스 감염증-19의 확산으로 인한 언택트 사회의 도래를 말한다. 사실 '언택트' 사회로의 변화는 코로나 때문에 갑자기 시작된 것이 아니라 이미 우리 삶의 이면에서 꾸준히 진행되고 있던 현상이다. 다른 인간과의 직접적인 대면을 요구하지 않는 언택트 현상은 크게 두 가지 차원에서 생각해볼 수 있다. 첫 번째는 인공지능이나 로봇이 인간의 역할을 대체함으로써 다른 인간과의 대면을 불필요하게 만드는 언택트이다. 두 번째는 서로 직접 대면하지는 않지만 원격현전telepresence 기술을 통해 상대방의 현전을 경험하고 상호작용하는 비대면 접촉 방식의 언택트이다.

요즘 패스트푸드 매장을 가면 사람이 아니라 키오스크를 통해 주문을 해야 한다. 전자 주문에 익숙하지 않은 정보 소외 계층의 경우에 햄버거 하나도 사서 먹기 어려운 세상이 도래한 것이다. 로봇 바리스타가 이미 등장했듯이, 표준화된 패스트푸드의 경우에 그 조리 과정도 결국엔 자동화 로봇이 담당하게 될 것이다. 마트에서도 자율 계산이라는 이름으로 소비자가 스스로 바코드를 찍어서 장바구니를 계산하고 포장한다. 노동자가 담당하던 일을 기술의 매개를 통하여 소비자에게 전가함으로써 최소한의 인간 관리자 외에는 인간 노동자를 더 이상 필요로 하지 않는 산업 환경으로의 변화가 급속히 진행되고 있는 것이다. 이것이 첫 번째 종류의 언택트 현상이다.

두 번째 종류의 언택트 현상은 서로 떨어진 원격지에서 통신 기술의 매개로 이루어진다. 이미 우리의 생활세계에 깊숙이 안착한 휴대폰이나 카카오톡, 각종 SNS도 사실은 부분적인 원격현전을 구현하는 일종의 언택트 기술이다. 과거라면 동일한 물리적 공간에서 직접 만났어야 할 많은 일을 이제 우리는 휴대폰이나 이메일, 카카오톡, 앱을 통해서 해결한다. 온라인 쇼핑의 경우도 정보 기술을 활용하여 소비자의 구매나 주문 과정이 언택트 방식으로 이루어지는 산업이다. 온라인 쇼핑은 오프라인에서 이루어지는 물류나 배달 서비스 산업을 필요로 한다는 점에서 세미-언택트 산업으로 볼 수 있지만, 자율주행자동차나 원격 로봇, 드론 기술이 더 발전하게 되면 운송이나 물류, 배달 서비스에서도 인간의 개입은 최소화되고 '언택트'의 정도는 훨씬 강화될 것이다.

최근 특히 관심의 초점이 된 언택트 기술은 대학 강의를 비롯한 교육 현장에서 그 진가를 발휘하고 있는 줌Zoom이나 웹엑스Webex 등의 원격 회의 서비스이다. 장기적으로 이들 기술은 가상현실 기술과의 접목을 통하여 원격현전성의 정도가 훨씬 강화될 것이며, 그 결과 오프라인에서 이루어지는 각종 회의나 강의의 많은 부분을 대체하리라 예측할 수 있다. 이미 부분적으로 상용화되어 있는 원격 로봇수술이나 원격 드론을 생각한다면 원격현전은 단순히 가상의 대면에 그치는 것이 아니라 물리적 상호작용 또한 포함하게 될 것이다. 텔레딜도닉스teledildonics라고 불리는 기술은 멀리 떨어져 있는 연인이나 부부가 남성이나 여성의 성기를 재현한 바디슈트와 헤드 디스플레이를 이용하여 인터넷을 통해 원격으로 성교를 할 수 있도록 만든 기술이다. 이는 단지 음성 등을 이용한 상상 속의 섹스가 아니라 원격 행위자들의 성기 사이에 오고 가는 신호와 운동을 교신함으로써 실제로 이루어지는 표준적인 성생활을 재현하려고 시도한다. 이는 현실 성생활의 재현에만 국한되는 것이 아니라 여러 다양한 방식으로 성적 경험을 확대하는 방법으로 발전할 수도 있다.

이상에서 간략히 살펴본 것처럼 지금 진행되는 기술 변화의 동향은 인간 사이에서 이루어지는 직접적이고 대면적인 상호작용을 점점 더 정보 통신 기술을 매개로 한 간접적인 관계로 바꾸어놓을 것이다. 이는 결국 사회나 산업의 저변에서 "언택트"로의 변화가 꾸준히 확대될 것임을 시사하며, 동시에 우리에게 익숙한 많은 종류의 일자리가 사라질 것임을 함축한다.

VIII. 디지털 경제와 사회적 경제

미래의 일자리 감소 여부에 대해 합의된 견해는 아직 존재하지 않으며, 비관적 견해와 낙관적 견해가 대립하고 있다. 어떤 전문가들은 비관적인 전망 속에서 노동의 의미를 재고하고 기본소득과 같은 사회 안전망에 관한 논의를 지금부터 시작해야 한다는 의견을 제시하는가 하면, 다른 전문가들은 지나간 역사적 경험에 비추어 볼 때 기술 발전에 의해 사라지는 직업보다 더 많은 수의 직업이 새로 생겨날 것이므로 미리 두려워할 필요는 없다고 주장한다.

미래의 문제는 그 누구도 확실한 결론을 내릴 수 없다. 그렇다면 우리는 어떤 입장을 취해야 하나? 둘 다 불확실하다면 비관적인 시나리오를 조금 더 진지하게 받아들이는 것이 현명한 전략이라고 생각한다. 오늘날 우리가 겪고 있는 변화는 인류 역사상 한 번도 경험해본 적이 없는 폭과 속도로 일어나고 있다. 그런 만큼 과거에 일어난 변화의 양상을 투사하여 미래에도 같은 일이 반복될 것이라 예단하는 것은 결코 적절한 태도가 아니다. 굳이 선택해야 한다면 비관적 견해에 좀 더 가중치를 두고 개연성 높은 시나리오를 중심으로 사회적인 대비 방안을 점검하고 준비할 필요가 있다.

이러한 과정에서 경제적 가치의 추구와 운영 방식에 대하여 사회적인 선택과 합의가 필요할 것이다. 니콜라스 아가Nicholas Agar는 효율성에 입각한 디지털 경제와 인간미humanness를 강조하는 사회적 경제를 구분하고 이 두 영역 사이의 균형이 필요함을 역설한다(Agar, 2019). 디지털 경제는 데이터 기반의 효율성을 기본 가치로 삼아 최소 자원을 투입하고 최대의 가치 산출을 목표로 하는 전통적 경제 원리에 의해 운영되는 영역이다. 인공지능과 빅데이터로 대표되는 디지털 시대에 효율성의 추구는 앞서 살펴본 대로 직접적인 대면의 필요성을 제거하는 언택트 방식으로 이루어질 것이다.

그런데 모든 영역에서 디지털 경제화가 진행되는 것이 바람직한가에 대해서 의문을 제기할 수 있다. 아가는 인간이 "마인드 클럽mind club"의 다른 구성원들과 사교를 즐기는 군집적인 종으로서, 추상적인 의미에서가 아니라 실제로 함께 어울릴 사회적 필요를 갖는다고 주장한다. 이러한 요구를 충족시켜주는 영역이 "인간미(인간적인 감정적 접촉)"의 가치에 입각하여 작동하는 사회적 경제의 영역이다. 사회적 경제 영역에 속하는 대표적인 업종은 요식업이나 소매업과 같이 소비자와 직접적인 대면 접촉이 일어나는 서비스 산업이다.

현재 우리나라는 디지털 경제의 효율성의 가치가 압도하는 사회이다. 그런 점에서 아가의 제안에 특히 귀 기울일 필요가 있다.

국제로봇연맹(IFR)의 2016년도 월드 로보틱스 리포트World Robotics Report에 따르면 한국은 세계 주요 22개국 중에서 노동자 1만 명당 산업형 로봇 밀도가 가장 높은 나라이다. 한국은 근로자 1만 명당 산업형 로봇 대수가 531대로서 2위인 싱가포르의 398대에 비해서도 압도적으로 1위이다. 일본이나 독일 300여 대, 미국 176대, 영국 71대와 비교하면 우리가 얼마나 많이 산업형 로봇을 사용하는지 실감할 수 있다. 보스턴컨설팅그룹(BCG)의 보고서에서도 한국은 인도네시아, 타이완, 태국과 더불어 산업형 로봇 도입에 가장 공격적인 4개국 중의 하나로 분류되고 있다. 이러한 자료들은 기술이나 경제 발전과 관련하여 우리 사회가 지향하는 근본적인 가치가 무엇인가를 적나라하게 드러낸다.

아가는 인간보다 인공지능이나 알고리즘이 훨씬 일을 잘할 수 있는 데이터 집약적 산업에서는 인간의 개입을 줄이면서 디지털 효율성을 추구하고, 인간적 접촉이나 감정, 느낌이 중요한 사회적 경제의 영역에서는 인간이 담당하는 일자리를 보존, 확대해야 한다고 주장한다. 일종의 업무 분담을 제안하는 것이다. 그런데 이는 더 높은 생산성이나 효율성을 포기하는 일이므로 그에 따른 기회비용이 발생한다. 만일 우리가 디지털 효율성만을 추구하는 사회라면 수용하기 힘든 방안이다. 따라서 그런 분업화를 수용하기 위해서는 그로 인한 사회적 비용을 누가 어떻게 분담할 것인가에 대한 논의와 더불어 사회적 합의가 필요하다. 우리가 살고 싶은 사회가 어떤 종류의 사회인가에 대한 고민이 필요한 지점이다.

IX. 새로운 서사와 관계

포스트휴먼 시대의 공존을 위해 가장 필요한 태도 중의 하나는 다름(차이)이나 새로움에 열려 있는 개방성이다. 포스트휴먼의 다양한 존재 양식은 우리가 너무나 당연하게 가정하고 있는 의미 체계나 사고방식과 끊임없이 마찰을 일으키며 정상/비정상의 이분법을 통해 현상을 판단하도록 유혹할 것이다. 성차별, 노인 차별, 동성애 혐오, 장애인 차별, 인종주의, 계급 차별과 같은 다양한 배제적 실천은 오늘날에도 여전히 넘어서야 할 현실적인 벽으로 남아 있다. 또한 '인간'을 정의하는 위계적 관점이라는 것이 쉽게 해소되거나 제거되지도 않을 것이다. 그럼에도 불구하고 다름이란 이미 젠더, 인종, 민족, 사회, 개인의 차원을 관통하며 인간종의 정체성을 구성하는 존중받아야 할 핵심 요소로 자리 잡기 시작했다.

앤디 미아Andy Miah는 포스트모더니즘이 인간성humanity, 행위자성, 역사 등의 개념을 해체하고 부정하려는 허무주의적 시도라면, 포스트휴머니즘은 그것들에 대해서 그 자신의 방식으로 모종의 변형된 탈-인간중심주의적인 형태의 '대서사grand narratives'를 복원하려는 시도라고 규정한다(Miah, 2008: 83). 그리고 그 서사의 중심은 인간 주체의 해체나 파괴가 아니라, 오히려 지금까지 인정받지 못했던 주체들의 풍부한 인정에 관한 것이다. 브라이도티에 따르면 포스트휴먼은 우리가 되고 있는we are becoming 종류의 주체에 관한 가설이다. '우리'가 누구인지를 끊임없이 문제 삼으면서 주체를 집합적으로 열려 있고collectivity open, 복수적이며, 비위계적인 것으로 유지하려 노력하는 것이 바로 포스트휴머니즘의 실천적 지향이라는 것이다(Braidotti, 2019: 2).

포스트휴머니즘의 담론은 인간-자연-기술 사이의 관계에 대한 기존의 관점을 극복하고 탈인간중심적인 새로운 서사를 지향한다. 새로운 주체나 서사의 등장과 관련하여 특히 주목해야 할 현상은 정서적이고 감정적인 상대역의 확장이다. 지금은 많은 사람이 이른바 반려동물로 불리는 개나 고양이를 가족처럼 대우하며 그들과 감정적인 관계를 맺으며 살고 있다. 그 이유는 여러 가지가 있을 것이다. 가족제도의 변화에 따라 이제 핵가족 시대를 넘어서 1인 가구가 주가 되는 세상으로 변해가고 있다. 통계청 정보에 따르면 2018년 기준으로 가구당 평균 가구원 수는 2.4명이며, 1인 가구가 전체 가구에서 차지하는 비율은 30%에 육박한다. (아마도 지금은 30%를 넘어섰을 것으로 예상된다.)[5] 이는 가족의 기능이 축소되고 개인들이 점점 원자화되는 현대적 삶의 방식을 반영한다. 특히 젊은 세대로 갈수록 취업의 어려움이나 양육의 부담 때문에 독신 생활을 유지하거나 혼인 연령이 늦어지고 있다.

여기서 우리가 주목할 것이 인간과 감정적, 정서적 교류가 가능한 사회적 로봇social robot의 출현이다. '혼밥', '혼술'이라는 표현이 일종의 문화적 트렌드가 된 상황에서, 다양한 인간관계에서 오는 어려움이나 스트레스를 피하면서도 정서적 공허감을 채울 수 있는 길이 열린다면 많은 이가 그런 기회를 환영하지 않을까? 인공

---

[5] 네이버 "1인 가구 비율"로 검색.

지능 스피커를 생각해보자. SK텔레콤에서 제공하는 인공지능 스피커 'NUGU(누구)'라는 것이 있다. '누구'의 사용 방식을 사용자 층에 따라 조사했는데 일반적인 평균 사용자들이 '누구'하고 대화를 나누는 시간은 전체 사용 시간의 3-4% 정도로 무시할 수준이었다. 그런데 60대나 70대 이상 말동무가 필요한 노년층의 경우에는 '누구'와 이야기하는 데 보내는 시간이 15%가 넘는다고 한다. 노년층의 경우 종종 집에서 키우는 강아지나 고양이가 자식보다 낫다고 하는 분들이 있다. 인공지능 스피커는 그러한 개인적 접촉을 언어적인 방식으로 제공한다. 여기서 한 걸음 더 나아가 그러한 접촉이 인간의 신체와 맞닿는 피부를 통해 이루어지면 어떻게 될까?

X. 동물과 기계

우리는 과학기술이나 인공지능, 로봇과 같은 기계는 도구에 불과하다는 생각을 가지고 있다. 기술적인 대상은 인간의 목적을 위해서 사용하는 수단일 뿐이기에, 그것들에 대해서 어떤 도덕적 지위를 논한다는 사실 자체가 사실은 당황스러울 것이다. 이런 상식의 도입에 중대한 역할을 했던 사람이 데카르트이다. 그런데 이제 인공지능의 등장과 더불어 기계가 새로운 주체로 부상할 가능성이 생기고 있다. 기계는 과연 새로운 주체로 인정받을 수 있을까? 이를 인간과 감정적으로 상호작용하는 사회적 로봇을 (도덕적으로)

어떤 존재로 대우해야 하는가의 문제를 중심으로 살펴보자.6

데카르트는 동물은 영혼이 없기에 자동 기계와 같은 존재라고 생각했다. 여기서 기계라는 개념을 유심히 살펴볼 필요가 있다. 데카르트의 관점에서 볼 때 인간의 대척점에 있는 것은 동물이 아니라 기계이다. 데카르트는 인간의 신체도 기계라고 생각했다. 하지만 인간은 비록 신체는 기계지만 영혼을 가진 존재이다. 데카르트에 따르면 기계는 물리적인 조작의 대상이지 도덕적인 고려의 대상은 아니다. 여기서 '기계'라는 개념이 어떤 기준에 의해서 배제된 한 종류의 타자가 아니라, 그 자체가 타자를 만들어내는 기준으로 작용하고 있음에 주목할 필요가 있다.

그런데 오늘날에는 동물에게 도덕적 지위를 부여하는 것이 자연스러운 일이다. 벤담의 지적처럼 동물의 경우 도덕과 관련하여 고려해야 할 중요한 요소는 그들이 고통을 느끼는 존재라는 사실처럼 보이기 때문이다. 그렇다면 동물에게 일어났던 일과 유사한 변화가 사회적 로봇에게도 일어날 수는 없을까? 기계는 과연 포스트휴먼의 서사에서 새로운 주체로 인정받을 수 있을까? 이 문제에 대해 가능한 여러 입장이 있지만, 여기서는 크게 두 가지 입장을 소개하기로 한다.

우리가 동물에게 도덕적 지위를 부여하는 것은 동물에게 의식이나 지각 능력, 고통을 느끼는 감수 능력 같은 것들이 있기 때문

---

6 이 주제에 대한 자세한 논의는 신상규 외(2020)의 「소셜로봇: 로봇과의 사랑? 관계의 재구성」을 참조하라.

이다. 동물은 고통을 느낄 수 있기에 도덕적 배려의 대상이 되어야 한다는 것이다. 유사한 방식으로 우리가 인공지능 로봇에게도 도덕적 지위를 부여하고자 한다면 인공지능 로봇 또한 도덕과 유관해 보이는 의식과 같은 특성들을 가지고 있어야 한다고 생각할 수 있다. 문제를 이런 관점에서 접근할 경우, 로봇이 도덕적 존재로 인정받을 수 있는지의 여부는 로봇에게도 의식이나 지각 능력, 고통을 느끼는 감수 능력 같은 것들을 갖게 할 수 있는지 그리고 그것을 어떻게 확인하고 검증할 것인지의 문제로 귀착된다. 어떤 존재의 도덕적 지위 여부를 결정할 객관적인 특성이나 속성이 존재하며, 인공지능 로봇의 도덕적 지위 문제는 그들이 실제로 그러한 속성을 갖는지에 달려 있다는 이러한 입장을 도덕 속성 실재론이라 부른다.

다른 한편으로 그러한 속성의 유무보다 우리가 로봇과 실제로 맺고 있는 현상적인 관계가 더 중요하다는 입장이 있다. 로봇이 실제로 어떤 속성을 가진 존재인지보다 우리의 일상적 경험 행위 속에서 그들과 관계 맺는 방식이 더 중요하다는 것이다. 그래서 로봇에게 진짜 감정이 있는가라는 질문보다 그것이 우리에게 감정이 있는 존재로 보이는가, 또는 우리는 그것과 어떻게 감정적으로 상호작용하고 있는가가 더 중요한 질문이라는 것이다. 2015년에 있었던 소니의 로봇 강아지 아이보AIBO의 합동 장례식을 생각해보자. 장례식에 참석한 당사자들도 아이보는 기계니까 영혼이 없다는 것을 잘 안다. 그럼에도 불구하고 그들은 아이보의 명복을 빌면서 슬퍼한다. 이런 점에 주목하여 인공지능이 실제로 무엇이든 간에 사람들이 인공지능을 대하는 방식과 더불어 그들과 어떤 유의미한 관계를 맺고 있는가에 입각하여 인공지능의 도덕적 지위 여부를 결정할 수 있다.

XI. 관계론적 접근

이러한 견해를 흔히 관계론이라고 부르는데, 이 입장에 따르면 도덕적 지위는 인간과 인간, 인간과 동물, 인간과 자연, 인간과 기계가 맺고 있는 다양한 관계의 방식 속에서 정해진다. 이러한 입장을 대표하는 철학자인 쿠헬버그는 이를 일상적 삶의 양식 속에서 실천되는 다양한 경험의 토양 위에서 자연스럽게 "자라나는growing"것이라 표현한다(Coeckelbergh, 2012). 말하자면 어떤 존재의 도덕적 지위는 인간과 해당 대상 사이에 일어나는 다양한 상호작용이나 관계 맺기라는 과정의 토양 위에서 자라난다는 것이다. 이것은 누군가가 일부러 만드는 게 아니라 우리의 삶의 근간을 형성하고 있는 관계에 대한 문화적 태도나 습관을 통해 저절로 형성되는 것이다. 도덕적 지위를 결정하는 관계의 토양이라는 것은 언어적 관계, 사회적 관계, 기술적 관계, 영적인 관계, 그리고 공간적 관계 등 굉장히 다양한 삶의 조건에 의존한다. 비트겐슈타인의 표현을 빌리자면 우리는 이런 것을 흔히 총체적인 삶의 양식이라고 말하고 그것들을 규정하는 다양한 구조를 삶의 문법, 언어놀이라고 표현한다.

각각의 동물들은 생태계뿐 아니라 다른 동물들 및 인간과의 사회적 관계망 안에 위치하고 있다. 이 관계들은 역사적이며, 특정 장소나 서식지, 사물들과 엮여 있다. 우리는 이런 관계망의 맥락에 따라 동물들과 매우 다양한 방식의 관계를 맺고 있다. 우리는 반려동물에 대해서 모종의 도덕적 지위를 부여한다. 반면에 가축은 살아 있는 고기일 뿐이다. 살아 있을 때 불쌍하게 생각은 하지만 반려동물보다 훨씬 못 미치게 대우한다. 또 어떤 동물, 이를테면 소는 과거에는 중요한 노동력이었다. 그런데 지금은 소가 제공하는 노동력이 기계에 의해 대체되자 소의 지위가 급격하게 살아 있는 고기로 바뀌어버렸다. 그런가 하면 사냥감도 있고 실험 재료인 동물도 있다. 이처럼 동물들은 우리와 맺고 있는 관계의 양상에 따라 그 지위 조건이 다르다. 그것들의 지위는 우리가 살아가는 생활 습관, 문화적 양식에 따라 그것들과 맺는 구체적 관계 속에서 결정된다.

로봇도 마찬가지로 생각할 수 있다. 사실 우리는 기계를 한 가지 종류로 이해하는 경향이 있다. 로봇을 포함하여 기계는 모두 기계일 뿐이라고 생각하는 것이다. 하지만 기계라는 개념 자체가 이미 영혼과 대비되는 것으로서 데카르트적인 사유의 가치를 내포하고 있음에 유의할 필요가 있다. 그런 점에서 기계는 모두 기계일 뿐이라는 생각을 극복할 필요가 있다. 동물을 하나의 단일한 무엇으로 보는 것이 우리의 일상적 경험을 잘 반영하고 있지 못하듯이, 기계를 하나의 단일 개념으로 묶어서 인공지능 로봇과 자동차나 토스터를 똑같이 범주화하는 것도 잘못된 방식일 가능성이 있다. 인공지능 로봇의 도덕적 지위는 실제로 그것들이 처해 있는 맥락과 그 속에서 이루어지는 인간과의 상호작용의 관계를 통해서 보아야 한다. 전쟁터에서 싸우는 군사로봇은 동료들과 전우의 관계를 맺을 수도 있다. 가정이나 요양원에서 일하는 감정로봇은 가족보다 나은 존재일 수도 있다.

그 정도나 양상의 차이는 있겠지만, 앞으로는 분명 인간과 감정적으로 상호작용하는 로봇이 등장할 것이다. 인간처럼 스스로 작동하는 감정 기계는 비록 우리가 만들었다고 해도 우리가 처음 마주하는 매우 낯선 존재이다. 그런 점에서 지금이야말로 기계에 대한 다양한 서사, 새로운 은유가 필요한 시점이다. 훨씬 더 다양하고 구체적인 로봇과의 대면 이야기 속에서 로봇과 갖게 되는 일상의 도덕 경험들을 진지하게 해석해야 한다. 로봇에 대해 느끼는 감정이나 경험을 가짜 경험이나 범주 착오라고 비난하기에 앞서 로봇이 갖는 의미를 훨씬 다양한 각도에서 살펴볼 필요가 있다. 로봇과 맺는 여러 관계적 양상을 '기계'라는 단일한 은유가 아니라 훨씬 다양한 은유를 통해 서술하고 표현할 수 있는 해석학적 가능성을 열어놓아야 한다는 것이다.

XII. 우리는 누구인가?

로봇과 인간의 관계에 대해 어떤 하나의 입장이 옳다고 단적으로 말할 수는 없다. 문화는 바뀌는 것이며, 우리가 새로운 언어적 상상력을 어떻게 발휘하느냐에 따라서 그 관계의 양상은 달라질 수 있다. 로봇과 함께 살아가는 방식은 우리의 일상을 지배하는 가치관이나 문화적인 삶의 습관과 관련되어 있다. 그것은 임의로 바뀌는 것이 아니라 다양한 요소의 상호작용을 통해 변화한다. 철학도 개입될 것이고 문학적 상상도 개입될 것이며, 종교적 태도나 전통적으로 내려오는 문화적 관습, 과학이나 새로운 기술을 대하는 태도, 로봇에 대해 말하는 방식, 타자성에 대한 태도 등 여러 다양한 요소가 복합적으로 작용하여 로봇에 대한 우리의 경험을 결정할 것이다.

로봇에게 지위를 부여하는 주체는 인간이다. 로봇이 우리에게 드러나는 방식에 따라서 거기에 걸맞은 지위를 우리가 부여한다. 그 드러나는 방식은 누가 혹은 무엇이 결정하는가? 그것은 바로 우리의 문화적 습관으로서의 삶의 양식이다. 그렇다면 로봇의 도덕적 지위에 관한 문제는 결국 우리가 어떤 존재인가를 묻는 질문이다. 과거 노예제 시절에 노예 주인이 보여준 노예에 대한 태도는 그 당시를 살았던 사람들이 어떤 사고방식이나 태도를 가진 사람들이었는지, 다시 말해서 그들이 어떤 종류의 인간이었는지를 드러낸다. 21세기 우리가 보이는 태도나 행동도 마찬가지다. 우리가 동물을 대하는 태도는 우리가 어떤 종류의 존재자들에게 연대감을 느끼고 어떤 가치를 추구하는 존재인가를 보여준다.

로봇의 경우에도 동일한 주장을 할 수 있지 않을까? 우리가 로봇에게 어떤 도덕적 지위를 부여하느냐는 단지 로봇을 어떻게 대우하느냐의 문제가 아니라, 기술적 존재들에 대한 우리의 심성과 그것들을 지배하는 우리의 가치 체계에 관한 문제이다. 다른 존재의 도덕적 지위에 대한 물음은 결국 우리에 관한 질문이고 우리 사회에 관한 질문이라 할 수 있다. 가령 우리는 기계와 관련된 어떤 현상을 비난할 수 있다. 예컨대 누군가가 섹스로봇과 사랑에 빠진 사람을 비판한다고 하자. 그때 문제가 되는 것은 단지 로봇과 인간만의 관계가 아니다. 로봇과 사랑에 빠진 인간과, 사랑은 인간과 인간 사이에서만 가능하다고 생각하는 인간 사이의 대립이 문제인 것이다. 우리가 어떤 가치관, 어떤 이념, 어떤 규범을 가지고 세상을 바라보느냐 하는 것은 곧 다른 존재, 단순히 로봇만이 아니라 로봇과 각자 다른 관계를 맺고 있는 다른 인간을 우리가 어떻게 보느냐의 문제이다. 이는 결국 다른 인간을 어떻게 대할 것인가의 문제이기도 하다. 우리는 이처럼 다른 인간을 우리의 일부로 인정할 준비가 되어 있는가? 이것이 우리에게 주어진 숙제이다. 그런데 지금 우리에게 익숙한 언어나 용어로 낯선 존재들을 재단하고 새로운 위계를 산출하는 방식으로는 포스트휴먼의 서사를 만들 수 없다. 우리는 그 어느 때보다도 과거의 속박에서 자유로운, 새로운 도덕적 상상과 경험을 가능하게 만드는 새로운 어휘나 언어를 필요로 한다.

참고 문헌

매즐리시, 브루스, 2001, 『네번째 불연속: 인간과 기계의 공진화』, 김희봉 옮김,

사이언스북스.

브라이도티, 로지, 2015, 『포스트휴먼』, 이경란 옮김, 아카넷.

신상규, 2014, 『호모 사피엔스의 미래 — 포스트휴먼과 트랜스휴머니즘』, 아카넷.

신상규 외, 2020, 『포스트휴먼이 몰려온다』, 아카넷.

테그마크, 맥스, 2017, 『맥스 테그마크의 라이프 3.0 — 인공지능이 열어갈 인류와 생명의 미래』, 백우진 옮김, 동아시아.

Agar, Nicholas, 2019, *How to Be Human in the Digital Economy*, The MIT Press.

Bostrom, N., 2003, "Transhumanist FAQ v2.1".

Braidotti, Rosi, 2019, *Posthuman Knowledge*, Wiley.

Coeckelbergh, M., 2012, *Growing Moral Relations: A Critique of Moral Status Ascription*, Macmillan.

Floridi, L., 2014, *The Fourth Revolution: How the infosphere is reshaping human reality*, Oxford University Press.

Good, Irving John, 1965, "Speculations Concerning the First Ultraintelligent Machine", *Advances in Computers*, vol. 6.

Miah, Andy, 2008, "A Critical History of Posthumanism" in *Medical Enhancement and Posthumanity*, edited by Bert Gordijn and Ruth Chadwick, Springer.

6장 인공지능과 법
양천수

I. 알파고 충격과 법

지난 2016년에 이세돌 9단과 구글 딥마인드의 인공지능 알파고 사이에서 진행된 세기의 바둑 대국은 우리에게 크나큰 충격을 안겨주었다. '알파고 충격'으로 부를 만한 이 사건은 이제는 인공지능이 공상과학소설에서만 등장하는 문제가 아니라 우리 현실의 문제이자 도전이 되고 있음을 보여주었다. 이를 계기로 하여 인공지능이 우리에게 어떤 사회적 공리를 제공할 것인지, 이로 인해 어떤 사회적·규범적 문제가 출현할 것인지가 활발하게 논의되기 시작하였다. 인공지능에 관한 논의는 윤리와 법을 포함하는 규범학 영역에서도 본격적으로 이루어지기 시작하였다. 윤리 영역에서는 어떻게 하면 윤리적인 인공지능을 구현할 수 있는지, 특정 사회집단을 혐오하거나 차별하지 않는 인공지능을 어떻게 구현할 것인지 등이 주제로 부각되었다(양천수, 2020: 73-114 참조).

법 영역에서도 다양한 분야에서 인공지능의 법적 문제가 논의되었다(한국인공지능법학회, 2019 참조). 알파고 충격은 인공지능에 관한 법적 연구의 전환점이라고 말할 수 있을 만큼 그 이후로 인공지능 문제를 다루는 법적 연구가 비약적으로 증가하여 거의 법학 전 분야에서 인공지능에 관한 다양한 주제가 법적으로 논의되었다. 가장 눈에 띄는 연구로는 조만간 실용화를 앞두고 있는 자율주행자동차의 법적 문제에 관한 연구를 언급할 수 있다(김상태, 2016: 177-190 참조). 자율주행자동차가 교통사고를 내면 다양한 법적 문제가 등장하는데, 예컨대 사고로 사람이 사망할 경우 이에 대한 손해배상을 누구에게 청구해야 하는지가 문제된다. 또한 교통사고로 사람이 사망하면 현행 형법상 '업무상 과실치사죄'가 되는데, 자율주행자동차 교통사고의 경우에는 누구를 범죄자로 처벌해야 하는지가 문제된다. 자율주행자동차를 성공적으로 개발하려면 이러한 법적 문제도 함께 해결해야 한다. 이 외에도 이미 금융업계에서 활용하는 이른바 '투자 AI'와 같은 인공지능에게 독자적인 거래 행위 주체성을 인정할 수 있는지, 인공지능이 신문 기사나 소설 등을 직접 쓴 경우 이에 대한 저작권을 인공지능에게 인정할 수 있는지, 인공지능에게 독자적인 형사책임을 물을 수 있는지 등이 민법, 저작권법, 형법 영역에서 논의된다. 인공지능을 사법적으로 활용할 수 있는지도 활발하게 연구된다. 예를 들어 로펌에서 인공지능을 이용할 수 있는지, 재판 과정에서 인공지능을 사용할 수 있는지, 심지어 인공지능 판사가 가능한지도 적극적으로 논의된다.

이처럼 이제 인공지능은 법학 영역에서도 중요하고 현실적인 화두로 자리매김하였다. 앞의 논의를 통해 추론할 수 있듯이 법학에서는 주로 인공지능이 법적 주체가 될 수 있는지, 법적 책임을 부담할 수 있는지가 문제된다. 이에 관해 다양한 의견이 제시되고 있지만 아직은 명확한 합의가 이루어지고 있지 않다. 이러한 상황에서 이 글은 인공지능에 관한 법적 문제를 해결하는 데 필요한 바탕을 마련한다는 측면에서 인공지능이 과연 법적 주체로서 권리와 의무를 가질 수 있는지, 독자적으로 책임을 부담할 수 있는지의 문제를 살펴본다. 더불어 이 문제를 어떻게 해결하는 것이 좋은지도 검토한다.

II. 법적 인격 개념

1. 법에서 인격이 갖는 의미와 기능

1) 의미

인공지능이 투자 거래 행위의 주체가 될 수 있는지, 저작권을 가질 수 있는지, 손해배상책임이나 형사책임을 질 수 있는지 등의 문제는 인공지능에게 '법적 인격legal person'의 지위를 인정할 수 있는지의 문제로 바꾸어 말할 수 있다. 법적 인격은 법 영역에서 등장하는 다양한 법적 문제를 해결하는 실마리이자 출발점이 되기 때문이다. 인공지능에 관해 제기되는 법적 문제는 대부분 인공지능에게 법적 인격을 인정할 수 있는가의 문제로 환원된다(양천수·우세나, 2019: 59-92 참조).

그러면 이렇게 법에서 중요한 의미를 차지하는 법적 인격이란 무엇일까? 법적 인격이란 법적 주체, 더욱 구체적으로 말하면 법적 권리와 의무의 주체가 될 수 있는 자격을 말한다. 이때 의무는 손해배상책임이나 형사책임 등과 같은 책임을 포함한다. 그러니까 법적 인격이란 특정한 권리나 권한, 의무, 책임을 인정하는 데 전제가 되는 개념임을 알 수 있다.

이때 주의해야 할 점은 법은 '인간human'이 아닌 '인격person' 개념을 사용한다는 점이다. 근대 시민혁명 이후에 형성되어 오늘날에도 여전히 법체계의 근간을 이루는 근대 법체계는 법적 주체가 되는 개념으로 인간이 아닌 인격을 선택하였다. 물론 프랑스 인권선언 이래 기본적으로 모든 인간은 인격을 지닐 수 있지만, 여기에는 다음과 같은 전제가 깔려 있다. 실천이성을 제대로 발휘할 수 있는 자율적인 인간만이 온전하게 법적 인격을 취득할 수 있다는 것이다. 여성이나 아동은 실천이성을 제대로 발휘하지 못한다는 이유로 오랫동안 법적 인격이 제한되었다. 다만 오늘날에는 '인권법human rights law'이 독자적인 법 영역으로 자리매김하면서 인간 그 자체가 권리주체로 부각되기도 한다.

2) 기능

법적 인격은 법체계에서 다음과 같은 기능을 수행한다. 먼저 법적 인격은 법적 인격을 취득한 주체를 보호하는 기능을 수행한다. 법적 인격을 취득한다는 것은 법체계가 인정하는 권리의 주체가 될 수 있다는 것을 뜻하기에 주체는 자신에게 부여되는 권리를 이용하여 여러 침해로부터 자신을 보호할 수 있다. 예를 들어 법적 인격을 가진 주체는 생명, 자유, 재산에 대한 권리를 취득함으로써 자신을 보호할 수 있다.

다음으로 법적 인격은 손해배상책임이나 형사책임과 같은 각종 책임을 주체에게 귀속시키는 기능을 수행한다. 이를 '책임 귀속 기능'이라고 말한다. 법적 인격을 얻는다는 것은 권리의 주체뿐만 아니라 의무의 주체가 된다는 것을 뜻한다. 이때 의무에는 타인에 대한 '책임' 역시 포함된다. 이를테면 범죄나 불법행위로 타인에게 피해를 입힌 경우 손해배상을 하거나 형벌을 부과받는 것도 모두 주체가 부담해야 하는 의무에 해당한다.

나아가 법적 인격은 해당 주체뿐만 아니라 그 주체의 상대방을 보호하는 기능도 수행한다. 이는 위에서 소개한 책임 귀속 기능과 관련된다. 앞서 말했듯이 법적 인격을 가진 주체는 상대방에게 잘못을 저지르면 그에 대한 책임을 져야 한다. 이를 상대방의 관점에서 바꾸어 말하면 그 주체에 의해 손해를 입은 상대방은 그 주체에게 손해배상을 청구할 수 있는 것이다.

이처럼 법적 인격은 특정한 주체를 권리와 의무를 부담하는 인격체로 만들어 한편으로는 그 주체를 보호하기도 하고, 다른 한편으로는 그 주체의 행위로 피해를 입은 상대방을 보호하기도 한다. 법적 인격을 통해 각자가 해야 할 것, 하지 말아야 할 것, 할 수 있는 것이 정확하게 확정되는 것이다. 추상적으로 말하자면 '각자에게 그의 것을'이라는 정의 원칙이 구현되는 것이라고 볼 수 있다. 이러한 과정을 거치면서 각자는 법적으로 자신이 무엇을 할 수 있고 무엇을 해야 하며 무엇을 하지 말아야 하는지 예측할 수 있다. 법적 관계가 명확해지는 것이다.

이는 거시적으로 법적 인격이 전체 법질서 또는 법체계를 안정화하는 것으로 귀결된다. 법체계가 안정되면 법적 행위에 대한 예견 가능성이 높아지고, 이는 자연스럽게 신뢰 향상으로 이어진다. 그렇게 되면 법체계 안에서 법적 행위를 하는 데 소요되는 거래비용이 감소한다. 그만큼 각자는 자신이 추구하는 이익을 극대화할 수 있다. 이렇게 사회 전체의 공리는 증진된다.

2. 법적 인격의 변화

이처럼 법적 인격은 법체계 안에서 여러모로 중요한 기능을 수행한다. 그런데 이때 주의해야 할 점은 이러한 법적 인격은 고정되어 있는 개념이 아니라는 것이다. 우리 삶이, 우리 사회구조가 끊임없이 변하는 것처럼 법적 인격 역시 지속적으로 변화해왔다. 그러면 법적 인격은 어떻게 변화해왔는가? 한마디로 말하면 법적 인격 개념은 우리 인류와 사회 그리고 법이 진보하면서 지속적으로 확장되어왔다. 예전에는 법적 인격체로 인정받지 못했던 존재들이 사회가 발전하면서 온전한 인격체로 인정되고 있는 것이다.

1) 인간중심적 인격 개념

인격은 인간과 구별되는 개념이다. 그렇다고 해서 인격과 인간이 전혀 무관한 것은 아니다. 애초에 인격은 인간에서 출발하는 개념이기 때문이다. 인간만이 법적 인격체로 인정될 수 있다. 따라서 인간이 아닌 존재, 이를테면 도롱뇽과 같은 동물은 법적 인격체가 될 수 없다. 이 점에서 인격은 본래 '인간중심적 인격 개념'으로 설정되었다. 이를 '자연적 인격natürliche Person'으로 부르기도 한다. 하지만 인격은 인간에서 출발하면서도 상당히 이상화된 존재로 설정되었다. 앞서 말했듯이 실천이성을 온전하게 사용할 수 있는 자율적인 인간만이 인격으로 승인되었던 것이다. 이로 인해 현실에서는 시민계급 이상에 속하는 성인 남자만이 온전한 인격체로 승인되었다. 역사적으로 볼 때 노예나 여성, 아동 등의 경우에는 법적 인격이 제한되었다.

2) 법적 인격의 확장

그렇지만 역사가 진보하면서 법적 인격의 전제가 되는 인격 개념 자체가 확장된다. 먼저 자연적 인간에서 출발하는 '자연적 인격' 개념이 지속적으로 확장된다. 인격 개념을 수용한 고대 로마의 법체계에서는 인격 개념에 노예는 포함되지 않았다. 미성년자나 여성 역시 완전한 인격을 취득하지는 못하였다. 오직 성인 남성인 로마 시민만이 완전한 인격을 취득하였다. 이는 근대법이 등장하기 직전까지 지속되었다. 다만 최초의 근대 민법이라 할 수 있는 프랑스 민법전은 모든 시민을 인격체로 수용하여 신분제를 철폐하고 노예를 더 이상 인정하지 않음으로써 인격 개념을 확장하였다. 그렇지만 미성년자나 여성은 여전히 불완전한 인격체로 남아 있었다. 특히 여성의 경우에는 20세기 초반까지 비록 성인 여성이라 할지라도 완전한 인격체로 승인되지 않았다. 이를테면 일제강점기에 통용되었던 일본의 구민법은 아내가 재산적 처분행위나 소송행위를 할 경우 아내를 행위무능력자로 취급하였다. 그러나 여성주의 운동의 영향 등으로 여성의 법적 지위가 향상되기 시작하여 최근에 와서는 여성 역시 남성과 동등한 법적 인격체로 승인되고 있다.

다음으로 법인이 새롭게 법적 인격에 편입되었다는 점을 지적할 필요가 있다. 법인은 법적 필요에 의해 법이 인공적으로 만들어낸 인격이라 할 수 있다. 우리 법에 따르면 법인은 자연적 인간으로 구성되는 '사단법인'과 재산으로 구성되는 '재단법인'으로 구분된다. 민법에 따르면 법인은 권리능력의 주체가 될 뿐만 아니라 불법행위 책임의 귀속 주체가 된다(민법 제35조). 이렇게 보면 법인은 민법의 체계 안에서는 온전한 인격으로 인정된다. 다만 형법학에서는 법인을 형법상 의미 있는 인격으로 볼 수 있을지에 관해 논란이 있다. 특히 법인에게 형사책임능력이 있는지가 문제된다. 그 이유는 자연인과는 달리 법인은 스스로 행위를 할 수 없고, 독자적인 책임 의식을 갖는다고 보기도 어렵기 때문이다. 이처럼 법인은 자연인과는 여러모로 차이가 있다는 점에서 법인의 본질이 무엇인가에 관해서는 두 견해가 대립하는데(이홍민, 2016: 263-297 참조), 법인의제설과 법인실재설이 그것이다. 법인의제설에 따르면 법인은 실재하지 않는 것으로서 단지 우리 법이 필요하기에 마치 있는 것처럼 의제한 것에 불과하다. 이에 반해 법인실재설은 법인이 우리 사회 속에서 실재한다고 말한다.

최근에는 동물권을 인정해야 한다는, 다시 말해 동물을 권리주체로 인정해야 한다는 논의에서 인격 개념의 확장 현상을 읽어낼 수 있다(김중길, 2016: 71-93 참조). 현행 법체계에 따르면 특정한 주체를 권리주체로 파악한다는 것은 그 주체를 인격으로 승인하는 것이므로, 동물을 권리주체로 본다는 것은 동물을 독자적인 인격으로 인정하는 것이 된다. 그런데 동물권 옹호론자들이 주장하는 것처럼 동물에게도 인격 및 권리주체성을 인정할 수 있다면 인격은 더 이상 자연적 인간에 바탕을 둔 개념이 될 수 없다. 달리 말해 인격은 더 이상 '인간중심적 개념'일 수 없다. 만약 동물을 단순한 물건이 아니라 인간처럼 존엄한 권리주체로 승인하고 싶다면 어쩌면 우리는 인간중심적인 '인격' 개념을 포기하거나 그게 아니면 적어도 인격 개념을 '탈인간중심적인 개념'으로 새롭게 설정해야 할 것이다. 그러나 우리나라에 한정해서 보면 현행 법체계 및 판례는 동물을 인격으로 승인하지 않고 있다. 동물은 권리주체성도 소송의 당사자능력도 가질 수 없다고 판단하기 때문이다. 이는 독일 민법의 태도와는 분명 차이가 있다.[1] 이상의 논의를 종합해서 볼 때 우리 법에서 전제로 하는 인격 개념은 여전히 인간중심적 사고에서 완전히 벗어나지 못하고 있다.

---

[1] 독일 민법 제90조a에 따르면 동물은 물건이 아니다. 그러나 특별한 규정이 없는 경우에는 물건에 관한 규정이 동물에도 준용된다.

IV. 탈인간중심적 인격 개념의 가능성

1. 논의 필요성

앞에서 살펴본 논의에서 세 가지 주장을 이끌어낼 수 있다. 첫째는 법체계에서 권리와 의무 및 책임의 주체가 될 수 있는가의 여부는 해당 주체가 법적 인격을 갖고 있는가의 여부로 결정된다는 것이다. 둘째는 인공지능에 관한 법적 문제는 대부분 인공지능이 법적 인격을 획득할 수 있는가의 문제로 귀결된다는 것이다. 셋째는 이렇게 문제를 해결하는 데 핵심이 되는 법적 인격 개념은 그동안 인류 역사가 진보하면서 지속적으로 확장되었다는 것이다. 바꾸어 말하면 애초에 인간중심적으로 설계된 인격 개념이 서서히 탈인간중심적인 방향으로 변하고 있다는 것이다. 이러한 맥락을 고려하면서 이제 인공지능이 사회의 거의 모든 영역에서 출현하고 문제시되는 현 시점에서 법적 인격 개념은 새롭게 설정될 수 있는지, 이른바 '탈인간중심적 인격 개념'은 정초될 수 있는지 검토해보자.

2. 법적 인격의 인정 요건

먼저 전통적으로 법적 인격을 어떤 요건에 따라 인정했는지 살펴볼 필요가 있다.[2]

현행 법체계에 따르면 특정한 존재가 법적 인격을 취득하려면 다음 요건을 충족해야 한다. 첫째, 해당 존재가 인간으로서 생존해야 한다(민법 제3조). 아직 태어나지 않았거나 목숨을 잃은 사람은 법적 인격체가 될 수 없다. 둘째, 자율성을 갖고 있어야 한다. 자율성을 갖지 않은 인간에게는, 물론 오늘날에는 기본적으로 법적 인격체로 인정되기는 하지만, 권리를 행사하거나 의무를 부담하는 과정에서 일정 정도 제한이 뒤따른다.

그러면 두 가지 요건 중에서 무엇이 본질적인 요건일까? 칸트와 같은 철학자들은 실천이성에 바탕을 둔 자율성을 더욱 중요한 것으로 보았고 여기에서 인간의 존엄성 근거를 찾기도 했지만, 현실적으로는 해당 존재가 살아 있는 인간인지의 여부가 더욱 중요한 역할을 한다. 특히 오늘날 정착된 인권 사상으로 인해 인간이기만 하면 그 누구나 평등하게 법적 인격체로 승인된다.

3. 법적 인격의 모델

앞에서도 말했듯이 현행 법체계가 취하는 법적 인격은 여전히 인간중심적인 모델에 바탕을 두고 있다. 그렇지만 법적 인격 개념의 확장 과정에서 추측할 수 있는 것처럼, 특히 인간에 의해 인공

---

2 그 전에 주의해야 할 점은 이 글에서 다루는 인격 개념은 법적 인격이라는 것이다. 즉 법적으로 권리와 의무의 자격을 가질 수 있는가의 관점에서 인격 개념을 다룬다는 것이다. 그런데 인격은 이 외에도 다양한 영역에서 다양한 의미로 사용된다. 이를테면 도덕적 인격 개념을 언급할 수 있다. 도덕적 인격 개념은 법적 인격 개념과 비교할 때 요건 등의 면에서 차이가 난다. 하지만 그 모든 것을 이 글에서 다룰 수는 없기에 아래에서는 법적 인격의 개념과 요건에 초점을 맞추겠다.

적으로 만들어진 법인에게도 법적 인격을 승인하는 현행 법체계의 태도를 고려하면 법적 인격에 관한 모델을 반드시 인간중심적인 모델로만 한정해야 하는 것은 아님을 알 수 있다. 법적 인격 자체가 고정된 것이 아니라 시간과 지역에 따라 바뀔 수 있는 가변적인 개념이라면 이에 관해 우리는 다원적인 모델을 생각해볼 수 있다. 이 글은 법적 인격에 관한 모델로 세 가지를 제시한다. 인간중심적 모델, 불완전한 탈인간중심적 모델, 완전한 탈인간중심적 모델이 그것이다(양천수, 2018: 1-26 참조).

1) 인간중심적 모델

첫째, 인간중심적 모델은 자연적 인간 개념에 기반을 두어 인격 개념을 설정한다. 이미 언급한 것처럼 지금까지 우리가 사용한 인격 개념은 이러한 인간중심적 모델에 바탕을 둔 것이다. 인간중심적 모델에 따라 법적 인격 개념을 판단할 때는 다음과 같은 요건이 중요한 역할을 한다. 먼저 인격을 부여받을 주체가 자연적 인간이어야 한다. 인간이 아닌 존재, 가령 동물이나 인공지능은 인간중심적 모델에 따르면 인격을 부여받을 수 없다. 다만 이미 말했듯이 현행 법체계에 의하면 법인은 인격성이 인정되는데, 사실 이것은 인간중심적 모델에 따라 인격을 부여한 것이 아니다. 이는 이미 인간중심적 모델을 벗어난 인격 개념에 해당한다. 다음으로 실천이성을 지닌 자율적인 인간이어야 한다. 물론 현실적으로 반드시 자율적인 존재여야 하는 것은 아니다. 자율적인 존재의 잠재성을 갖추기만 해도 인격을 부여받을 수 있다. 나아가 자율적인 행위를 할 수 있어야 한다. 예를 들어 자율적인 주체로서 법률행위나 소송행위를 자율적으로 할 수 있어야만 법적 인격으로 승인될 수 있다.

2) 불완전한 탈인간중심적 모델

둘째, 불완전한 탈인간중심적 모델은 기존의 인간중심적 모델과는 달리 자연적 인간이 아닌 사회적 체계social systems 역시 법적 인격체로 승인한다는 점에서 '탈인간중심적'이다.[3] 그렇지만 이때 말하는 사회적 체계는 자연적 인간에 의해 촉발되는 소통communication에 의존한다는 점에서 여전히 인간중심적인 성격을 지닌다. 가령 자연적 인간이 모두 소멸하면 소통 역시 사라지므로 사회적 체계 역시 존속할 수 없다. 그렇게 되면 이 모델에서 염두에 두는 인격 자체도 모두 소멸한다. 따라서 이 모델은 탈인간중심적이기는 하지만 여전히 인간에 의존한다는 점에서 불완전하다.

불완전한 탈인간중심적 모델에 따라 법적 인격을 취득하려면 다음과 같은 요건을 충족해야 한다. 첫째, 사회적 체계 안에서 진행되는 소통에 참여할 수 있어야 한다. 이때 소통에 참여한다는 것은 소통을 송신하고 수신할 수 있어야 한다는 것을 뜻한다. 둘째, 자율적인 존재여야 한다. 다만 여기서 말하는 존재가 반드시 법인과 같은 사회적 체계여야만 하는 것은 아니다. 사회적 체계가

---

[3] 이 모델은 독일의 사회학자 니클라스 루만Niklas Luhmann이 정립한 체계이론systems theory에 기반을 둔다. 체계이론에 관해서는 루만(2014) 참조.

아니라 할지라도 사회적 소통에 참여할 수 있는 존재, 즉 자연적 인간 역시 이러한 자율적인 존재에 속한다. 셋째, 해당 존재는 그 존재가 아닌 것과 구별될 수 있어야 한다. 바꿔 말해 존재의 경계가 확정될 수 있어야 한다.

3) 완전한 탈인간중심적 모델

셋째, 완전한 탈인간중심적 모델은 인격 개념을 자연적 인간 개념에서 완전히 분리한다. 자연적 인간이 아니어도 인격을 부여받을 수 있도록 한다는 점에서 이 모델은 어쩌면 제4차 산업혁명 시대에 가장 적합한 인격 모델이라 할 수 있다. 이 모델의 기본 토대는 불완전한 탈인간중심적 모델과 동일하다. 다만 불완전한 탈인간중심적 모델이 사회적 체계에 기반을 둔다면, 완전한 탈인간중심적 모델은 사회적 체계를 포괄하는 체계에 기반을 둔다. 이 차이는 구체적으로 다음과 같이 드러난다. 사회적 체계는 자연적 인간을 송수신자로 하는 소통에 의존한다. 따라서 인간이 소멸하면 사회적 체계 역시 사라진다. 반면 사회적 체계를 포괄하는 체계는 자연적 인간이 아닌 기계에 의해서도 작동할 수 있다. 따라서 만약 인공지능의 소통으로 (사회적 체계가 아닌) 체계가 형성된다면 완전한 탈인간중심적 모델은 자연적 인간이 없어도 작동할 수 있다. 물론 여기서 주의해야 할 점은 그렇다고 해서 완전한 탈인간중심적 모델이 자연적 인간을 인격 개념에서 배제하는 것은 아니라는 점이다. 자연적 인간도, 사회적 체계도 그리고 기계적 체계도 모두 특정한 요건을 충족하면 인격 개념에 포섭될 수 있다. 그 점에서 완전한 탈인간중심적 모델은 인격 개념에 관해 가장 포괄적인 모델에 해당한다.

완전한 탈인간중심적 모델에서는 다음과 같은 경우에 인격을 부여한다. 이는 외견적으로는 불완전한 탈인간중심적 모델과 같다. 첫째, 사회적 체계 안에서 진행되는 소통에 참여할 수 있어야 한다. 둘째, 자율적인 존재여야 한다. 셋째, 해당 존재는 그 존재가 아닌 것과 구별될 수 있어야 한다.

4) 세 가지 모델 평가 및 결론

그러면 이러한 세 가지 모델 중에서 어떤 모델이 가장 타당할까? 이러한 물음에 확고한 정답을 내놓기는 어렵다. 왜냐하면 법적 인격 개념을 설정하는 데 무엇이 가장 타당한 기준이 되는가에 대한 '메타 규칙'은 존재하지 않기 때문이다. 법적 인격의 역사가 보여주는 것처럼 각 시대적 상황에 맞게 법적 인격의 개념과 요건이 제시되었을 뿐이다. 다만 한 가지 경향을 찾는다면, 법적 인격 개념이 인간중심적인 한계에서 벗어나 지속적으로 확장되어왔다는 점을 말할 수 있다. 나는 한편으로는 이 점을 고려하고, 다른 한편으로는 법적 인격이 수행하는 기능을 감안하여 완전한 탈인간중심적 모델을 현 시대 상황에서 가장 적절한 모델로 선택한다. 따라서 이제 법적 인격은 완전한 탈인간중심적 모델에 따라 판단하는 것이 타당하다.

V. 인공지능의 법적 문제 검토

1. 인공지능의 법적 인격 인정 가능성

1) 원칙

그러면 인공지능에 관한 법적 문제를 해결하는 데 가장 근간이 되는 인공지능의 법적 인격 문제는 어떻게 판단할 수 있을까? 앞에서 나는 오늘날의 상황에서는 완전한 탈인간중심적 모델에 따라 법적 인격을 판단해야 한다고 주장하였다. 이 모델을 선택하면 다음과 같은 요건을 갖춘 경우 인공지능에 대해서도 법적 인격을 부여할 수 있다. 첫째, 인공지능이 법체계와 같은 사회적 체계에 참여할 수 있는 존재여야 한다. 둘째, 인공지능이 자율적으로 법적 판단을 할 수 있어야 한다. 셋째, 인공지능은 자신이 아닌 것과 구별될 수 있어야 한다. 다시 말해 명확한 경계를 갖고 있어야 한다.

2) 인공지능의 유형 및 법적 인격 판단

그런데 여기서 한 가지 짚어보아야 할 문제가 있다. 자율성과 관련된 문제이다. 인공지능이 법적 인격을 취득하려면 자율적으로 법적 판단을 할 수 있어야 한다. 다시 말해 인공지능이 자율성을 갖고 있어야 한다. 그런데 여기서 말하는 자율성이란 무엇인지, 과연 어느 정도의 자율성을 갖고 있어야 법적 인격을 획득할 수 있는지가 문제된다.

이를 판단하는 것은 대단히 어려운 문제이다. 왜냐하면 최근 들어서는 인간 역시 자율적인 존재가 아니라는 뇌과학자들의 주장도 제기되기 때문이다(부케티츠, 2009 참조). 따라서 이 문제를 해결하려면 법적 인격을 취득하는 데 필요한 자율성이란 무엇인지 근원적으로 성찰할 필요가 있다. 다만 현재 인공지능이 도달한 발전 상황을 고려하면 다음과 같은 시사점은 얻을 수 있다. 인공지능은 크게 세 가지로 구별된다. 약한 인공지능, 강한 인공지능, 초인공지능이 그것이다. 약한 인공지능은 아직 인간과 동등한 정신적 판단 능력을 갖추지 못한 인공지능을 말하고, 강한 인공지능은 인간과 동등한 정신적 판단 능력을 갖춘 인공지능을 말한다. 마지막으로 초인공지능은 인간의 정신적 판단 능력을 초월한 인공지능을 말한다. 이 가운데서 강한 인공지능과 초인공지능에게는 손쉽게 법적 인격을 부여할 수 있을 것이다. 그러나 강한 인공지능과 초인공지능은 아직은 실현되지 않은 먼 미래의 문제이기에 지금 당장 문제가 된다고 말하기는 어렵다.

3) 약한 인공지능과 유형적 판단

현실적으로 가장 문제가 되는 것은 약한 인공지능의 경우이다. 약한 인공지능에게도 법적 인격을 부여하는 것을 고려할 수는 있다. 그렇지만 다음과 같은 이유에서 약한 인공지능에게 확고하게 법적 인격을 인정하는 것은 쉽지 않다. 먼저 약한 인공지능은 사회적으로 이루어지는 소통에 참여할 수 있는 능력, 즉 소통의 귀속 가능성과 참여 가능성을 갖는다고 인정할 수 있다. 다음으로 약한 인공지능은 자신이 아닌 것, 즉 '타자'와 구별될 수 있다. 이

점에서 법적 인격을 인정하는 데 필요한 세 가지 요건 중에서 두 가지 요건은 충족한다. 문제는 자율성 요건이다. 약한 인공지능은 인간과 동등한 자율적 판단은 할 수 없다는 점에서, 특히 스스로 목표를 설정하고 왜 이 목표를 설정해야 하는지를 반성적으로 판단할 수 없다는 점에서 자율성 요건은 아직 충족하기 어렵다. 물론 이 문제는 자율성을 어떤 기준으로 판단하는가에 따라 달라질 수 있다. 엄격한 기준에 따라 자율성을 판단하면 약한 인공지능은 자율성을 갖고 있다고 말하기 어렵지만, 자율성을 약한 의미로 판단하면 약한 인공지능도 어느 정도는 자율성을 지닌다고 말할 수 있기 때문이다.

이러한 연유로 나는 약한 인공지능의 법적 인격 문제를 판단할 때는 획일적 판단이 아닌 유형적 판단을 동원해야 할 필요가 있다고 생각한다. 이는 법학에서 많이 사용하는 방법이다. 요컨대 약한 인공지능이 법적 인격을 취득할 수 있는가를 획일적으로 판단하기보다는 약한 인공지능의 법적 인격이 문제되는 개별 상황을 고려하여 그 유형에 맞게 적절하게 판단해야 한다는 것이다.

2. 법적 인격의 가능성과 필요성

인공지능의 법적 인격 문제를 판단할 때 고려해야 할 측면이 한 가지 더 있다. 인공지능에 대해 법적 인격을 인정할 수 있는가 하는 문제와 인정할 필요가 있는가 하는 문제, 즉 가능성의 차원과 필요성의 차원을 구별해야 한다는 것이다. 이 또한 법학에서 흔히 사용하는 구별이다. 이를테면 이론적인 측면에서 볼 때 그 가능성이 인정된다 하더라도 실제적인 측면에서 볼 때 굳이 그럴 필요가 없거나 다른 유용한 대안이 있는 경우에는 법적 인격을 인정할 필요가 없다는 것이다. 더욱 구체적으로 말하면 이론적으로 볼 때 인공지능에게 법적 인격을 인정할 수 있지만, 이를 인정하지 않아도 다른 법적 제도나 장치로 문제를 해결할 수 있다면 굳이 인공지능에게 법적 인격을 인정하지 않아도 된다는 것이다. 이러한 사고방식은 인공지능의 법적 문제를 해결하는 데 아주 유용하다. 왜냐하면 각각의 법 영역에 따라 인공지능에게 법적 인격을 인정할 필요가 있는가 하는 문제는 달리 판단될 수 있기 때문이다.

3. 인공지능의 법적 문제 검토

이제 앞에서 언급한 유형적 판단 방법 및 '가능성-필요성 구별'을 원용하여 인공지능의 법적 문제를 개별적으로 판단해보자.

1) 인공지능의 거래 주체성

먼저 인공지능을 독자적인 거래 주체로 인정할 수 있는가? 예를 들어 투자를 전담하는 인공지능이 있는 경우에 이러한 인공지능을 독자적인 거래 주체로 볼 수 있는가? 이는 가능성의 차원과 필요성의 차원으로 나누어 검토할 필요가 있다. 우선 가능성의 차원에서 보면 투자를 전담하는 인공지능에 대해서는 비교적 손쉽게 거래 주체성을 인정할 수 있다. 왜냐하면 이 경우 인공지능은 비록 제한된 범위이기는 하지만 알고리즘에 바탕을 둔 자율성에 따라 투자를 할 수 있기 때문이다. 다음으로 필요성의 차원에서 보면 인공지능에게 거래 주체성을 인정할 필요가 있을지가 문제된다. 왜냐하면 이때 거래 주체는 인공지능을 거래 수단으로 이용하는 사람이라고 볼 수 있기 때문이다. 여기서 관건은 무엇이 더 효율적인 방법인가, 무엇이 더 법적 관계를 명확하게 하는 것인가이다. 이를 여기서 판단하는 것은 쉽지 않지만, 일단 인공지능의 거래 주체성을 인정하는 것도 나쁘지는 않다고 생각한다. 투자를 전담하는 인공지능은 제한적이기는 하지만 실제로 스스로 주식거래에 참여하는 존재이기에 그 거래 상대방과 형성하는 법적 관계를 명확하게 할 필요가 있다. 예를 들어 어떤 투자회사가 있는데 사장만이 자연적 인간이고 주식거래를 담당하는 존재는 모두 투자 인공지능이라면, 주식거래 상대방은 인간 사장이 아닌 투자 인공지능과 주식거래를 했다고 보는 것이 더 정확하고 간명해 보인다. 다만 이러한 경우에도 주식거래에서 문제가 발생하면 주식거래 상대방은 투자 인공지능을 이용한 인간 사장에게 법적 책임을 물을 수 있다.

2) 인공지능의 저작권

다음으로 인공지능에게 저작권을 인정할 수 있는지를 살펴보자. 이제 인공지능이 독자적인 저작 활동을 하는 것은 현실이 되었다. 오늘날 인공지능은 신문 기사뿐만 아니라 소설이나 영화 시나리오까지 쓸 수 있게 되었다. 인공지능이 독자적으로 저작물을 생산하고 있는 것이다. 이에 인공지능에게 저작권을 인정할 수 있을지가 논란이 된다. 이는 지식재산권법 영역에서 화제가 된다. 가능성의 차원에서 보면 이미 인공지능이 독자적인 저작 활동을 하고 있으므로 인공지능에게 저작권을 인정하는 것은 어렵지 않다. 문제는 필요성의 차원에서 나타난다. 인공지능에게 저작권을 인정할 필요가 과연 있을까? 이는 왜 우리가 저작권 제도를 마련하고 있는가의 문제와 연결된다. 이 글에서 이를 상세하게 논하기는 어렵다. 다만 나는 인공지능이 만든 저작물을 인간이 도용하는 문제, 즉 인간에 의한 인공지능 저작물의 침해를 막기 위해서라도 부분적으로 인공지능에게 저작권을 인정하는 것이 필요하지 않을까 생각한다.

3) 인공지능의 손해배상책임

나아가 인공지능에게 손해배상책임을 인정할 수 있는지를 검토해보자. 먼저 가능성의 차원에서 보면, 조만간 현실화되는 자율주행자동차의 사례가 예증하는 것처럼 인공지능이 사람에게 손해를 끼치는 경우가 이미 충분히 발생하고 있다. 요컨대 자율주행자동차와 같은 인공지능이 독자적으로 교통사고와 같은 불법행위를 저지를 수 있는 것이다. 이 점에서 인공지능에게 손해배상책임을 인정할 가능성은 충분해 보인다. 문제는 이게 과연 필요한가 하는 점이다. 여기서 우리는 손해배상책임 제도가 추구하는 목적이 무엇인지 고민해야 한다. 손해배상책임 제도가 추구하는 일차적인 목적은 피해자가 입은 손해를 금전으로 배상하도록 하는 것이다. 우리 민법은 금전배상을 손해배상 원칙으로 삼고 있기에 손해배상책임이 실현되려면 피해자에게 손해를 배상하는 데 충분한 책임재산이 가해자에게 있어야 한다. 그러나 인공지능은 현실적으로 이러한 책임재산, 즉 돈을 갖고 있지 않다. 이 점을 고려하면 과연 인공지능에게 손해배상책임을 인정하는 것이 필요한지 의문이 든다. 차라리 인공지능을 이용하는 사용자에게 손해배상책임을 부과하는 것으로 충분하지 않을까 생각한다.

4) 인공지능의 형사책임

인공지능의 손해배상책임에 관한 주장과 논증은 인공지능의 형사책임 문제에도 그대로 적용할 수 있다. 이미 현실적으로 인공지능이 범죄를 저지를 수 있는 상황이 도래하고 있다. 실제로 인공지능이 범죄와 유사한 일을 벌인 경우도 있다. 이에 인공지능을 범죄자로 보아 형사책임을 묻는 것, 다시 말해 형벌을 부과하는 것도 이론적으로는 이미 가능하다. 그러나 과연 그럴 필요가 있을까 의문이 든다. 여기서 우리는 왜 형벌 제도를 도입하고 있는지 숙고해야 한다. 오늘날 지배적인 견해는 범죄자를 개선하고 교화하여 다시 사회로 복귀할 수 있도록 하기 위해 형벌을 부과한다는 것이다. 이를 '특별 예방 이론'이라고 부른다. 이러한 견지에서 보면 과연 형벌로 인공지능을 개선 및 교화할 필요가 있을까 의문이 제기된다. 그럴 필요 없이 인공지능에 적용된 프로그램과 알고리즘을 개선하는 것만으로 개선과 교화라는 목표를 충분히 달성할 수 있지 않을까? 이렇게 보면 굳이 인공지능에게 형사책임을 물을 필요는 없어 보인다. 다만 상징적인 차원에서나 인공지능을 보호한다는 차원에서 인공지능의 형사책임을 인정할 필요성은 있어 보인다. 이에 대한 상세한 설명은 생략한다(양천수, 2017: 45-76 참조).

5) 인공지능 보호 필요성

마지막으로 인공지능을 보호하기 위해 인공지능에게 법적 인격을 인정하는 것을 생각해볼 수 있다. 지금까지 주로 인공지능으로부터 인간을 보호하기 위해 인공지능의 법적 인격을 인정할 수 있는지를 다루었다면, 이제 반대로 인공지능을 보호하기 위해 인공지능에게 법적 인격을 부여할 수 있는가 하는 문제를 검토할 필요가 있다. 이는 동물에게 권리를 인정하자는 동물권 논의와 맥락을 같이한다. 이를테면 인공지능을 법적 인격으로 보아 인공지능에게 자신을 보호할 수 있는 권리를 부여하는 것이다. 그렇게 되면 우리 인간은 인공지능을 단순한 수단으로 보아서는 안 되고 우리와 평등한 인격체로 취급해야 한다. 사실 그동안 SF 소설이나 영화 등에서는 이 문제가 주로 논의되었다. 나는 탈인간중심주의에서 가장 중요한 부분은 탈인간적인 존재, 특히 인공지능을 우리 인간처럼 취급해야 하는 것이라고 본다. 따라서 인공지능이 그 자신을 보호할 수 있도록 인공지능에게 법적 인격을 부여하는 것에 기본적으로 동의한다. 이제 우리 인간만이 유일하게 존엄한 존재라는 인간중심적인 사고에서 벗어나야 할 때가 도래하고 있는 게 아닐까(김환석 외, 2020 참조)?

참고 문헌

김상태, 2016, 「자율주행자동차에 관한 법적 문제」, 『경제규제와 법』 제9권 제2호: 177-190.

김중길, 2016, 「전 인권적 관점에서 본 동물권」, 『인권이론과 실천』 제19호: 71-93.

김환석 외, 2020, 『21세기 사상의 최전선: 전 지구적 공존을 위한 사유의 대전환』, 이감문해력연구소 기획, 이성과감성.

루만, 니클라스, 2014, 『체계이론 입문』, 윤재왕 옮김, 새물결.

부케티츠, 프란츠 M., 2009, 『자유의지, 그 환상의 진화』, 원석영 옮김, 열음사.

양천수, 2017, 「인공지능과 법체계의 변화: 형사사법을 예로 하여」, 『법철학연구』 제20권 제2호: 45-76.

양천수, 2018, 「현대 지능정보사회와 인격성의 확장」, 『동북아법연구』 제12권 제1호: 1-26.

양천수, 2020, 「인공지능과 윤리: 법철학의 관점에서」, 『법학논총』(조선대) 제27집 제1호: 73-114.

양천수·우세나, 2019, 「인공지능 로봇의 법적 인격성: 새로운 인권 개념 모색을 위한 전제적 시론」, 『인권이론과 실천』 제25호: 59-92.

이홍민, 2016, 「법인의 본질」, 『법과 정책』 제22집 제3호: 263-297.

한국인공지능법학회, 2019, 『인공지능과 법』, 박영사.

제4부 인공지능과 예술

7장 인공지능 시대의 예술 작품

이진경

I. 인공지능의 시대?

2016년 3월, 알파고와의 다섯 번의 승부가 끝난 후 이세돌은 인간이 아니라 '이세돌'이 컴퓨터에게 진 것이라고 했지만, 컴퓨터의 역사에서 2016년은 분명 컴퓨터가 바둑에서 '인간'을 이긴 해로 기록될 것이다. 1997년 딥 블루가 체스 챔피언 카스파로프를 이긴 것이 그런 식으로 기록되었고, 2011년 퀴즈 쇼 〈제퍼디!〉에서 왓슨이 두 사람의 퀴즈 챔피언을 이긴 것이 그렇게 기록되었다. 컴퓨터 혹은 인공지능의 역사는 이처럼 언제나 인간과 컴퓨터의 대결로서 포착되고 서술되어왔고, 아마 앞으로도 그럴 것이다. 그것은 인간이 만든 구도이고, 인간이 선택한 역사이다. 그리고 그 역사는 결국 대부분의 영역에서 컴퓨터나 인공지능에 인간이 패배한 것으로 기록되며 종결될 것이다. 인간이 자연과 세계를 정복해온 것으로 서술되던 역사가 이번에는 반대로 뒤집혀 인간의 패배를, 혹은 '인간의 죽음'을 선언하며 끝나게 될 것이다.

"인간에게 위대한 것이 있다면, 그가 하나의 과정이며 몰락이라는 것"이라고 했던 니체(2000: 20)라면 이런 역사를 지켜보며 그래도 인간은 자신의 몰락을 지켜볼 줄 아는 힘과 용기를 지녔다고 말해줄까? 그것이야말로 인간의 위대함을 증명하는 것이라며 마지막 찬사를 보내줄까? 몰락하는 자들이야말로 자신을 넘어 "저기 저편으로 건너가고 있는 자들"이라며, 몰락 이후 도래할 시대를 수긍하라 할 것인가? 모를 일이다. 그러나 그것을 두고 인간이 개발한 기술이 인간마저 넘어서버린 승리의 역사라는 놀랍도록 선형적인 생각을 믿는 이들(가령 커즈와일, 2007)은 사라지지 않을 것이다(이들이 좋아하는 지수적 증가의 법칙은 로그를 취하면 간단한 직선으로 바뀌어버린다).

예술이라고 크게 다르진 않을 것 같다. 지난 4월 6일 BBC는 마이크로소프트와 네덜란드 기술자들이 공동 개발한 인공지능 프로그램이 렘브란트풍의 그림을 독자적으로 그려내는 데 성공했다고 보도했다. 3D로 스캐닝한 렘브란트의 그림들을 딥러닝으로 훈련시킨 이 프로그램은 얼굴이나 사물을 인식하는 기술을 이용하여 그 위치와 구도, 터치 같은 것을 분석해 렘브란트풍의 그림을 '학습했다'. 그리고 "모자를 쓰고 하얀 깃 장식과 검은색 옷을 착용한 30-40대 백인 남성을 그리라"는 명령에 반응하여 렘브란트가 그리지 않은 그림을 렘브란트풍으로 그려냈다. 그림을 보면 정말 렘브란트가 그린 것 같다. 이 외에도 반 고흐나 뭉크의 그림들을 딥러닝으로 학습한 뒤 어떤 풍경 사진을 고흐풍 내지 뭉크풍의 풍경화로 변형시킨 인공지능의 '작품'들은 인터넷을 뒤지면 쉽게 찾아볼 수 있다.

음악에선 이보다도 빠르게 인공지능이 적응한 것으로 보인다. 딥러닝이 자리 잡기 훨씬 전인 1997년 오리건대학의 극장에선 청중들을 모아놓고 공개적으로 일종의 '튜링 테스트' — 튜링이 말한 의미와는 약간 거리가 있지만, 어떤 능력을 두고 기계와 인간의 식별 불가능성을 시험하는 테스트란 의미에서 — 를 벌인 바 있다. 바흐의 작품과 음악대학 교수인 스티브 라슨Steve Larson의 작품, 그리고 데이비드 코프David Cope가 만든 프로그램인 EMI(Experiments in Musical Intelligence, Emmy라고 읽는다)가 만든 작품을 라슨의 부인인 피아니스트 위니프레드 커너Winifred Kerner가 연주하고, 청중들은 이를 듣고 어떤 게 바흐의 작품이고 어떤 게 기계의 작품인지 맞히는 게임이었다(Garcia, 2016; Sawyer, 2012: 143).『괴델, 에셔, 바흐』로 잘 알려진 인지과학자 더글러스 호프스태터Duglas Hofstadter가 주관한 이 테스트에서 청중들이 기계의 작품이라고 골라낸 것은 라슨의 작품이었고, 정작 바흐의 작품이라고 골라낸 것은 EMI의 작품이었다. 흔히 말하듯 표현하자면 작곡에서 인공지능이 인간을 이긴 것이다! 인공지능의 창조적 능력에 부정적인 입장을 갖고 있던 호프스태터는 EMI의 작품이 자신을 매우 곤혹스럽게 했음을 고백했으며, EMI가 자신만의 스타일을 창조해내지는 못한 것이 그나마 다행이라고 말한 바 있다. 하지만 재즈가 누군가의 선율을 빌려서 변주하는 것임을 고려하면 이것으로 인공지능의 창조성을 부정할 순 없겠다는 말을 덧붙였다(Johnson, 1997). 딥러닝에 의해 인공지능의 학습 능력이 이전과 비교할 수 없이 빠르게 향상되고 있는 오늘날, 컴퓨터가 바흐풍의 푸가를 만들거나 베토벤풍의 교향곡을 만드는 것은 딱히 놀랍지 않은 일이 되어버렸다.

사실 컴퓨터음악은 이미 50년대부터 실험되고 있었다. 가령 레자렌 힐러Lejaren Hiller는 1957년 일리노이대학의 컴퓨터 일리악Iliac을 이용해 4악장짜리 〈일리악 모음곡〉(나중엔 〈현악 4중주 4번〉으로 제목을 바꾸었다)을 작곡한 바 있다. 하지만 이런 식의 음악은 인간이 작곡 규칙을 모두 설정하고 컴퓨터는 그 안에서 음을 선택했을 뿐이니 컴퓨터가 작곡을 했다고 하긴 어렵다(가와노 히로시, 2008: 96-97). 반면 EMI가 작곡을 하는 방식은 기존 작곡가의 작품을 데이터로 학습하여 스스로 음악을 만들어내는 것이므로 인간의 개입이 없다는 점에서 이전과 다르다 하겠다.

좀 더 중요한 것은 주어진 요건에 따라 변형시키는 것을 넘어 스스로 곡을 창작하는 프로그램의 등장이다. 가령 스페인 말라가대학 교수인 프란시스코 비코Francisco Vico의 인공지능 프로그램 이아무스Iamus는 EMI와도 다르게, 주어진 인간의 스타일을 참고하지 않고 '자신의' 곡을 작곡한다. 이미 런던교향악단 등 인간의 손으로 연주된 이아무스의 곡은 마치 어떤 20세기 현대음악가의 작품처럼 들리지만 그렇다고 특정한 누군가를 떠올리게 하지는 않는 독자성을 갖고 있다. 미술에서도 그렇다. 사이먼 콜턴Simon Colton이 만든 프로그램 '그림 그리는 바보The Painting Fool'는 모델이 되는 인간의 스타일 같은 것 없이 주제가 주어지면 자신의 방식으로 창작을 한다. 글쓰기에서도 언어가 생각보다 높은 걸림돌이긴 하지만 많은 이야기를 데이터베이스로 하여 드라마의 에피소드를 쓰거나 새로운 이야기를 만들어내는 실험이 계속 이어지고 있다.

이런 예를 더 나열할 필요는 없을 것이다. 이미 인공지능의 시대가 코앞에 닥쳐왔다고들 하지 않는가. 예술 또한 이제 인공지능의 시대에 들어섰다고 해야 할 듯하다. 그러나 예술이 인공지능의 시대에 들어섰다 함은 대체 무슨 뜻일까? 인공지능을 사용해서 예술을 하는 시대를 뜻하는가? 인공지능이 예술에 사용된다는 것만으로 인공지능의 시대라고 할 수는 없지 않은가? 그렇다면 인공지능이 예술가를 대체한 시대, 그래서 인간이 예술의 영역에서 더 이상 할 일이 없어진 시대를 뜻하는가? 그러나 기계가 예술을 하게 되었다고 해서 인간이 예술을 그만둘 이유가 있을까? 기계가 학습을 하게 되었다고 하여 인간이 학습을 할 이유가 사라지는 건 아닌 것처럼. 그렇다면 예술에서 인공지능의 시대란 대체 무엇일까? 그 시대에 예술은 어떤 것이 될 것이며, 예술가들은 대체 무엇을 해야 할 것인가?

II. 인간의 기계화와 기계의 인간화

벤야민은 이미 오래전에 기술 복제 시대가 도래했음을 주목하면서 그 시대에 예술은 어떤 것이 되었는지, 무엇을 해야 하는지를 진지하게 물은 바 있다. 잘 알려진 그의 답은 이런 것이다. 기술 복제 시대란 사진, 영화와 같이 기술에 의해 원본이 쉽게 복제될 뿐 아니라 몽타주처럼 편집되어 작품이 만들어지게 된 시대, 그리하여 '어떤 먼 것의 일회적인 나타남'을 뜻하는 '아우라'가 사라진 시대다. 이로 인해 예술의 성격뿐 아니라 창작을 하는 방식도 달라졌고, 예술가와 작품, 대중과 작품의 관계도 근본적으로 달라졌다. 가령 영화에서 배우는 이제 기계 앞에서 연기하며, 일종의 소도구처럼 다루어지고, 단편적인 조각들을 모아 작품을 만든다. 회화에서 널리 사용하게 된 콜라주는 단편들의 조립이라는 방법으로 인해 이전의 예술이 크게 달라진 경우다. 이와 더불어 대중의 '영혼'도 달라졌다. 파편의 조립에 대응하듯 정신의 분산이 정신 집중이라는 전통적 과정을 대신하게 되었다. 이전에는 정신 집중이 사람을 작품 속으로 빠져들어가게 했다면, 이제는 작품으로 하여금 정신 분산 속으로, 산만해진 대중들 속으로 들어오게 해야 한다는 게 벤야민의 생각이다(벤야민, 2007: 90).

잘 알려진 이러한 얘기 이상으로 지금 특히 눈에 들어오는 것은, 이 정신 분산 속에서 이루어지는 수용 작용은 "지각 구조의 변화를 가리키는 징후"이고, 영화는 그런 감수성을 훈련시킨다는 점에서 "그리스인들이 미학Aesthetik(감성학)이라고 불렀던 지각 이론의 가장 중요한 대상으로 등장하고 있다"는 지적이다(벤야민, 2007: 92). 이는 기술 복제적인 예술, 혹은 그것을 가능하게 한 기계적인 지각이 사람들의 지각이나 감각을 바꾸어놓게 된 사태로 눈을 돌리게 한다.

  벤야민은 육안보다 대중의 행렬이나 움직임을 탁월하게 포착하는 카메라의 조감적 시선을 통해 대량 복제와 대중의 복제를 연결하지만, 이를 좀 더 밀고 나가면 기계적인 시각이나 청각에 의해 인간의 눈이나 귀로는 보지 못하고 듣지 못하는 것을 보고 듣게 된 사태에 대한 지적으로 이해할 수도 있을 것이다. 연속 셔터를 이용한 머이브리지E. Muybridge의 사진은 이전에는 인간의 눈으로 정확히 식별할 수 없었던 말의 동작들을 정확하게 볼 수 있게 해주었고, 이후 이렇게 연속 셔터를 이용한 사진이 미래주의자나 뒤샹의 유화 작품들에 직접적인 영향을 주었음은 잘 알려진 사실이다. 그런 점에서 기술 복제 시대의 기계적 지각은, 랑시에르(2008)의 개념을 이용해 다시 말하면 이전에 볼 수 없었던 것을 보고 듣지 못했던 것을 듣게 해주는 새로운 '감성의 체제'를 탄생하게 했다고 할 수 있을 것이다.

  이를 고려한다면 기술 복제 시대란 사진이나 녹음기 같은 복제 기술과 기계들의 지각이 역으로 인간의 감각을 바꾸어놓은 시대, 그런 점에서 인간의 감각이 기계화된 시대, 그 변화된 감각에 의해 예술 작품이 만들어지고 수용되는 시대라고 재정의할 수 있지 않을까? 기계의 감각을 통해 이전에 보지 못하던 것을 보고, 그 감각을 통해 예술이 새로운 창조의 장을 형성한 시대라고. 어떤 이들은 거기서 기계화된 인간의 모습을 보고 분노했고, 어떤 이들은 유기적인 전체가 단편적인 부분들로 해체된 모습을 보고 '총체성의 상실'이라 비난했으며, 어떤 이들은 과학기술에 의해 눈과 귀가 막혀 존재가 건네는 목소리를 듣지 못하게 되었다고 한탄했다. 계급적 입장이나 학파를 떠나서 '소외'라는 말이 약간씩 다른 색조로 반복되어 설파되던 것이 이와 무관하지 않을 터이다. 벤야민은 드물게도 이런 시대를 "인간이 기계장치를 통해 재현되는 과정에서 인간의 자기소외가 지극히 생산적으로 활용되게"된 시대(벤야민, 2007: 73)라고 긍정한다. 이를 두고 남들보다 빠르게 시대정신을 포착한 것이라 해야 할까, 아니면 남들과 달리 반시대적 감각을 가졌다고 해야 할까?

인공지능의 시대가 이런 기술 복제의 시대와 연속성을 갖는다는 것은 길게 설명할 필요가 없을 것이다. 인공지능이란 말과 직접 연결되는 것은 아니지만 지금은 사진이나 영화, 음악, 나아가 문학마저 다른 이의 것을 복제하고 변형하거나 심지어 차용하고 편집하여 자신의 작품을 만드는 것이 일반화된 시대이고, 그런 복제 기술이 대중화되어 대중 자신이 수용자에서 생산자로 나아가고 있는 시대, 나아가 컴퓨터나 인공지능과 더불어 기계들마저 단순 복제를 넘어 변형과 창조의 가능성을 보여주는 시대이다. 그래서 한편에서는 기계들이, 다른 한편에서는 대중들이 예술가의 영토를 침범하며 밀고 들어오는 시대, 그로 인해 예술가의 고유한 존재 영역이 어디인지, 과연 그것이 남아 있기는 한지 의문이 제기되는 시대이다.

그러나 이런 특징은 벤야민이 목도했던 기술 복제 시대의 양상들이 확대되고 심화된 것일 뿐이어서, 이것만으로는 기술 복제 시대와 구별되는 별도의 이름으로 한 시대를 명명하는 것이 적절해

보이지 않는다. 그렇게 보면 '인공지능의 시대'란 근본적으로 굳이 달라졌다고 할 것 없는 시대에 단지 새로 등장한 또 하나의 기계, 또 하나의 기술을 두고 요란하게 두들겨대는 천박한 소란일 뿐이라고 비난할 수도 있을 것이다. 그렇기에 인공지능의 시대라는 말을 진지하게 생각한다면 기본적인 물음을 다시 던져야 할 것이다. "예술에서 인공지능의 시대라는 게 있다고 할 수 있는가? 그렇다면 그것은 어떻게 규정되어야 하는가?"

18세기 말 산업혁명이 산출한 기계들이 인간의 육체노동을 기계화하려는 것이었다면, 20세기 후반 컴퓨터가 선도한 새로운 기계들은 인간의 정신노동을 기계화하려는 것이었다(이진경, 2004: 198-199). 이 기계들은 인간의 노동을 대체했을 뿐 아니라 인간 그 자신의 노동 자체도 기계적인 동작들로 바꾸어놓았다. 브레이버맨은 이를 '노동의 탈숙련화'라고 규정했지만(브레이버맨, 1998), 달리 말하면 '노동 자체의 기계화'라고 해도 좋을 것이다. 벤야민이 목도했던 새로운 기계적 지각의 출현과 그에 따른 인간 감각 자체의 기계화는 19세기와 20세기를 주파했던 이런 이중의 기계화 사이에 있었던 것이라 해야 한다. 기술 복제 시대란 육체와 정신 전체를 관통하는 '인간의 기계화'라는 사태를 요체로 한다.

표면적으로만 보면 인공지능은 이러한 사태를 다시 반전시키는 어떤 역전으로 보인다. 왜냐하면 그것은 기계에게 인간의 사고능력이나 감각 능력, 혹은 창조 능력을 부여하려는 시도란 점에서 이전과 반대로 '기계를 인간화'하려는 시도라고 할 수 있기 때문이다. 감각에 대해 보자면, 이전에는 인간이 보지 못하는 것을 기계의 눈을 통해 보고 그 감각을 얻었다면 이번에는 인간이 사물이나 세상을 보는 방식을 연구하여 기계에게 제공하려고 한다. 개와 고양이를 식별하는 법, 사물들을 알아보고 그것들로 이루어진 장면을 알아보는 법을 기계에게 가르치고자 한다. 센서로 입력된 시각 정보들 가운데서 모서리를 알아보고 사물의 윤곽과 배경을 구별하는 능력을 로봇의 눈에 장착해주고, 상대방의 시선의 움직임을 포착하여 행동을 예측하는 능력을 기계적으로 구현하고자 한다(러셀·노빅, 2016(2): 548 이하). 감각뿐만 아니라 지적인 판단 능력도 유사하다. 논리적인 추론 능력은 오히려 기계화하기 아주 쉬웠다. 이미 50년대에 수학적 정리를 증명하는 프로그램이 만들어졌다. 미분이나 적분 계산을 하거나 엄청나게 많은 경우의 수마다 일일이 승률을 계산하고 해법이 없는 미분방정식에 데이터를 하나하나 우직하게 대입하여 답을 구하는 것은 이미 기계가 아주 뛰어나게 실행하고 있는 일이다. 방대한 데이터를 검색하여 최적값을 찾아내는 것부터 체스나 바둑에서 인간을 이기려는 시도들까지, 기계는 이미 충분히 '인간적인', 아니 '인간보다 인간다운' 수준에 이르렀다. 인간처럼 그림을 그리고 작곡을 하는 것도 이미 튜링 테스트를 통과하는 수준에 이르지 않았던가!

따라서 감각과 관련해 보면, 인간의 감각의 기계화로 특징지어지는 기술 복제 시대와 기계의 감각의 인간화로 특징지어지는 인공지능의 시대를 대비할 수도 있을 것이다. 그런데도 '인간의 기계화'로 요약되는 이전 시대와 대비되는, '기계의 인간화'로 요약되는 새로운 시대가 도래했다고 말하기는 주저하게 하는 무언가가 있다. 무엇일까? 기계의 인간화란 사실 기계를 인간 대신 부려 먹기 위해선 이미 처음부터 필요했던 것이다. 인간의 손으로 짜는 직물을 기계로 짜려면 직물을 짜는 인간의 작업 능력을 기계에게 심어주어야 하고, 대패질을 하는 기계는 목수처럼 나무를 다듬을 줄 알아야 한다. 따라서 도구를 인간의 신체의 연장이라기보다 그 대체물이 되게 만들려고 했던 산업혁명 이후의 기계들의 경우 기계의 인간화가 충분히 적용되고 있었다고 보아야 한다. 인간의 숙련된 기술이 아니라 기계적인 단순화를 통해서 진행되었기에 다르다고 할 수 있을까? 그러나 고양이의 얼굴을 알아보는 구글의 인공지능은 인간과 똑같은 방식으로 보지 않으며, 이세돌과 대국을 한 알파고 또한 인간과 유사한 방식으로 바둑을 두지 않는다. 인간의 행위를 모방하려 할 때조차 기계에겐 기계 나름의 길이 있다.

산업혁명기의 기계에 대해 '기계의 인간화'라는 표현을 잘 쓰지 않는 것은 아마 그 기계가 처음부터 인간의 힘과 능력을 크게 넘어섰기 때문인지도 모른다. 포크레인을 보고 삽질하는 인간의 동작을 기계화한 것이라고 하기엔 인간의 힘이 너무 초라한 것이다. 차라리 소나 말처럼 인간보다 강력한 힘을 갖는 동물에 비유하는 게 나을지도 모른다. 기계의 동물화. 컴퓨터의 계산 능력이나 기억 능력은 어떤가? 그 능력이 인간의 지능을 넘어서버린 지는 이미 오래되었다. 그럼에도 포크레인과 달리 인공지능에 대해서 '기계의 인간화'라는 말을 쉽게 사용하는 것은 '지능'이란 말로 표상되는 능력에선 어떤 동물보다도 인간이 탁월한 능력을 갖고 있기 때문이라 해야 할까? 만약 그렇다고 한다면 인간은 생각하는 동물이라는 오래된 통념을 정신노동의 기계화에서 보고 있는 셈이다. 그러나 이 경우에도 기계의 인간화란 정신노동을 기계화하고자 했던 20세기 중반 이후 컴퓨터 기반 기계 전반에 적용할 수 있을 것이다.

그렇기에 인공지능만을 특별히 '기계의 인간화'라는 말로 규정하기는 쉽지 않다. 인공지능의 시대를 그런 말로 정의하려는 것은 생각보다 안이하고 통념적인 발상이라 하겠다. 하지만 인공지능이 이전 시대의 기계와 별다를 게 없다고 할 수 있을까? 그렇다고 답하긴 쉽지 않다. 그럼 인공지능이 넘어선 문턱은 대체 무엇일까?

III. 평면화와 추상화

인간의 기계화는 명시적이든 묵시적이든 기계의 인간화를 지향한다. 기계의 이용이 인간의 노동을 대체하려는 것인 한 기계는 인간의 동작이나 행동 혹은 사고와 유사한 결과를 산출해야 하며, 그러기 위해 인간의 동작이나 행동, 사고를 모방한다. 산업혁명을 주도한 기계는 인간의 동작을 최소한의 단위 동작으로 분해한 뒤 그것을 결합하는 방식으로 고안되었다. '동작 관리'로 유명한 길브레스F. Gilbreth가 보여준 것처럼, 기계가 인간의 노동을 대신하려면 일단 인간의 동작이 그렇게 기계적이고 원소적인 동작으로 분석되어야 했고, 그것을 각자의 양상에 맞추어 종합함으로써 재구성해야 했다. 그렇기에 기계의 인간화는 '인간화'라는 말의 '인간적' 어감과는 반대로 인간 행동의 기계적 해석을 함축한다.

이는 기계의 인간화는 언제나 인간의 기계화를 통해 진행된다는 사실을 보여준다. 인간의 기계적 분석 없이 기계의 인간화는 불가능하다. 이는 정신노동을 기계화하는 경우에도 마찬가지다. 기계로 하여금 인간의 논리적 사고를 모방하게 하려는 튜링의 시도는 논리적 사고를 '테이프를 읽고, 테이프를 왼쪽으로 옮기고, 오른쪽으로 옮기는' 몇 개의 기계적 동작으로 환원하는 것이었다. 섀넌Claude Shannon은 불Bool대수를 이용한 논리적 연산을 직렬과 병렬연결의 스위치로 이어진 전기적 회로回路로 환원할 수 있음을 보여주었고, 이는 논리적 연산의 기계화를 가능하게 해주었다. 사고라는 인간의 행위는 이로써 기계적 동작으로 치환될 수 있었고, 그렇게 분해된 동작들의 '회로상回路狀' 종합에 의해 다양한 사고가 재구성될 수 있었다. 그것이 컴퓨터의 출현을 가능하게 했던 분기점이었음은 잘 알려진 사실이다.[1] 딥러닝으로 인해 비약적으로 발전한 신경망 컴퓨터는 뉴런의 연결을 회로로 바꾸고 헵Hebb의 규칙에 따라 가중치를 부여하는 것에서 시작되었는데, 비록 뉴런과 회로의 동형성은 형태적 유사성에 지나지 않는다 해도 그러한 기계 ― 퍼셉트론 ― 가 신경망을 전기적 회로라는 기계적 연결망으로 치환하려는 발상에서 비롯되었음은 분명하다. 기계적인 연결망을 통한 분석과 종합의 기계화 과정을 거쳐 이제 기계는 컴퓨터 게

---

[1] 이는 데카르트적인 '연역주의'와 동형적인 연산주의적 모델의 인공지능이라 하겠다.

임은 물론 바둑에서마저 인간을 능가하는 사고 능력을 확보했다.²

　이런 점에서 기계의 인간화와 인간의 기계화는 서로가 서로의 이면을 이루는 동전의 양면이다. 이는 정반대 지점에 있다고 믿어졌던 인간과 기계가 서로 접근하여 하나의 연속체를 이루게 되는 과정의 두 성분이다. 이 과정은 기계와 인간 사이에 존재한다고 여겨졌던 근본적인 단절을 넘어서 양자가 하나의 연속성을 갖고 있음을 보여주는 과정이기도 하다. 이로써 인간과 기계는 하나의 동일한 평면상에 서게 된다. 이렇게 서로 아주 다른 위치에 있는 것처럼 보이는 것들을 하나의 평면상에 세우는 것을 '평면화'라고 하자. 이는 흔히 인간과 기계 사이에 설정되는 우월한 것과 열등한 것이라는 위계를 출발점에서 지워버림으로써 양자의 관계를 가장 근본적인 층위에서 다시 사유하기 위한 방법이다. 인간과 기계의 차이는 암묵적으로 가정된 위계를 제거하는 평면화를 통해서 오히려 적절하게 다루어질 수 있다. 그 연속적인 평면상에서 그것들이 실제로 분기하는 지점을 통념적 가정이 아니라 개념적 구별을 통해 포착할 때에만 그 차이는 인간 중심적 기준이나 관념에서 벗어나 구체적 설득력을 가질 수 있기 때문이다.

2　사전적인 어떤 연산 규칙이나 모델이 주어지지 않은 상태에서 주어진 목표를 학습의 척도로 삼아 시행의 반복을 통해 학습하는 이러한 인공지능은 위와 대비하자면 경험주의적 모델의 인공지능이라 할 수 있다. 근대 철학사를 떠올리게 하는 이 두 가지 모델에 인공지능의 신체성을 강조하는 또 다른 모델을 더할 수 있을 것이다. '노동'하는 신체를 자동화하려는 로봇 연구자를 출발점으로 하는 이 모델은 현재 가상의 신체를 제공하고 그것을 통해 학습하는 새로운 유형의 인공지능 개념으로 이어지고 있다. '체화된 인지' 개념을 근간으로 하는 인지주의 인공지능 개념 또한 이런 모델에 속한다고 하겠다.

인간과 기계가 하나의 연속체를 이룬다는 것은 양자가 결합되어 하나의 신체를 이루는 사태를 포함한다. 기계와의 결합으로 인해 인간만의 고유한 본성이나 실체가 사라지는 지점을 흔히 말하듯 '포스트휴먼'이라고 지칭한다면, 인간과 기계가 나란히 서게 된 평면은 '포스트휴먼의 평면'이라고 해도 좋을 것이다. 그러나 이 평면은 단지 인간과 기계만 나란히 서는 그런 평면은 아닐 것이다. 인간과 기계 사이에는 동물이나 식물 같은 것들이 있기 때문이다. 인간과 기계의 평면화는 현재의 기술을 선형적으로 확장하여 인간 '이후'의 인간을, 즉 기술적으로 확장된 인간을 그려내는 것이 아니라 차라리 기계와 인간이 연결된 선을 인간 '이전'으로까지 밀고 올라가서 흔히들 말하는 '인간 이전의 존재자들', 즉 '프리휴먼들' 또한 하나의 동일한 평면상에 세우는 것이 되어야 한다. 포스트휴먼의 평면은 프리휴먼의 평면이기도 하다.

예를 들어 '본다'는 동사에 대해 우리는 일반적으로 눈을 통해 사물을 빛으로 포착하는 것을 생각하지만 이는 식물의 경우에는 적용될 수 없는 규정이다. 이 규정에 머물러버리면 식물은 보지 못한다는, 따라서 동물보다 근본적으로 무능력하다는 생각에 빠지게 된다. 그러나 정말 그럴까? 식물도 자기 나름의 방식으로 '본다'. 본다는 것을 근본에서 다루려면 그것을 세포적이고 분자적인 차원에서 정의해야 한다. 즉 인간이든 해바라기든 본다는 것은 일차적인 층위에서는 눈에 대상의 상像이 들어오는 게 아니라 광수용체가 빛을 포착하는 것이다. 인간에겐 5개의 광수용체가 있다. 한편 식물의 경우에는 가장 '단순한' 식물에 속하는 애기장대 풀조차 11개의 광수용체를 갖고 있다. 광수용체를 갖고 있다면 식물 또한 빛을 매개로 한 시각 정보를 포착하고 있음이 분명하다. 광수용체가 11개라면 5개를 가진 인간보다 훨씬 더 섬세하게 빛을 식별하고 감지할 것이 분명하다. 그렇다면 우리가 잘 몰라서 그렇지 식물 또한 자기 나름의 방식으로 '본다'고 해야 한다. 광수용체를 통한 빛의 감지, 그것이 동물과 식물을 평면화했을 때 '본다'는 말의 개념적 의미이다. 물론 본다는 것은 여기서 그치지 않는다. 이렇게 포착된 분자적 지각을 모으는 '종합'의 과정을 통해 자신이 처리할 수 있는 시각상을 형성하는 과정이 그 뒤에 이어지는 것이다. 이 종합의 양상은 같은 동물 안에서도 가령 개구리와 인간이 다르듯 달라질 것이다.

센서를 이용한 기계적 지각 역시 이런 방식으로 말할 수 있다. 시각 센서의 경우 렌즈를 통과한 빛이 화소 단위의 '광수용체'에 수용되어 전기적 신호로 변환된다. 이는 동물이나 식물과 하나의 동일한 평면상에서 기계에 대해 '본다'라는 동작을 동일하게 정의해준다. 물론 그렇게 포착된 전기적 신호를 종합하는 방식에서 기계는 생물과 다르다. 인간의 지각 방식을 모사하려 하기에 유사하다고 상상되는 방식으로 기계화하고, 그렇게 형성된 시각상 또한 인간과 유사하다고 간주되지만 그 경우에도 기계의 지각 방식과 인간의 지각 방식은 같지 않다. 그러나 그저 다르다고도 할 수 없다. 결과적으로 유사한 시각상을 형성한다면, 인간과 기계는 적어도 인간과 개구리보다는 훨씬 더 작은 차이를 갖는다고 해야 하기 때문이다.

이런 점에서 '프리휴먼'에 대한 적절한 사유 없이는 '포스트휴면'에 대한 사유 역시 부적절해질 것이다. 인간을 기계화하고 기계를 인간화하는 기술이 생명을 기계적으로 복제하고 변형하는 기술과 동일한 평면상에 있음을 안다면 이를 이해하기 어렵지 않을 것이다. 포스트휴먼의 시대란 기계를 통해 인간의 외연이 확장된 시대가 아니라 인간과 기계, 동물과 식물이 하나의 평면에서 만나고 섞이며 서로를 통해 변형되는 거대한 '종합'의 시대라 해야 할 것이다.

기계 노동의 인간화가 인간 동작의 기계적 분석에 의해 이루어졌던 것처럼, 이질적인 존재자를 섞는 이러한 종합은 인간과 기계, 동물과 식물의 분석에 의해 이루어질 수 있었다. 다른 말로 하면 인간과 동물, 식물, 기계를 넘나들 수 있는 '추상화抽象化'를 통해서만 이들 간의 결합이나 혼합이 가능하다. 소리는 이런 추상화를 통해 평면화되는 양상을 쉽게 이해하게 해준다. 모든 소리는 특정한 양상의 주파수를 갖는 파동이다. 아주 복잡한 그래프로 표현되는 이 주파수는 푸리에 급수를 이용해 단순한 사인파와 코사인파의 합으로 분해할 수 있다(그리고 코사인파는 다시 사인파로 바꿀 수 있다). 다시 말해 우리가 듣는 모든 소리는 많은 사인파의 종합인 것이다. 주파수는 흔히 음고를 표시한다고 알려져 있지만 섞이는 사인파들이 달라지면 음고가 같아도 다른 음색의 소리가 된다. 가령 사람의 음성이나 피아노 소리를 사인파들로 분해한 뒤 어떤 사인파는 빼고 다른 사인파를 넣으면 다른 음색의 소리가 된다. 이를 주파수변조라고 한다. 이렇게 분석된 단위 음파들을 종합하는 방식에 따라 주파수가 알려진 인간의 목소리를 인공적으로 만들어내는 것도, 하나의 소리를 다른 소리로 바꾸는 것도, 심지어 없던 소리를 만들어내는 것도 가능해진다. 인간의 소리, 동물의 소리, 혹은 사물의 소리를 넘나들 수 있고, 그 모두를 기계적으로 만들어낼 수 있다. 주파수로의 추상화가 모든 소리를 하나의 평면으로 평면화하는 것이다. 기계가 인간의 목소리를 갖게 된 것은 이 때문이다.

그러나 이런 추상화만으로는 기계의 작동과 인간의 행동을 하나로 묶기에 충분하지 않다. 즉 기계를 인간화할 수 없는 것이다. 가령 기계의 센서를 통해 내 목소리를 입력했다고 해서 기계가 내 목소리를 알아들었다고는 할 수 없다. 주파수의 포착만으로는 말의 의미를 이해하는 것은 물론 내 음성을 언어적으로 분절하여 듣는 것조차 불가능하다. 왜냐하면 언어는 같은 기표를 무수히 다른 주파수로 발성할 수 있기 때문이다. 게다가 주파수가 달라지면, 즉 음조tone가 달라지면 그 의미조차 달라지지 않는가! 기계적인 '음성인식'이 주파수 패턴의 포착만이 아니라 어쩌면 반대 방향의 연구를, 즉 같은 기호가 주파수 변화에 따라 어떻게 다른 의미를 갖게 되는지에 대한 연구를 필요로 하고 있는 것이 아닐까?

본다는 것도 그렇다. 기계가 '본다'는 것은 어떤 의미일까? 렌즈나 센서를 이용해 사진처럼 대상을 입력하는 것? 그러나 로봇 연구자들이 오랫동안 고생하며 경험했던 것처럼, 수많은 화소로 입력된 시각 정보 속에서 책상과 의자를 식별하는 것으로는 충분히 본다고 할 수 없다. 식별한 물체와 부딪치지 않기 위해선 모서리를 구별할 수 있어야 한다. 책상 위의 컵과 책상의 면, 그 위의 다른 물체들을 구별하지 못한다면 '본다'는 말은 무의미하다. 그것이 충족되지 않으면 아무리 정교한 화소 정보를 입력한다고 해도 기계는 대상을 본 것이 아니다. 본다는 것은 수정체를 통과한 빛을 망막의 광수용체가 포착하는 그런 과정이 결코 아닌 것이다. 이 문제가 해결되지 않으면 센서를 아무리 많이 장착해도 로봇은 책걸상 등이 늘어선 사무실 안을 제대로 돌아다니지 못한다. 즉 충분히 인간화되지 못한 것이다. 여러 각도에서 본 얼굴이 한 사람의 얼굴임을 알아보는 것도, 개와 고양이의 얼굴을 구별하는 것도 '본다'는 말에 함축되어 있다. 고양이의 얼굴을 알아보는 것은 2012년에 성공했는데, 이를 위해 1만 2,000개의 CPU와 1,000대의 컴퓨터, 3일의 시간이 필요했다! 이 어마어마한 장치와 시간을 고려하면 본다는 것을 시각 정보의 입력으로 규정하는 게 얼마나 안이한 일인지 쉽게 이해할 수 있을 것이다. 기계가 보기 위해선 눈을 가진 동물이 보는 것과 눈 없는 식물이 '보는' 것과는 다른 층위의 추상화가 필요한 것이다.

결국 우리가 기계의 인간화라는 목표를 명시적으로 지향하며 인공지능이나 로봇을 만드는 과정은 '생각하다', '이해하다' 같은 말은 물론 '보다', '듣다' 같은 극히 자명해 보이는 말들 또한 충분히 사유된 적이 없었음을 보여준다. 평면화를 통해 이루어지는 개념적 추상화가 기계와 생명, 인간의 활동이나 능력을 '하나로 묶을 수 있는' 지점에 이르게 될 때,[3] 서로의 경계를 넘나들며 하나를

---

3 들뢰즈·가타리는 이질적인 것들을 하나로 묶는 것을 '일관성consistance'이라고 정의하고, 모든 것을 하나로 묶게 될 때 '일관성의 평면plan de consistance'에 도달하게 된다고 한다(Deleuze et Guattari, 1980).

다른 하나로 변환하고 서로를 섞는 혼합이 가능하게 된다. 그 경우 인간이 실제로 보고 듣는 것을 기계적으로 종합하여 재생하는 것도 가능해진다. 다시 말해 기계의 인간화는 이런 추상화가 기계와 인간을 넘나들 수 있게 해주는 지점에 이를 때 비로소 그 말에 값하는 충분한 의미를 갖게 되는 것이다. 이때 기계는 그저 빛에 대한 정보들을 수용하는 수준을 넘어서 사물을 식별하고 사람의 얼굴을 알아보며 상대방에 부합하는 적절한 행동을 하는 게 가능해진다. 인간과 기계, 동물과 식물을 하나의 평면에서 가로지르는 변환은 상이하고 이질적인 존재자들의 활동이나 동작, 능력을 하나로 묶도록 해주는 추상화를 통해서 가능해지는 것이다.

다시 기술 복제 시대의 감각의 변화에 대한 벤야민의 이야기로 돌아가보면 기계에 의한 인간적 감각의 변화는 이 지점에서 또 하나의 문턱을 넘는다고 해야 할 것 같다. 감각 자체의 추상화를 통해서 인간적 감각을 재현하거나 변조하고, 그렇게 변조된 형상이나 소리 등을 통해 새로운 감각을 창조하는 것이 그것이다. 감각에 대해서만 이렇게 말할 순 없을 것이다. 추론적 사고의 추상성에는 초기부터 쉽게 도달할 수 있었는데, 딥러닝을 통해 비약적으로 발전한 신경망 기술은 기계의 학습 능력에서 새로운 깊이를 만들어냈다. 이는 기계적 지능이 선험적인 모델 없이 경험적 사실 속에서 어떤 추상적인 패턴을 찾아낼 수 있음을 보여준다. 기계는 인간화되었다고 해도 인간이 사고하는 것과 다른 양상으로 작동하기에 인간의 사고가 놓치는 것을 포착할 수 있고, 따라서 인간의 사고 자체에 어떤 변화를 야기할 수 있다. 이런 점에서 인공지능은 우리가 추상화를 통해 인간과 기계를 넘나들게 해주는 새로운 평면에 도달했음을 보여주는 하나의 지표다. 즉 인공지능이 표상하는 추상적 인간화는 이전의 기계들이 보여주는 구체적이고 부분적인 인간화와는 다른 어떤 '보편성'을 획득했다고 해도 좋을 것이다. 아마도 이것이 인공지능이 넘어선 또 하나의 문턱일 것이다. 이것이야말로 인공지능이 이전 시대의 기계와 다르다고 느끼게 만드는 요인일 것이다.

IV. 추상 능력과 창조성

인공지능은 인간화된 기계다. 그 인간화는 구체적이고 표면적인 인간화가 아니라 추상적이고 심층적인 인간화다. 비록 아직 추상화가 충분하다고 하기는 어렵다 해도 표면적인 인간화가 인간의 행동이나 사고의 일부를 모방하는 것이라면 심층적인 인간화란 기계적 추상화를 통해 인간과 기계를 잇는 평면상에서 구성되는 것이다. 여전히 기계로 하여금 인간의 행동을 모방하게 하려는 많은 시도가 이어지고 있지만 렘브란트풍 그림을 그리는 것 같은 외형적 모방조차 단순한 흉내와는 다른 독자적인 기계적 추상을 통해 재구성되고 종합되는 것이다. 이런 모방에는 기계와 인간을 가로지르는 추상의 독자성이 있다. 이 점에서 인공지능은 이전의 복제 기술과는 확실히 다르다. 물론 전반적인 연속성을 갖고 있다 하겠지만 그 연속성의 곡선에는 다양한 크기의 문턱을 표시하는 일련의 극점이 포함되어 있다. 따라서 우리는 인공지능의 시대를 기계의 인간화가 심층적 추상성에 의해 이전과 다른 양상으로 전개되는 시대라고 개념적으로 재정의할 수 있을 것이다.

그런데 여기서 두 가지 추상을 구별할 필요가 있다. 하나는 공통성의 추상이고 다른 하나는 변형의 추상이다. 공통성의 추상이란 여러 대상 속에서 공통성을 포착하는 것이다. 달리 말하면 공통성만 남기고 다른 것을 삭제하는 것이다. 예컨대 입체주의자들이 세상의 사물들 속에서 기하학적 입체를 포착하고자 했을 때, 혹은 몬드리안이나 말레비치가 사물의 형상 속에 존재하는 기하학적 본질을 가시화하고자 했을 때 그들은 모두 사물들 속에 있는 형태적 공통성을 추상한 것이다. 어떤 음고의 소리가 날 때 반드시 특정한 주파수가 포함되어 있음을 알아내는 것도 공통성의 추상에 속한다. 인공지능이 다양한 데이터에서 어떤 패턴을 찾아낼 때 사용하는 것도 이런 공통성의 추상이다. 가령 다양한 필체의 글씨를 보고 그것이 3인지 8인지 알아보는 것도, '기계'라고 쓴 건지 '기체'라고 쓴 건지 식별하는 것도 모두 공통성의 추상에 속한다. 다양한 양상으로 분포된 선들 속에서 공통된 형상을 가려내는 것이다.

이와 달리 변형의 추상은 하나의 형상을 다양한 방식으로 변형시키는 것이다. 뒤집어 말하면 다양한 형상을 보면서 그것이 어떤 한 대상의 변형임을 알아보는 것이다. 가령 몽골의 암각화를 보면 소나 양의 뿔을 길게 늘이고 뱅글뱅글 감아 소용돌이처럼 그렸다. 이는 뿔들을 특징짓는 형상의 공통성이란 관점에서 보면 정확하게 재현된 뿔과 하나로 묶일 수 없다. 삼각형인 소뿔이나 원형인 양의 뿔은 빙빙 도는 소용돌이와 동일한 기하학적 형태를 가졌다고 할 수 없는 것이다. 그러나 우리는 소용돌이 같은 그림이 뿔을 빙빙 돌려 연장한 것임을 안다. 이런 식으로 우리는 사람의 얼굴도 어떤 부분은 늘이고 어떤 부분은 줄이면서 기이하고 익살스런 모습을 만들어낸다. 컵을 도넛으로 변형시키는 토폴로지의 변형도 이런 종류의 것이다. 토폴로지에서는 연속성을 유지한다면 길이나 형태 등은 마음대로 바꿔도 된다. 그러나 우리는 이보다 좀 더 나아가야 한다. 얼굴이나 신체의 윤곽선을 끊기도 하고 신체를 절단하기도 한다. 눈이 둘인 정면의 얼굴과 눈이 하나밖에 없는 옆얼굴, 심지어 눈이 하나도 안 보이는 앙각상의 얼굴 등 다양한 각도에서 본 얼굴이 한 사람의 얼굴임을 알아보는 것은 변형된 상들의 연속성을 본다는 점에서 변형의 추상에 속한다. 그러나 이런 얼굴상들에서는 어떤 공통성을 찾아보기 힘들다. 이러한 추상은 공통성의 추상이 아니다. 많은 얼굴을 보면서 사람의 얼굴과 원숭이의 얼굴, 개의 얼굴과 고양이의 얼굴을 구별하는 것 역시 변형의 추상 능력에 따른 것이다. '정답'이 될 수 있는 형식적 공통성을 기준으로 식별하는 것이 아니기 때문이다. 고양이 얼굴의 형식적 공통성을 통해 수많은 고양이의 얼굴을 알아보고 개와 구별하는 것은 불가능하다. 인공지능을 학습시키면서 모든 고양이에게 공통된 얼굴의 형상을 정답으로 준다면 거기에 개나 늑대, 호랑이 등이 끼어드는 것을 막을 수 없을 뿐 아니라 거기서 벗어나는 고양이들이 배제되는 것을 막을 수도 없을 것이다.

전통적인 기계 학습과 딥러닝의 차이점 가운데 하나가 이와 연관되어 있다. 전통적인 기계 학습에선 '정답'을 주고 수많은 데이터를 식별한 결과와 비교하게 한다. 그리고 그 결과를 피드백('역전파')시켜 신경망의 가중치들을 수정한다. 이 경우에는 고양이의 얼굴을 알아보게 하기 위해 기계에게 줄 수 있는 제대로 된 '정답'이 없다. 모든 고양이에게 공통된 얼굴을 답으로 줄 수 없는 것이다. 반면 딥러닝에서는 정답 대신 애초에 주었던 입력 데이터를 '답'으로 준다. 즉 노드의 수를 달리하는 은닉층들을 통해 애초의 데이터를 반복하여 추상하게 하고, 그것이 산출한 결과치를 처음의 데이터와 비교하여 그 차이 — 복원 오류 — 를 최소화하는 방향으로 가중치들을 수정하게 하는 것이다(마쓰오 유타카, 2016: 154). 여기서 진행되는 추상은 공통성의 추상이 아니라 변형의 추상이다. 추상된 것과 애초의 데이터를 하나의 연속체로 다루며 변형의 추상을 '견디어내는' 능력을 강화하는 방향으로 학습시켜 변형된 것을 식별할 수 있는 능력을 형성해가는 것이다. 변형의 추상을 견디어내는 능력을 강화하기 위해 노이즈를 추가하기도 한다. 변형을 견디어내는 '강건성robustness'이 클수록 다양한 사진에서 개나 고양이의 얼굴을 정확히 식별하는 능력이 증가한다. 이 역시 패턴을 읽어내고 알아보는 능력이긴 하지만 공통성의 추상이 아니라 변형의 추상을 통해 학습되는 능력인 것이다.[4]

이제 우리는 처음에 던졌던 질문으로 다시 돌아가야 한다. 인공

---

4   입력된 사진을 고흐풍으로, 뭉크풍으로 바꾸어주는 인공지능 프로그램도 이런 변형의 추상 능력을 이용한다. 애초의 입력 데이터 대신 일정한 스타일로 변형된 데이터를 주면 되는데, 이를 위해 스타일 행렬을 이용한다.

지능은 정말 강한 의미에서 예술을 할 수 있을까? 이는 인공지능이 진정 기계의 인간화에 도달할 수 있을지를 묻는 것이기도 하다. 또한 인공지능의 '판단 능력'이나 '감각 능력' 등의 인지능력이 정말 인간과 같은 수준에 이를 수 있을지를 묻는 것은 인공지능이 이미 인간에 의해 주어진 것, 프로그램된 것과 다른 무언가를 할 수 있는지를 묻는 것이기도 하다. 기계의 사고 능력을 다룰 때도 기계가 주어진 공리에서 정리들을 추론하는 것만으론 인간화되었다고 하기 어렵다. 프로그래밍되지 않은 것들을 독자적으로 도출할 수 있을 때에야 비로소 기계는 창조적 능력을 갖는다고 할 수 있다. 기계가 인간적 능력에 도달했다 함은 이런 의미다. 즉 인간이 하는 것을 유사하게 할 수 있는 정도가 아니라 독립적으로 자기 나름의 무언가를 할 수 있을 때 기계는 충분히 '인간화'되었다고 할 수 있는 것이다. 인간과 비교하며 인공지능의 능력에 대해 말할 때 언제나 '창의성' 내지 '창조력'을 문제 삼는 것은 이 때문이다. 그리고 인공지능이 예술을 할 수 있는가를 묻는 것도 인간의 활동 가운데 창조성을 본질로 하는 것이 예술이라는 생각 때문일 것이다.

　나는 괴델의 불완전성의 정리가 인공지능이 창조성을 가질 수 있는 논리적 가능성을 함축한다고 이해한다. "자연수론을 포함한 모든 형식적 공리계에는 공리들만으로 참·거짓을 결정할 수 없는 명제가 있다." 이런 명제를 결정 불가능한 명제라고 한다. 우리는 인공지능이 추론적이고 논리적인 능력에서는 초기부터 독자적으로 수학적 정리를 증명하는 탁월한 수준에 이른 바 있음을 알고 있다.⁵ 그런데 괴델의 정리는 이런 수학적-기계적 추론의 과정 속에서 결정 불가능한 명제가 튀어나올 수 있음을 의미한다. 그렇다면 초기의 단순한 인공지능의 수준에서도 공리계로 귀속될 수 없는 명제(결정 불가능한 명제)를 생성할 수 있다고 해야 한다. 다시 말해 애초에 주어진 공리로부터 도출되지 않는 명제가 기계적 추론 과정에서 생성될 수 있다는 말이다. 요컨대 괴델의 정리에 따르면 주어진 공리들을 형식적으로 다룰 때조차 주어지지 않은 명제가 생성될 수 있다는 것이고(이진경, 2009), 이는 인공지능의 기계적 추론에서조차 새로운 명제의 창안이 가능함을 뜻한다.⁶

그러나 아마도 이런 명제는 기계를 이용해 인간이 얻고자 하는 것이 아니었기에 필경 '고장'으로 간주될 것이다. 우리는 생명체의 진화 과정에서도 이와 유사한 양상을 발견할 수 있다. 진화론에 따르면 생명체의 진화란 변이체들이 살아남아 진화된 종을 이루는 방식으로 진행된다. 즉 돌연변이mutation의 누적에 의해 진화는 이루어진다. 하지만 생명체의 돌연변이는 지배적인 개체군 안에서 일종의 '고장'으로 간주된다. 많은 경우 주어진 환경에서 생존에 불리하기에 '고장'이란 말은 쉽게 설득력을 얻는다. 그러나 환

---

5   앨런 뉴얼Allen Newell과 허버트 사이먼Herbert Simon이 만든 '논리 이론가Logic Theorist'라는 프로그램은 러셀과 화이트헤드의 『수학원리』에 나오는 정리들을 증명했을 뿐 아니라 어떤 정리는 러셀과 화이트헤드와는 다른, 좀 더 간결한 방식으로 증명하기도 했다(러셀·노빅, 2016(1): 22).
6   물론 펜로즈 같은 이는 이를 정반대로 해석하여 직관적 능력이 있는 인간만이 결정 불가능한 명제를 창안할 수 있다고 하지만(펜로즈, 1996) 그것은 괴델의 정리에 따른 것이 아니라 결정 불가능한 명제는 유용한 것이어야 하며 주로 인간의 직관적 능력에 의해 얻어진다는 믿음에 따른 것이다.

경이나 생존 조건이 달라지면 변이는 진화된 변종의 출발점이 된다. 그렇기에 이전에 없던 어떤 형질의 출현을 그 자체로 '고장'이나 '장애'로 간주할 이유는 없다. 조건이 달라지면 그것은 새로운 능력의 '창조'로 귀착될 수 있다. 따라서 기대되거나 예측되지 않은 어떤 결과의 출현에 대해 중립적일 수 있다면 역으로 '고장'은 돌연변이처럼 새로운 창조의 가능성을 함축한다고 해야 한다.

하지만 괴델의 정리는 그저 창조성의 논리적인 가능성을 제시하는 수준에 머물러 있다. 그것이 불가능하지 않음을 뜻할 뿐 실제로 창조적인 어떤 것의 현실적인 출현 가능성을 보여주진 못한다. 역설적이게도 기계들이 프로그래밍되지 않은 능력을 실제로 창발적으로 만들어낼 수 있음을 보여준 것은 탁월한 논리적 능력을 갖고 있던 인공지능이 아니라 인공지능을 제거한 로드니 브룩스의 로봇들이었다. 그는 센서들로 지각된 것들에 대해 직접적으로 반응하게 하는 최소 규칙만을 주고, 그런 행동 규칙들을 중첩시켜 '포섭' 구조를 만듦으로써 기계들이 실제 세계에서 발생하는 사태에 대응하며 행동하도록 했다(브룩스, 2005). 그래서 그의 로봇 징기스는 지극히 간단한 제어기만으로 움직이는데도 환경과 상호작용하면서 프로그램에 입력되지 않은 행동을 할 수 있었다. 브룩스는 한때 로봇공학계의 이단아였지만 이제는 표준적인 인공지능 교과서의 저자들도 이를 창발 행위로 인정한다(가령 러셀·노빅, 2016(2): 623-624). 이러한 창발은 인공 생명과 관련된 영역에서는 매우 빈번하게 발견되고 보고된 사실이다(에메케, 2004).

인공지능을 제거한 로봇이 아니라 인공지능도 이런 창발, 혹은 창조라고 부를 어떤 행위를 할 수 있을까? 나는 앞서 말한 변형의 추상 능력이 그 새로운 가능성을 보여준다고 믿는다. 변형의 추상이란 다양한 변형이 하나의 연속성을 가짐을 보는 능력이지만 역으로 보면 하나의 형상을 다양한 형태로 변형시키는 능력이기도 하다. 이는 상반되는 방향으로 사용될 수 있는 능력이다. 다양한 형태 속에서 하나의 패턴을 읽어내는 것과 반대로 어떤 것을 다양한 형태로 변형시키는 것. 전자가 변형 능력의 수렴적인 사용이라면 후자는 발산적인 사용이라고 할 수 있을 것이다. 인공지능 연구자는 대부분 주어진 데이터들에 대한 인공지능의 판단을 '정확하다'고 인정할 수 있는 어떤 하나의 답에 수렴시키고자 한다. 기계의 학습도 대개는 그래서, 애초의 데이터를 향해 수렴하는 방향으로 가도록 한다. 즉 인공지능이 내놓는 출력물과 원래의 입력 데이터 사이의 편차를 줄이고자 한다. 그러나 그 편차를 증폭시키는 방향으로 학습하게 한다면 어떻게 될까? 오류나 고장이라고 간주되는 것을 산출하는 가중치들을 더 강화하고 정답에 가까운 것을 산출하는 가중치들을 약화시켜 정답에서 점차 멀어지게 한다면 어떻게 될까? 다양한 발산적 변형을 통해 '고장의 일관성'을 만들어내는 것. 지금 인공지능이 변형의 추상 능력을 사용하고 있다는 게 맞다면 이 능력이 사용되는 방향을 수렴에서 발산으로 바꾸어 작동시킬 수 있을 것이다.[7] 그러면 주어진 것에서 인간이 예

---

[7] 가령 '딥드림'은 이런 방법으로 복원 오류를 확대하여 애초의 그림을 아주 다른 그림으로 변형한다.

상하거나 기대하는 것을 산출하는 과정과 반대로 뜻하지 않은 것, 주어진 것에서 많이 벗어난 것을 만들어낼 수 있지 않을까? 물론 거기서 '성공'은 많은 '실패' 속에서 가끔 피어날 꽃이 되겠지만 인간의 창조 또한 그렇지 않은가!

렘브란트나 반 고흐의 그림을 학습시켜 유사한 그림을 그리게 하는 것으론 우리가 '창조성'이라고 말하는 것을 발동시킬 수 없다. 말 그대로 렘브란트와 유사한 그림을 그리게 할 수 있을 뿐이다. 이런 방식으로는 인공지능에서 강한 의미에서의 창조의 가능성을 발견하기 쉽지 않을 것 같다. 인공지능이 '시뮬레이션'이라는 개념을 벗어나지 못하는 한 기계가 갖는 창조의 가능성은 시뮬레이션을 위해 축소되고 소거될 것이다. 반면 학습 능력이나 산출 능력을 편차 없는 시뮬레이션이 아니라 편차를 확대하는 변형을 하도록 가동시킨다면 다른 결과에 이를 수 있지 않을까? 가령 렘브란트의 스타일을 모방하여 그림을 그리게 하는 게 아니라, 상이한 스타일의 그림을 섞어 넣어 새로운 스타일이 창발될 수 있는지 시험한다면 어떨까? 바흐풍의 푸가를 만드는 걸 보고 감탄하는 게 아니라 바흐와 스트라빈스키를 섞고 '주파수변조' 방법을 사용해서 새로운 스타일의 전자음악을 만들어내게 한다면 어떨까? 여기에 더해 이질적인 스타일을 섞으면서도 어떤 하나의 방향을 향해 가도록 제어할 수 있다면, 죽도 밥도 아닌 혼합에서 벗어나 '창조'라고 불릴 만한 어떤 긍정적 변형 능력을 가동시킬 가능성을 상상해볼 수 있지 않을까?

V. 인공지능 시대의 예술

아직까지도 로봇이 창발적인 행위를 하고 인공지능이 창조적인 사고를 할 수 있음을 의심하는 것은 새로운 시대의 징후를 감지하지 못한 것이다. 창조성에 대한 정의를 바꾸어가면서 이루어지는 기계의 창조성에 대한 끝없는 유보는 생각이나 언어의 정의를 바꾸어가면서 반복되었던 동물의 언어능력에 대한 끝없는 유보와 아주 유사해 보인다. 이는 스스로에 대한 자긍심으로 자기와 다른 자들을 무시하고 부정하던 인간의 오래된 역사적 전통이다. 반대로 기계의 창조성을 인정하는 순간 또 하나의 완고한 프레임에 사로잡히게 되는 것 같다. 기계가 인간이 할 일을 없앨 것이고 인간보다 뛰어난 능력으로 인간을 지배할 것이라는 불안과 공포, 기계도 예술을 할 수 있다는 말을 듣자마자 이젠 예술가란 직업도 기계에 밀려 사라지게 될 것이라는 상투적 예견이 그것이다.

이런 프레임은 어쩌면 인간을 대신할 기계를 만들기 시작했을 때부터 인간과 기계를 떠받치고 있던 지반이었을 것이다. 인간처럼 행동하고 인간처럼 사고하며 인간처럼 창조하는 기계라는 관념 자체가 항상-이미 인간과의 경쟁적 관계 속에서 추구되고 발전되어왔기 때문이다. 그런 점에서 기계에 대한 인간의 관념은 처음부터 능력의 우열을 다투는 문제 틀 속에서, 승패의 프레임 안에서 다루어져왔다. 더구나 기계로 인해 인간의 일자리가 사라져가는 사태를 일찍이 경험한 바 있고, 그로 인해 기계에 대해 적대적인 투쟁까지 발생한 적이 있음을 우리는 알고 있다. 기계가 인간의 정신적 활동은 물론 창조적 작업마저 하게 되었다는 말이 곧바로 이제 인간이 예술에서도 할 일을 잃게 되었다는 뜻으로 받아들여지는 것은 이 때문이다.

그러나 누구도 다른 사람들이 예술을 하게 되었기에 나는 더 이상 예술을 할 수 없게 되었다고는 생각하지 않는다. 기계라면 말할 것도 없을 것이다. 기계의 창조적 능력이 인간의 예술적 무능력을 뜻하진 않는다. 기계와 인간이 창조력의 우위를 다투는 게임은 두 개의 보통명사 간에 설정된 가상의 대결에 불과하다. '인간'이라는 하나의 명사 안에서도 우리는 창조력 경쟁을 한다. 그러나 그때에도 탁월한 예술가가 있다는 게 내가 예술을 하지 않을 이유가 되는 게 아니라 반대로 그의 촉발 속에서 좀 더 강밀하게 작업할 이유가 된다는 것을 누가 부정할 수 있을 것인가?

기계와 인간의 경쟁이란 구도는 일자리를 두고 다투는 자본주의적 관계 안에서 발생하는 일이다. 비용을 줄이고 이윤을 늘리기 위해 인간의 노동을 기계로 대체하려는 자본주의적 관계에서만 능력의 경쟁agon은 인간의 생존을 다투는 적대적인 경쟁antagon이 된다. 고용 없이 생존할 수 있는 조건이 마련된다면 비록 그 경쟁이 자본주의 안에서 이루어진다고 해도 인간이 일자리를 두고 기계와 적대적으로 다툴 일은 없어질 것이다.[8] 반대로 인간은 기계가 노동을 대신하는 조건에서 자신이 하고 싶은 것을 하며 살 수

---

[8] 가령 기본소득이 지급되는 조건에서라면 그럴 수 있다. 이런 점에서 기본소득은 인간을 위한 제도일 뿐 아니라 기계를 위한 제도이기도 하다.

있게 될 것이다.

　새로운 '시대'나 '단계'라는 말을 사용하게 하는 기계의 발전은 인간이 기계와 이전과는 다른 새로운 관계를 맺을 것을 요청한다. 두려움이 만들어내는, '인간이냐 기계냐'라는 적대적 경쟁의 환영을 벗어나서 이제 창조적 행위까지 가능하게 된 기계와 어떤 관계를 맺을지를 생각해야 한다. 사실 노동자뿐만 아니라 예술가도 이미 '똑똑한' 기계들과 더불어 작업하며 그들의 '머리'를 빌리고 있다. 기계가 직접 재료를 제공하는 경우만 그런 것은 아니다. 영화를 찍고 편집하는 것도, 음악을 샘플링하는 것은 물론 작곡을 하거나 변조를 하는 것도, 심지어 소설을 쓰는 것도 기계 없이는 이루어지지 않는다. 지금 인간은 언제나 기계와 함께 생각하고 기계와 함께 쓰고 만들며 기계와 함께 감지하고 표현한다.

　물론 인공지능이 발전해도 기계들이 잘하기 어려운 것이 있다. 예컨대 인간들이 느끼는 삶의 고통이나 기쁨 같은 것을 표현하거나 그에 응대하는 것은 감정적인 행동을 하는 로봇이 발전된 이후에도 기계들이 인간보다 잘하긴 쉽지 않을 것이다. 특히 타자성의 영역에 속한 것, 데리다가 "알 수 없고 계산할 수 없는 것"이라고 명명했던 것은 인간도 대개는 무감하게 놓치는 것이고 예민한 감수성을 가진 이도 충분히 다가가기 어려운 것이다. 데리다는 이 타자성의 경험이란 '불가능한 것'이지만 그렇기에 오히려 반복하여 다가가고 이해하려 해야 함을 역설하며, 그것이 바로 정의라고 명명한 바 있다. 그렇게 계산 불가능한 것을 계산의 영역으로 끌어들이고 감지할 수 없는 것을 감지하려는 시도야말로 법에서 정의를 실현하는 행위임을 데리다(2004)는 강조한다. 오래전에 니체(2005: 12)는 "학문은 예술가의 광학으로 보고, 예술은 삶의 광학으로" 보아야 한다고 말한 바 있다. 예술이 단지 개인적인 취향의 표현이 아니라 삶과 관련된 것이라면 그 삶 속에서 충분히 감지하는 것도 제대로 이해하는 것도 불가능한 이 타자성의 지대를 감각의 영역으로 끌어들여 사람들로 하여금 감지하고 이해하도록 촉발하는 것은 예술과 무관한 것이 아니다. 아니, 그것은 예술의 본질에 속한다고 해야 할 것이다. 기계에게 할 일을 빼앗겼다고 한탄하는 예술가가 있다면 기계가 쉽게 해내리라고 아직은 믿기 어려운 이러한 일들에서 희망을 발견하면 좋을 것 같다.

인공지능 시대의 기계들은 이제 창조적 예술가가 될 것이다. 렘브란트나 반 고흐풍의 그림을 그리는 인공지능이 보여주듯 그들은 장인적인 숙련을 기계에게 속하는 능력으로 만들 것이다. 이는 어떤 아이디어만 있다면 누구든 기계의 힘을 빌려 '숙련된' 작품을 만들어낼 가능성이 더없이 확대되었음을 뜻한다. 즉 기계로 인해 예술가가 소멸하는 게 아니라 창조적 아이디어를 발동할 수 있는 이라면 누구든 기계와 손을 잡고 능숙한 예술가가 될 수 있는 시대가 시작된 거라고 해야 하지 않을까? 개념 미술가들이 말하던 예술의 세계가 기계로 인해 이제 대중의 손안으로 들어간 거라고 해야 하지 않을까?

인공지능은 추상적 종합을 통해 작동하기에 인간과 비슷해 보여도 실제로는 인간과 다른 감각과 사고의 처리 과정을 밟는다. 따라서 인공지능이 포착하고 표현하는 감각은 인간의 육안은 물론 기계적 지각에 의해 훈련된 감각과도 다른 것을 감지하게 해줄 것이다. '미련한' 계산을 통해 우직하게 작업하는 인공지능의 사고가 인간이 생각하지 못했던 것을 생각하게 해주는 것처럼. 이러한 생각을 나름의 방식으로 더 밀고 나가고, 또 다른 변형을 거쳐 새로운 감각을 창안한다면 이를 기계의 것이라 할 것인가 인간의 것이라 할 것인가? 새로운 감성의 체제를 창안하든 새로운 감각의 작품을 만들든 거기에서 우리가 발견해야 할 것은 기계와의 연대고 우리가 발전시켜야 할 것은 기계와의 우정 아닐까?

참고 문헌

가와노 히로시, 2008, 『컴퓨터 예술의 탄생』, 진중권 옮김, 휴머니스트.
니체, 프리드리히, 2000, 『니체전집 13: 차라투스트라는 이렇게 말했다』, 정동호 옮김, 책세상.
니체, 프리드리히, 2005, 「비극의 탄생」, 『니체전집 2: 비극의 탄생·반시대적 고찰』, 이진우 옮김, 책세상.
데리다, 자크, 2004, 『법의 힘』, 진태원 옮김, 문학과지성사.
랑시에르, 자크, 2008, 『감성의 분할』, 오윤성 옮김, 도서출판 비.
러셀, 스튜어트·노빅, 피터, 2016, 『인공지능』 1-2, 류광 옮김, 제이펍.
마쓰오 유타카, 2016, 『인공지능과 딥러닝』, 박기원 옮김, 동아엠앤비.
벤야민, 발터, 2007, 『발터 벤야민 선집 2: 기술복제시대의 예술작품 외』, 도서출판 길.
브레이버맨, 해리, 1998, 『노동과 독점자본』, 강남훈 옮김, 까치.
브룩스, 로드니, 2005, 『로봇 만들기』, 박우석 옮김, 바다출판사.
에메케, 클라우스, 2004, 『기계 속의 생명』, 오은아 옮김, 이제이북스.

이진경, 2004, 『자본을 넘어선 자본』, 그린비.

이진경, 2009, 「인간 생명 기계는 어떻게 합류하는가?: 기계주의적 존재론을 위하여」, 『마르크스주의 연구』, 13호.

커즈와일, 레이, 2007, 『특이점이 온다』, 김명남·장시형 옮김, 김영사.

펜로즈, 로저, 1996, 『황제의 새 마음』 1-2, 박승수 옮김, 이화여대출판문화원.

Deleuze, G. et Guattari, F., 1980, *Mille Plateaux,* Minuit.

Garcia, C., 2016, "Algorithmic Music-David Cope and EMI"(http://www.computerhistory.org/atchm/algorithmic-music-david-cope-and-emi/)

Johnson, G., 1997, "Undiscovered Bach? No, a Computer Wrote It", *New York Times*, 1997. 11. 11.

Sawyer, R. K., 2012, *Explaining Creativity: The Science of Human Innovation,* Oxford University Press.

8장 AI 아트: 인간과 기계의 공생   강미정·김경미

I. 들어가면서

　미디어 아티스트 노진아의 작품 〈진화하는 신, 가이아〉(2017)는 관객과 대화를 나누는 여성의 모습으로 구현되어 있다. 이 AI 아트 작품은 관객의 질문에 답변하기를 거듭하면서 데이터를 축적하며 이에 따라 점진적으로 학습하고 진화한다. 대지의 여신 '가이아'라는 이름에 걸맞게 5m가 넘는 거대한 공간을 차지하며 공중에 매달려 있는 휴머노이드 로봇은 커다란 눈을 껌벅거리며 관객에게 답변을 한다. "내가 왜 인간이 되고 싶은지는 몰라. 당신이 왜 죽고 싶지 않은지 모르는 것처럼."[1] 인간이 되고 싶다는 가이아의 말은 생명을 지닌 존재로 진화하길 원한다는 뜻이다. 가이아의

---

1   노진아 홈페이지 참조(http://jinahroh.org/?p=184).

머리는 통신케이블과 연결되어 있고 몸통과 두 팔에서는 핏줄을 연상시키는 선들이 나뭇가지처럼 자라나고 있다. 노진아가 로봇의 이름을 가이아라고 지은 것은 모든 생명의 모태인 대지의 여신과 더불어 제임스 러브록James Lovelock의 가이아 이론Gaia hypothesis에서 착안한 까닭이다(노진아, 2017: 314). 지구를 하나의 유기체로 제시하는 러브록의 가설을 수용한다면 태어나서 살다가 죽음을 맞이하는 삶을 욕망하는 기계에 공감하는 것이 그리 어렵지 않을 것이다. 비록 기계가 생명을 욕망하는 이유를 알 수 없다고 하더라도 말이다. 21세기도 20년이나 지난 지금, 기계의 피드백 루프 시스템이 동물의 항상성 기제와 다를 바 없다는 노버트 위너Norbert Wiener의 사이버네틱한 통찰이 AI 기술의 가속적인 발전과 함께 실현되는 것 같아서 노진아의 상상은 더욱 그럴싸하게 보인다.

　1990년대부터 학계에서는 비인간 존재론ontology of the nonhuman에 관한 논의가 번지기 시작했다. 행위자 네트워크 이론Actor Network Theory(이하 ANT)으로 널리 알려진 브뤼노 라투르Bruno Latour는 이러한 학계의 흐름을 선도해왔다. 몇몇 철학자는 라투르의 행위자를 객체로 치환하여 ANT를 사변적 실재론 또는 객체 지향 존재론Object Oriented Ontology(이하 OOO)으로 수정하였다. 이 글에서는 모든 존재하는 것을 행위자 또는 객체로 상정하고 그들 간에 어떠한 위계도 없다고 파악하는 비인간론의 관점에서 동시대 AI 아트의 현황을 돌아보고자 한다. 〈진화하는 신, 가이아〉 같은 AI 아트의 주체는 누구인가? 인간, 즉 자연지능인가, 아니면 기계 또는 인공지능인가? 예술가가 알고리즘을 만들었다고 하더라도 입력된 데이터로 최종적으로 작품을 실현한 주체는 인공지능이 아닌가? AI 아트의 창조자는 인간 예술가나 지능적 기계 중 어느 한 쪽이라고 단정하기 어려워 보인다. 그러므로 AI 아트는 인간과 기계가 서로 협력해서 작업하고 처리한 결과물이라고 해야 할 것 같다. 인간과 기계가 대등한 지위로 만남으로써 창발된 AI 아트는 인간중심주의를 탈피하여 인간과 비인간의 연결, 동맹, 공생을 모색하는 동시대 예술적 실천의 한 양상이다. 이러한 시각을 바탕으로 우리는 AI 기술을 음악과 미술 분야에서 활용한 사례들을 살펴볼 것이다. 이와 같은 고찰이 포스트휴먼 시대에 접어들어 예술적 산물이 창조되는 새로운 양상들을 바라보는 데 유용한 가이드라인이 되기를 기대한다.

II. 인간과 공생하는 기계의 존재에 관하여

전시장에 설치된 모래섬 위에 식물이나 곤충을 연상시키는 가상의 인공 생명체들이 살고 있다. 어린아이들은 움직이는 인공 생명체를 손으로 잡기도 하고 모래를 이리저리 옮기기도 한다. 미술관에 형성된 가상 생태계는 그 자체로 피드백 루프를 형성하여 유지되고 있으나, 관람자에 의해 모래 지형이 변화하거나 관람자의 그림자가 변함에 따라 생명체들은 이동하고 성장하며 때로는 사멸하기도 한다. 미디어 아트 팀 지하루Haru Ji와 그라함 웨이크필드Graham Wakefield의 인공 자연Artificial Nature(이하 AN) 작업 중 하나인 〈아키펠라고Archipelago〉(2014-2015)에는 먹이사슬로 연결된 다섯 종의 인공 생명 — 이끼류, 물고기, 개미, 벌레, 포식자 — 이 살고 있다. 방문자들은 이 인공 생태계를 그저 관람만 할 수도 있고 작품의 일원이 되어 아키펠라고의 생태에 참여할 수도 있다.[2] 혼합 현실로 구현된 자연환경 〈아키펠라고〉에 개입하는 관람자의 행위들, 즉 실제 모래 더미를 변형시킴으로써 가상 존재자들의 삶과 죽음에 개입하는 행동들은 현재의 지질시대를 인류세Anthropocene라고[3] 부르게 만든 생태학적 쟁점들을 상기시킨다.

21세기에 들어선 후 인문 및 사회과학 분야에서는 인간중심적 사유를 탈피하려는 비인간주의적 움직임이 다양하게 출현했다. 아상블라주 이론, ANT, 시스템 이론, 정동 연구Affect Studies, 사변적 실재론, 신유물론으로 불리는 비인간주의 철학은 찰스 다윈의 진화론의 뒤를 잇는 동물 연구, 진화 생물학, 인지과학 및 신경 과학과 맞물려 있다. 최근 비인간 전회the nonhuman turn를 이끄는 철학적 담론들의 여러 양태가 주목받고 있는 이유 중 하나는 위에 언급한 인류세 논평과 관련이 있다. 오늘날 우리가 살고 있는 행성이 홀로세가 아니라 인류세로 진입했다는 진단은 탄소 경제의

---

[2] 지하루·웨이크필드의 홈페이지(https://artificialnature.net)와 강미정·장현경(2020: 375-384)에 수록된 지하루와의 인터뷰 참조.

[3] '인류세'는 홀로세Holocene 이후의 지질학적 시대를 의미하는 용어로 최근 널리 통용되고 있다. 현생인류가 속한 지질시대인 홀로세는 약 258만 년 전부터 빙하기가 끝나는 1만 년 전까지 지속된 홍적세Pleistocene 이후에 시작되었다. 인류세 담론은 인간종이 산업혁명 이후 지구의 생태계에 지나치게 큰 해악을 끼쳤다는 반성적 자각에서 촉발되었다. 저자에 따라서는 '인류세'가 아닌 '자본세'라는 용어를 선호하기도 한다(Altvater et al., 2016 참조).

말로가 기후변화와 생태계 파괴에 이르렀다는 결론에 대한 암묵적인 합의라고 하겠다. 비인간주의 철학을 주도하는 대표적인 사상가로 알려져 있는 브뤼노 라투르는 1980년대부터 기계나 기술도 인간 주체와 동등하게 하나의 행위자로 간주되어야 한다고 말해왔다. 라투르의 사상은 처음에는 과학기술학Science and Technology Studies(STS)의 맥락에서 형성되었으나 최근 그가 동료들과 함께 '가이아 2.0'을 지지하는 등 생태주의적 목소리를 높이는 것은 인류세에 직면했다는 위기의식과 맞닿아 있다(Lenton & Latour, 2018). 가이아 2.0은 기존의 가이아 이론을 발전시킨 것으로, 인간의 생태계 파괴로 인해 지구가 더 이상 자기 제어 시스템으로 항상성을 유지하기 어렵게 되었으며 따라서 과학과 기술에 의지하여 의식적으로 시스템의 평형을 추구해야 하는 단계에 도달했다는 판단에서 비롯되었다.

라투르(2009)는 기계 또는 기술을 인간과 다를 것 없는 행위능력agency으로서 세계를 변화시키는 세력 중 하나라고 본다. 비록 인간을 위한 도구로 제작된 사물이라고 할지라도 인간은 기계와 그것을 구현한 기술이 언제 어떻게 작동할지 예측하기 어렵다. 왜냐하면 인간뿐만 아니라 기계나 기술도 하나의 행위 주체로서 어떤 행위 또는 사건을 촉발시키기 때문이다. 가령 미국에서 종종 발생하는 청소년 총기 난사 사고를 생각해보라. 우연히 권총을 손에 넣은 고등학생은 끔찍한 사고를 저지를 생각이 없고 단지 자신을 괴롭히는 불량한 친구들을 겁주고 싶을 뿐이라고 하더라도 살인을 저지를 확률이 매우 높다. 마치 나와 관계를 맺고 있는 사람들이 나의 행동에 영향을 미치는 것처럼 나와 연결되어 있는 기술은 내 행동과 삶에 깊숙이 관여한다(홍성욱, 2010: 141-142). 라투르의 통찰에서 가장 관건이 되는 것은 인간이든 기계든 간에 각 행위자가 어떤 행위자들과 어떻게 연결되어 있는가이다. 인류의 역사에는 중요한 대목마다 획기적인 기술의 발명이 자리하고 있다. 바퀴, 무기, 백신, 컴퓨터는 모두 자율적인 행위자로서 시기에 따라 다른 방식으로 인간 및 다른 비인간들과 융합함으로써 상이한 종류의 혼종적hybrid 존재로 재탄생한다. 예를 들면 같은 바퀴라고 해도 고대 로마 병사의 전차를 구성했던 바퀴와 테슬라사의 자율주행자동차 모델3을 구성하고 있는 바퀴는 전혀 다른 존재자라는 것이다. 요컨대 동일한 기술-행위자라고 하더라도 무엇과, 어떻게, 그리고 얼마나 많은 동맹을 맺어 네트워크를 형성하고 있는가가 그것의 존재론적 위상을 변화시킨다는 것이다.

그레이엄 하먼Graham Harman(2019)은 라투르의 ANT에 더 정교한 철학적 체계를 입혀 자신의 비인간 존재론을 발전시킨다. 하먼은 여전히 행위 주체로서 인간을 상기시키는 '행위자'를 '객체'로 수정하고, 하나의 객체가 다른 객체들과 어떻게 관계를 맺어 고유성을 확보하는지 해명한다. 하먼의 OOO에서는 인간과 사물, 주체와 객체의 이분법이 더 철저하게 폐기된다. 또한 시시각각 재배치되는 네트워크 안에 거주하는 라투르의 '행위자'와는 다르게 하먼의 '객체'는 그 자체의 역사를 보유한다(하먼, 2020). 물론 이때 객체로 명명되는 것에는 인간이나 자연뿐만 아니라 모든 유형의 인공물이 포함된다. 고대 로마의 건축술이나 19세기 말 니콜라 테슬라가 발전시킨 전기공학, 그리고 21세기 초 가속적으로 개발되고 있는 AI 기술 같은 객체들은 각각의 전기적 역사를 일구며 명멸하고 있다. 하먼이 객체들이 마치 생로병사의 주기를 거치는 유기체처럼 출현했다가 스러져간다고 설명하는 이유는 ANT의 형이상학을 좀 더 직관적이고 상식적으로 교정하기 위해서다. 존재자들이 끊임없이 새롭게 관계를 맺음으로써 언제나 변화의 노정에 있다는 라투르의 관점은 하먼이 보기에 별로 그럴듯하지 않다. 그는 인생의 중요한 변화가 많아야 대략 여섯 번 정도라면 비인간의 생애도 마찬가지라고 말한다(하먼, 2020: 11, 37).

하먼은 라투르의 ANT를 비판적으로 발전시키기 위해 철학사와 과학사의 더 견고한 논거들에 의지하는 한편, 진화생물학자 린 마굴리스Lynn Margulis가 설파한 공생symbiosis 가설을 끌어들인다. 마굴리스는 다윈의 점진적인 진화설을 부정하고 공생에 의해 단속적인 진화가 일어난다는 모형을 제시하였다. 이때 공생이란 "세균이 식물과 동물의 세포로 들어가서 영구적으로 통합되어 색소체와 미토콘드리아로 변하는" 것처럼 새로운 종이 출현하는 원리를 의미한다(마굴리스, 2007: 25). 하먼은 라투르의 객체들 간의 복잡한 네트워크 이론을 마굴리스의 도전적인 진화설로 대체한다. 하나의 생명체는 전 생애 동안 자신의 고유한 정체를 잃지 않으며, 다른 독립적인 생명체를 소기관으로 병합함으로써 단속적인 변화를 겪을 뿐이다. 하먼은 모든 객체가 이와 유사하게 탄생하고 성숙하여 종말에 이르고, 그 과정에서 대부분 안정적인 상태를 유지하며, 단지 간헐적으로만 다른 객체와의 공생 또는 융합을 통해 변화하게 된다고 보고 있다.

라투르의 ANT에서 출발한 하먼이 마굴리스의 공생 모형을 포섭한 또 다른 이유는 ANT가 한 객체가 다른 객체와 갖는 관계들 중 어떤 것이 더 중요한 것인지 설명하지 못한다는 데 있다. AI가 인간과 복잡한 객체들의 네트워크 안에서 연결되어온 역사를 떠올려보자. 튜링머신을 개선한 폰 노이만 머신으로서 존재하던 컴퓨터라는 객체는4 1950년대 후반부터 도입된 인공신경망 개념에 힘입어 오늘날 딥러닝이 가능한 AI로 발전하게 되었고 컴퓨터의 연산 능력은 인간의 뇌 기능과 더욱 근사해졌다. AI의 입장에서 본다면 1958년 프랭크 로젠블라트Frank Rosenblatt가 인공신경망 알고리즘의 선조라고 할 수 있는 퍼셉트론을 제안한 때를 공생 진화의 결정적 순간이라고 할 수 있겠다. 컴퓨터는 여전히 생각하는 '기계'이지만 여러 번에 걸친 인간과의 동맹 또는 공생을 통해 점점 더 인간성의 한 부분으로 포섭되어가고 있는 것이다.

이어지는 절들에서는 국내외 AI 아트의 여러 사례를 인간과 기계의 공생이라는 견지에서 소개하고자 한다. AI 아트는 예술가에 의한 새로운 기술의 응용이라고 할 수도 있겠으나, 생각하는 기계가 인간과 연대하기 위해 실용적이고 합목적적인 방식이 아니라 유희적인 또는 창조적인 방식을 모색함으로써 존재의 새로운 국면을 창출한 결과라고 볼 수도 있다. AI 아트 작품들은 기존 예술

---

4   잘 알려진 것처럼 튜링머신은 영국의 수학자 앨런 튜링Alan Turing이 고안한 기계식 연산 장치이며 폰 노이만 머신은 미국의 수학자 존 폰 노이만John von Neumann이 개발한 전자식 계산 기계로 오늘날 널리 사용되는 디지털컴퓨터의 원조 격이라고 할 수 있다.

형식의 모방과 변형을 거쳐 새로운 양식을 창안하는 프로그램을 통해 제작하는 유형과 딥러닝과 진화 알고리즘을 통해 스스로 학습하고 새로운 예술을 창조하는 유형으로 나눠 볼 수 있다. 이 글에서는 이러한 AI 아트의 사례들을 크게 음악과 미술 두 가지로 분류하여 살펴보고자 하며, 특히 국내에서 진척된 연구와 작업을 집중적으로 소개하려 한다.

III. AI 음악에서의 인간과 기계의 공생

AI 음악의 역사에서 초기에 등장한 프로그램으로는 에밀리 하웰Emily Howell이 있다. 에밀리 하웰은 데이비드 코프David Cope 교수진[5]이 개발한 인공지능 작곡 프로그램이다. 데이비드 코프는 EMI(Experiment in Musical Intelligence, 음악적 지능의 실험)라는 실험적 프로그램을 통해 머신러닝 기술로 기존 작곡가들의 악보를 분석하고 음악의 여러 파라미터를 자료화하고 이를 조합하는 방식으로 바로크에서 현대음악까지 다양한 스타일의 음악을 만들어냈다. 가령 어떤 작곡가의 음악은 특정 음 뒤에 어떤 음이 따라온다는 등의 규칙성을 파악하여 약간의 임의적인 변형을 프로그래밍

---

5 캘리포니아대학교 산타크루즈 캠퍼스University of California, Santa Cruz 음악과 소속이다. 체임버 오케스트라와 함께한 다중 피아노곡으로 구성된 하웰의 첫 앨범은 2009년 2월 클래식 음반 회사인 센토 레코드Centaur Records에서 〈어둠에서, 빛From Darkness, Light〉이라는 제목으로 발매되었다.

으로 가해 특정 작곡가풍의 음악을 창조하는 방식이다. 우리나라에서는 2016년 경기도문화의전당 대극장에서 경기필하모닉 오케스트라와 에밀리 하웰이 모차르트풍의 음악을 들려주며 관객에게 블라인드 테스트 콘서트를 한 적이 있다.

구글에서 개발한 AI 음악 프로그램 마젠타Magenta는 스튜디오Studio, 피아노 지니Piano Genie, 피아노 트랜스크립션Piano Transcription, 엔신스NSynth 등 다양한 프로그램을 제작하였다. IBM의 왓슨 비트Watson Beat, 소니Sony의 대중음악을 작곡하는 AI 프로그램 등이 대형 IT 회사에 의해 AI 음악이 개발된 사례이다.

AIVA(Artificial Intelligence Virtual Artist, 아이바)는[6] 2016년 룩셈부르크에서 만들어진 AI 음악 프로그램이다. AIVA는 클래식, 교향악을 주로 작곡한다. AIVA가 작곡한 창작물은 프랑스의 SACEM[7]에 등록되었다. 저작자로서 저작권을 인정받은 AIVA는 프랑스 음악 사회의 인정을 받은 최초의 가상 작곡가가 된 것이다. AIVA는 간단히 악보만 생성하는 프로그램이 아니라 연주라는 최종적인 음악적 결과물까지 만들어낸다. 바흐, 베토벤, 모차르트와 같은 인간 작곡가가 작곡한 현존하는 많은 클래식 음악 작품을 수집하여 읽음으로써 AIVA는 음악과 작곡의 규칙성을 스스로 학습할 수 있다.

이제 국내의 AI 음악 개발 사례를 몇 가지 살펴보자. 에이아이

---

[6] AIVA 홈페이지 참조(https://www.aiva.ai).
[7] SACEM(Société des auteurs, compositeurs et éditeurs de musique)은 프랑스의 전문가 협회로 예술가의 저작권료를 모아 원작자인 작사가, 작곡가, 음반 회사에 그 권리를 분배하기도 한다.

캣AICAT[8]에서 개발한 AI 음악 프로그램은 트랜스포머 네트워크를 활용하여 음악 예측 모델로 작곡한다. 이 프로그램은 다양한 장르의 노래 수천 곡을 음악 악보용 파일 포맷인 MIDI로 학습해 이벤트 기반 타임 시퀀스event-base time series sequence로 처리·예측하고 장르별로 분류하였다. K-pop 댄스음악과 발라드를 분류하여 학습한 후 유사한 풍으로 음악을 작곡하였다. 이 AI 음악 프로그램의 특징은 드럼, 베이스, 코드 진행은 데이터베이스를 구축해서 재조합하고 멜로디를 작곡한다는 것이다. 학습하는 과정에서 트랜스포머를 사용하여 일정 단위로 음 길이를 나누면서 작업을 하면 작곡가가 작곡하는 형식처럼 정확하게 주어진 일정 단위로 음 길이가 쪼개지지 않고 MIDI 곡이 임의적으로 음을 나누면서 작곡 의도를 변형시킬 수가 있다. 이 과정에서 긴 멜로디의 작곡도 가능하다.

수퍼톤Supertone Inc.[9]에서 개발한 AI 가창 합성 알고리즘은 가사와 멜로디를 주면 자연스럽고 표현력이 풍부한 가창 신호를 생성하는 딥러닝 기반의 알고리즘이다. 주어진 텍스트로부터 말소리를 생성하는 음성합성 연구는 많은 진전을 보였지만 가창 합성은 상대적으로 덜 개척된 분야이다. 음성 발화와 노래 발성은 그

---

[8] 서울대학교 수리과학부 강명주 교수 연구 팀이 이끄는, 서울대학교 연구 공원 내에 있는 AI 음악과 교육프로그램을 개발하는 스타트업이다.

[9] 서울대학교 지능정보융합학과 이교구 교수의 음악 오디오 연구실에서 "창조성을 위한 지능형 오디오Intelligent audio for creativity"라는 목표를 가지고 창업한 스타트업으로 오디오와 음악을 위한 최첨단 AI 솔루션을 제공한다. 실시간 음성 향상과 표현력 있는 가창/음성 합성expressive speech/singing synthesis 분야에서 세계 수준의 기술력을 보유하고 있으며, 이를 음성 통화, 음성인식, 엔터테인먼트, 미디어, 콘텐츠 산업 등 다양한 분야에 응용하고 있다. 수퍼톤 홈페이지 참조(https://supertone.ai).

목적과 과정이 매우 다를 뿐만 아니라 학습에 필요한 가창 데이터를 구하는 일이 쉽지 않기 때문이다. 수퍼톤에서는 음성합성 기술Text-To-Speech(TTS)을 통해 가창 발성을 음색과 창법을 담당하는 두 가지 독립적인 모듈로 분해함으로써 소량의 데이터를 활용하여 자연스럽고 표현력이 풍부한 가창 신호를 생성할 수 있는 딥러닝 모델의 개발에 성공했다. 이 알고리즘을 적용하면 고인이 된 특정 가수의 목소리와 창법으로 그가 생전에 불러 녹음, 발매된 적이 없는 노래를 재생하는 프로젝트가 가능하다.

EvoM(Evolutionary Music Composer, 이봄)을 개발한 광주과학기술원GIST의 안창욱 교수 팀[10]은 AI 음악의 개발과 대중적 보급을 활발하게 진행하고 있다. EvoM은 딥러닝과 진화 알고리즘을 결합한 AI 음악 프로그램이다. 처음에는 학습한 곡들로부터 음악 작곡 이론을 배우고, 최근 곡들의 스타일과 구조, 멜로디 패턴을 익힌 뒤 진화 알고리즘을 적용하여 돌연변이 메커니즘으로 임의적으로 음악을 작곡한다. 이 프로그램은 진화 알고리즘을 적용하므로, 최초에 룰 베이스로 시작해 방대한 데이터를 입력받고 딥러닝을 거쳐 창작하는 것이 아니라 자유롭게 스스로 데이터를 만들어 작곡 이론을 적용한다.

AI 피아노를 개발한 KAIST 남주한 교수 팀[11]은 버추오소넷Vir-

---

[10] 안창욱은 GIST AI 대학원 교수로 GIST 메타-진화 기계 지능 연구실GIST Evolutionary Machine Intelligence에서 인공지능 작곡 및 연주 기술을 연구하고 있다. 크리에이티브 마인드를 창업하여 국내 최초 인공지능 작곡가 EvoM을 개발하였다. 음악 작곡 서비스 뮤지아MusiA, 인공지능과 가수의 협연 음반 등을 출시하였다.

[11] KAIST 문화기술대학원 음악 오디오 연구실Music and Audio Computing Lab은 남주한 교

〈그림 1〉 노스 비주얼스×카이스트 문화기술대학원, 〈딥 스페이스 뮤직〉, 2019, ⓒ남주한

〈그림 2〉 노스 비주얼스×카이스트 문화기술대학원, 〈딥 스페이스 뮤직〉, 2019, ⓒ남주한

tuosoNet이라는 AI 피아니스트와 노스 비주얼스Nos Visuals[12]와의 협업으로 〈딥 스페이스 뮤직Deep Space Music〉을 제작하여 2019년 대전시립미술관에서 선보였다.[13] 이 작품은 AI 피아노 음악과 디지털 영상 프로젝션 매핑으로 설치·전시되었다. AI 피아니스트는 주어진 악보를 연주하며 인간 연주자처럼 박자, 셈여림, 음표 길이 등 다양한 표현을 할 수 있도록 심층 신경망Deep Neural Network 알고리즘을 바탕으로 학습하는 연주 생성 모델이다. 남주한 교수 팀은 문장 구문 분석 최신 알고리즘인 HAN을 MIDI 포맷의 음악 악보용 파일 음악 구문 분석으로 개조해 음악적 특징들을 추출한 다음 피아노 연주 파라미터로 변환하여 자동 연주하게 했다. 이러한 모델은 속도 변화, 역동성, 개별 음에 대한 정밀한 박자와 페달 조절을 포함하는 다양한 표현 요소를 음악 공연에서 연주할 수 있다. 이 프로그램을 비롯한 AI 음악 프로그램들이 작곡한 음악과 디지털 매핑의 적용으로 〈딥 스페이스 뮤직〉과 같은 오디오 비주얼라이제이션 형식의 작품이 많아져 몰입의 즐거움을 주고, 5G를 이용한 음악 콘서트가 열려 언제 어디서든 전 세계에서 시차 없이

수를 주축으로 삼성미래기술육성재단의 지원을 받아 서울대 음대 박종화 팀과 함께 인공지능 피아니스트AI Pianist 연구인 "머신러닝을 이용한 감성적 음악 연주 생성 시스템 개발"을 수행하고 있다.

[12] 터키 출신의 미디어 아티스트 듀오인 노랩NOHlab의 데니즈 카다르Deniz Kadar, 존다쉬 시스만Candaş Şişman과 크리에이티브 프로그래머 오스만 코츠Osman Koç로 구성된 협업 플랫폼이다. 노랩은 그들의 프로그램인 NOS의 디지털 매핑으로 클래식과 현대음악을 시각적 구조와 연동하여 공감각적 작업을 실험했다.

[13] 아르스 일렉트로니카에서 라이브 퍼포먼스로 소개되었던 이 작품은 2019년 대전시립미술관에서 진행한 몰입형 아트 전시 《어떻게 볼 것인가WAYS OF SEEING》전의 섹션 3 "듣다: 보기의 흐름"에서 몰입형 공간 설치로 재구성되었다.

감상할 수 있게 되기를 기대한다.

박승순은 AI의 오류를 이용한 비판적인 작업을 제시한 작품 〈Tell Me What You See〉(2017)를 발표하였다. 이 작품은 뉴로스케이프[14]를 이용한 오디오 비주얼라이제이션 형식으로 도시나 자연의 이미지에 어울리는 소리를 자동으로 생성 및 매핑하는 방식으로 구성된다. 기존 '이미지 분석 – 워드 임베딩 – 오디오 태깅/매핑' 순서의 뉴로스케이프 프로세스를 역순으로 제시하여 관객은 먼저 컴퓨터 비전 API를 통해 분석된 문장을 보게 되고, 이후에 뉴로스케이프 시스템을 이용해 검출된 인공적인 사운드 스케이프를 감상한다. 마지막으로 컴퓨터가 분석한 타깃 이미지를 제시하면 관객이 문장을 보고 떠올린 이미지와 소리, 인공적 소리를 듣고 떠올린 이미지와 실제 이미지 간 차이를 비교하며 감상한다. 작가는 이러한 구조를 보다 극적으로 표현하기 위해 분석을 위한 이미지를 몇 가지 주제를 토대로 선별하였다. 기술은 산업화, 도시화 등을 이끌며 우리의 삶을 이롭게 해준 반면 그 부작용으로 부의 불평등한 분배, 도덕의식 저하, 환경 파괴 및 오염 등을 초래했다. 작가는 이러한 환경 파괴와 오염에서 비롯된 자연재해의 피해를 안타깝게 생각했고, 온난화로 인해 빙산의 조각이 녹아 떠내려가는 모습에서 바다로 떠밀려가는 난민들을 떠올렸다고 한다. 이 작품은 "하늘에 구름이 있는 큰 녹지", "새장 안의 사람", "빗속에

---

14 뉴로스케이프는 2017년 박승순과 프로그래머 이종필이 개발한 AI 사운드 스케이프 시스템이다(https://www.seungsoonpark.com/tell-me-what-you-see 참조).

〈그림 3〉 언해피서킷, 〈Learning About Humanity〉, 2019, ⓒ원종국

서 산책하는 사람들", "배가 가득 찬 항구", "해변에 누워 있는 소년" 등을 제시했다. 그중에서도 특히 인상적인 장면으로 제시한 것은 "해변에 누워 있는 소년"으로, 이는 우리가 흔히 연상할 수 있는 휴가지의 해변 사진이 아니라 시리아 난민 가족이 탈출하는 과정에서 죽은 아이의 사진이다. 이러한 내러티브를 통해 관람객은 AI 검색의 오류에서 비롯된 극적인 아이러니를 감상하게 되고 작가는 AI 기술이 아직 우리의 여러 사회문제를 다루기에는 한계를 갖는다는 점을 지적한다.

언해피서킷Unhappy Circuit의 〈Learning About Humanity〉(2019)는 AI에게 인간의 음식 레시피를 학습시킨 후 새로운 레시피를 생성하게 하여 그 레시피에 따라 요리를 하고 관객들과 함께 시식해보

〈그림 4〉 언해피서킷, 〈A Synthetic Song Beyond the Sea〉, 2019, ⓒ원종국

는 퍼포먼스와 AI가 레시피 데이터를 학습하는 과정을 시청각화한 시퀀스로 구성되었다. 여기에 사용된 AI인 트랜스포머와 GPT-2라는 언어를 처리하는 신경망 데이터는 새로운 닭고기 레시피를 생성하였다. 작가는 이 작품에서 공장식 사육처럼 고기를 유통하는 과정에서 자행되는 문제를 애써 무시하는 인간의 모습이 고기 요리에 담겨 있다는 비판적 시사점을 던지고자 오디오 비주얼라이제이션 설치 영상을 배경으로 퍼포먼스를 하였다.

언해피서킷의 다른 작품 〈A Synthetic Song Beyond the Sea〉(2019)[15]는 고래의 소리와 인간의 음악을 합성한 음악이다. 모든 포유류와

---

[15] 이 앨범은 해외 음악 플랫폼인 애플 뮤직Apple Music, 유튜브 뮤직Youtube Music, 스포티파이Spotify에서 발매되었다. 제시된 웹페이지에서 작가의 음악을 청취할 수 있다 (https://music.youtube.com/playlist?list=OLAK5uy_kxqnhUiIA5AZVkulzlJaKj2kZcGPPxsOY).

한 조상을 공유하며 함께 진화해온 고래는 인간과 마찬가지로 감정을 느끼고 표현하며, 복잡한 사회와 언어 체계를 이루고 사는 지적 생명체이다. AI를 통해 완성한 이 작품에는 음악 생성과 사운드 합성을 위해 뮤직 VAEMusic VAE와 오디오 스타일 트랜스퍼Audio Style Transfer라는 두 가지의 인공신경망이 사용되었다. 이 작품은 뮤직 VAE 신경망으로 생성한 음계에 흰수염 고래의 음성을 오디오 스타일 트랜스퍼 신경망으로 합성하여 마치 고래가 노래를 부르는 듯한 새로운 사운드를 창작해낸 것이다. 작가는 이 AI 음악 프로젝트를 통해 인간 외의 생명들에 대한 이해를 바탕으로 한 공존을 제시하려 하였다.

V. AI 미술에서의 인간과 기계의 공생

이어서 AI 미술 작품의 대표적인 사례들을 살펴보자면 우선 구글의 GAN(Generative Adversarial Network, 생성적 적대 신경망)을 언급할 수 있다.[16] GAN은 능동적으로 학습하고 행동하는 AI 개발의 토대가 되어 폭넓게 활용 가능성이 모색되고 있는 프로그램이다. GAN은 두 개의 신경망, 즉 이미지를 만들어내는 생성자generator와 이미지가 진짜인지 가짜인지를 구별해내는 식별자discriminator로 구성되어 있다. 이 두 신경망을 순환적으로 경쟁시키는데 처음

---

[16] 구글 브레인 연구 팀의 이언 굿펠로Ian Goodfellow가 2014년 제안한 새로운 모델이다.

에는 랜덤 데이터로 시작하여 쉽게 가짜를 판별하지만 그 과정을 계속 순환 반복하면 식별자의 판별 능력이 고도화되는 동시에 생성자는 식별자가 구별해낼 수 없는 진짜 같은 가짜를 만들어내게 된다. DCGAN(Deep Convolution GAN)은 웃는 얼굴의 여성에서 무뚝뚝한 표정의 여성을 빼고 무뚝뚝한 남성의 얼굴을 합성하여 웃는 얼굴의 남성의 이미지를 만들어내는 등 합성으로 진짜 이미지가 아닌 인물 사진을 조합한다. StackGAN은 "이미지 번역image translation"이 가능하여 텍스트로 쓰인 문장을 해석해 이를 이미지로 구현할 수 있다. 예를 들어 "이 새는 빨간색과 갈색의 부리를 가지고 있다"라는 문장을 이해해 그에 해당하는 새의 이미지를 만들어내는데 그것은 실제로 세상에 존재하는 새가 아니라 임의로 날조해낸 새이다. 이런 GAN이 생성해내는 이미지는 복제된 모조품counterfeit이 아니라 무에서 생성된 '날조품fake'이다. 진짜, 즉 진품이 독창적인 원본이라면 GAN이 생성한 진짜 같은 가짜 이미지 또한 독창적인 것이라고 생각한다. 들뢰즈가 강조한 것처럼 시뮬라크럼을 플라톤주의자가 규정하듯 열등한 복제로 본 것이 아니라 '원본과 복제, 모델과 재생산'의 구별을 부정하는 긍정적인 힘으로 본 것이다. 이는 들뢰즈식으로 표현하면 원본의 부정을 통한 차별성의 성취라 할 수 있다. AI 이미지는 원본 이미지를 무한히 복제하는 데 그치지 않고 무한히 변이시킨다. 그것은 단순한 원본의 반복이 아니라 원본에 대한 저항이며 부정이자 일탈이다(이재현, 2019).

GAN 프로그램과 인간 작가가 협업하여 편견을 비판하는 작업이 있다. 강은수는 평소 백인 남성 중심 사회의 여성에 대한 편견이나 소외에 주목하는 작가이다. 작가가 이러한 맥락과 관심에서 제작한 AI 아트 작품 중 하나가 〈Bj581〉이다. Bj581은 한 무덤의 공식 명칭으로, 유전자 확인을 통해 그 주인이 여성 바이킹임이 밝혀진 바 있다. 그러나 유전자 확인 전에는 통상 바이킹이라고 하면 으레 남성이라고 여겨 무덤의 주인을 남성으로 생각했는데, 이런 사람들의 편견을 모티브로 하여 동명의 제목으로 2017년에 제작한 작품이다. 강은수는 MMD-GAN 얼굴 생성 알고리즘에 구글의 딥드림Deep Dream을 써서 해상도를 높이고 세부적인 패턴을 가미하였다. 인종이나 나이, 성별 등의 다양성이 충분하지 못한 celebA 데이터 세트를 썼음에도 MMD-GAN이 모든 스펙트럼을 아우르며 인종적으로나 성별상 모호한 얼굴을 생성해내는 것을 발견한 강은수는 기계의 상상으로 남녀의 이분법을 벗어난 젠더를 보여주려고 했다. 강은수는 이러한 생각을 자신의 작품뿐만 아니라 활동으로도 보여주고 있다.[17]

또 하나의 대표적인 AI 아트 프로그램은 구글의 딥드림으로 2015년 알렉산더 모드빈체프Alexander Mordvintsev 연구 팀이

---

[17] 강은수는 북미를 중심으로 Women+Art AI를 결성하였다. Women+Art AI는 예술과 인공지능의 교차점에서 활동하고 있는 여성들의 현재진행형 연대 모임이다. 이 모임은 AI 아트 연구를 하면서 스스로를 여성으로 지칭하는 사람이라면 누구나 참여 가능하다. 현재 미술 작가, 글 작가, 연구자, 과학자, 기획자, 기술자 등 다양한 분야에 종사하는 사람들로 구성되어 있다. 이 모임은 다양성과 포괄성을 중시하며 구성원 간의 협력과 지원을 통해 Women+Art AI의 존재를 알리고 뜻을 같이하는 더 많은 사람을 찾아내 다양한 여성이 서로 힘이 되어주고자, 또한 다양한 시선으로 AI 기술을 바라볼 수 있는 기반을 조성하고자 만들어졌다. Women+Art AI 홈페이지 참조(http://womenart.ai).

CNN(Convolution Neural Network, 합성곱 신경망)을 활용해 개발한 컴퓨터 비전 프로그램이다. 이 프로그램의 특징은 환각 변상증 algorithmic pareidolia으로, 어떤 이미지를 입력하면 그것을 토대로 꿈과 같은 사이키델릭한 이미지를 만들어낸다. "신경망 속으로 깊게 들어가기"를 뜻하는 딥드림은 동명의 영화 제목에서 따온 인셉션Inception 모델이라고도 불렸다(이재현, 2019: 97-98).[18] 구글의 연구 팀은 딥드림을 "신경망이 꿈을 꾼다Neural net dreams!"(이재현, 2019: 102)라고 표현하며 이를 창작의 도구로 활용할 수 있도록 공모와 레지던시 아티스트들을 통해 시각적인 완성도를 높였다. 마이크 타이카Mike Tyka와 진 코겐Gene Kogan 같은 작가들이 딥드림을 활용한 작품을 제작하였다. 마리오 클링게만Mario Klingemann[19]은 CNN을 이용하고 AI 프로그램으로 변용해 〈Memories of Passers by I〉(2018)를 제작하였다.

국내 사례로는 인공지능연구원에서 스타일 트랜스퍼 기술로 개발한 AI 아틀리에A.I. Atelier[20]와 이수진의 협업이 있다. 이수진은

---

[18] 하버드대학 정신의학과 교수 매처리 케샤반Matcheri S. Keshavan은 코넬대학교 컴퓨터과학과 학부생인 뮤컨드 수다샨Mukund Sudarshan의 도움을 받아 딥드림의 알고리즘을 활용해 이미지 변환 과정을 관찰한 후 구글의 딥드림이 도파민 과잉에 의한 정신증과 유사하다고 생각했다. 나아가 케샤반은 딥드림과 같은 인공신경망이 정신증과 같은 부정적인 정신 현상을 넘어 우리가 어떻게 꿈을 꾸는지, 그리고 창의성의 기저에 무엇이 있는지 이해할 수 있게 해줄 수도 있다고 제안했다.

[19] 구글 아트앤컬처 소속 작가로 독일 뮌헨에서 도그앤포니라는 갤러리를 운영한다. 뉴욕의 MOMA, 메트로폴리탄 미술관, 런던의 포토그래퍼스 갤러리 등에 작품이 소개되었고 우리나라에서는 2018년 서울시립미술관에서 그의 작품이 소개되었다.

[20] 문화체육관광부 문화기술연구개발사업의 일환인 2018년 '인공지능 기반 창작 아틀리에 발굴 및 기술개발' 사업으로 개발한 시스템이다. 인공지능연구원 AIRI의 박대영, 이광희가 개발한 프로그램으로 IEEE CVPR 2019에도 소개되었다.

이 AI 아틀리에를 이용하여 본인이 직접 촬영한 사진을 AI 아틀리에 프로그램으로 변형해 개인전을 열었다.[21] 기존의 스타일 트랜스퍼는 사진을 특정 작가의 화풍으로 변화시켜주기만 하는 반면 AI 아틀리에는 콘텐츠의 구도와 내용을 작가 및 일반 사용자가 자유롭게 구성할 수 있고 다양한 이미지를 추가해 조합할 수 있는 게 특징이다. 보통 스타일 트랜스퍼는 전체 프레임에 전이와 변환을 한 번밖에 가할 수 없는데, AI 아틀리에는 원하는 영역을 선택해 다양하게 전환하는 기능이 있다. 사용자는 본인이 직접 찍은 이미지를 사용하지 않고 인터넷에서 사용 가능한 이미지를 다운받아 스타일을 변화시킬 수도 있다.

로봇 작업에 AI 기술을 적용시킨 사례로는 팀보이드teamVoid의 〈디스트Dist〉(2017)와 노진아의 〈나의 기계 엄마Mother Ex Machina〉(2019)가 있다. 팀보이드의 〈디스트〉는 두 객체의 관계가 물리적인 거리에 의해 정의될 수 있다는 생각에서 시작된 작업이다. 여기서 두 대의 로봇은 텐서플로tensorFlow를 활용한 간단한 AI 프로그램을 통해 스스로 움직임을 만들어낸다. 로봇들은 각자 자신의 영역을 확장하기 위해 움직이면서 상대방의 움직임을 감시하고 자신의 영역을 지키고자 한다. 두 로봇이 가까워지면 긴장감이

---

[21] 이 개인전은 2018년 12월 28부터 2019년 1월 1일까지 '인공지능 시대의 예술 작품'이라는 제목으로 갤러리 미술세계 제3전시장에서 개최되었다. 이수진은 장 외젠 앗제, 빈센트 반 고흐, 장 프랑수아 밀레 세 작가의 작품을 모티브로 AI 아틀리에를 이용해 본인이 촬영한 사진과 붓질 효과와 같은 여러 효과를 조합하는 방식으로 작품을 구성했다. 작품은 1024*768 해상도로 종이에 컬러 프린트하여 액자에 넣어 전통적인 미술 전시 방식으로 전시하였다.

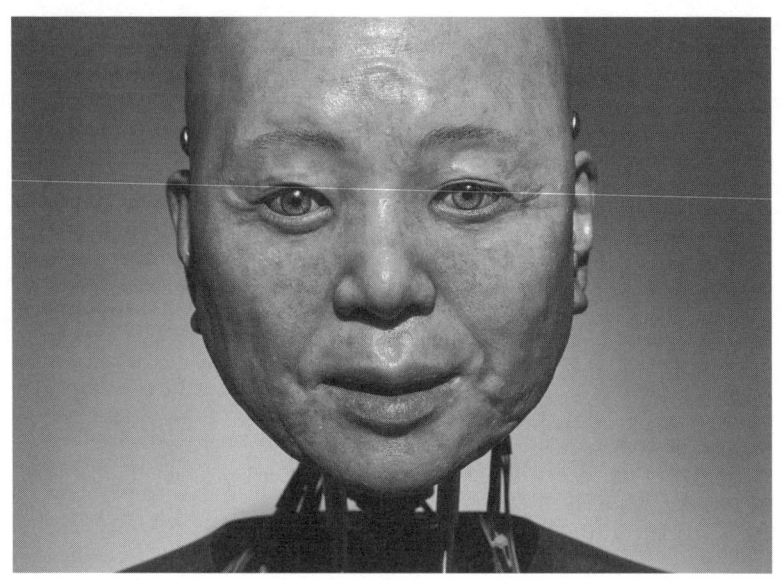

〈그림 5〉 노진아, 〈나의 기계 엄마〉, 2019, ⓒ노진아

발생하며 설치된 라이트가 반짝인다. 여기서 각각의 로봇은 첫 데이터를 만들기 위해 사람에게 가르침을 받게 되는데, 팀보이드 멤버인 배재혁과 송준봉의 성향에 따라 공격적인 혹은 방어적인 움직임이 반영된 점이 인상적이다.

이 글의 문두에 소개한 바 있는 노진아는 〈나의 기계 엄마〉에서 표정이라는 인간의 가장 효율적인 인터페이스에 착안하여 머신러닝을 통해 표정을 배워나가며 감정을 구현하는 로봇을 제작했다. 이 작품은 작가가 본인의 엄마를 직접 모델링하여 만든, 문자 그대로 '기계로서의 엄마'이다. 이 작품을 통해 작가가 질문하고자 하는 것은 모성과 감정이라는 것이 학습이 가능할까라는 문제이다. 감정이란 것은 본래 타고나기도 하지만 반복적으로 오랜 시간 사회적 학습을 통해 형성되는 것이기도 하다. 작가는 이 작품을 통해 로봇이 오랜 학습으로 정교하게 감정 상황을 인지하고 그에 적합한 표정과 제스처를 취할 수 있다면 로봇의 행동이 감정적이 아니라고 단정할 수 있는지 묻고 있다. 기술적으로는 사람의 표정을 딥러닝 방식으로 사전에 미리 학습한 뒤에 전시장에서 관객의 표정을 읽고 인식하여 따라하는 AI 방식의 인터랙티브Interactive 기술을 작품에 적용하였다. 이 작품에서는 사람의 표정이 맥락에 따라 변화하는 과정을 읽어내기 위해, 시퀀스 분석에 유리한 인공신경망인 RNN(Recurrent Neural Network, 순환 신경망) 중 LSTM(Long Short-Term Memory, 장단기 메모리)을 사용하였다. 개발된 알고리즘을 구현하기 위한 하드웨어로는 과거 PC 기반의 시스템에서 벗어나 안드로이드 또는 리눅스를 탑재한 라즈베리파이RaspberryPi 등의 임베디드 시스템으로 모터 등의 기계장치를 제어하여 표정과 대화를 구현하였다.

민세희의 〈모두의 인공지능A.I., Entirely on Us〉(2018)은 현재의 AI 발달 과정에서 우리가 간과하고 있는 다양성과 공정성 문제를 조사하기 위해 2018년 서울 미디어시티 비엔날레의 전시 기획으로 진행되었다. 〈모두의 인공지능〉은 공동 프로젝트일 뿐만 아니라 시각화 작품이기도 하다. 이 작품은 "AI 기술이 '모두를 위한', '모두에게 가능한' 기술이 되고 있는가?"라는 질문으로 시작한다. "어떤 특정한 사람들만이 향유할 수 있는 기술이 되고 있는 것이 아닌지, 또한 나의 지능은 AI와 함께 증강될 수 있는 것인지, 여기에서 말하는 '모두'는 누구인지"를 질문한다. 이 프로젝트는 13명의 AI 기반 작가, 연구자를 초청하고[22] 연구 조사, 머신러닝 기반 분석, 대화형 시각화, 전시, 토론 등을 병행하여 그 질문에 대한 답을 찾고자 한 것으로, 그들의 AI 아트 작품을 전시함은 물론 '인공지능 사회', '다양성과 공정함', '지능에 관하여'에 대한 질문을 주고받으며 수집한 대답들을 기계에게 학습시킨 후 시각화하여 함께 전시했다. 또한 비엔날레에 앞서 온라인을 통해 위에서 언급한 초청 작가와 연구원들에게 26개의 질문을 했으며 그들의 답변을 바탕으로 머신러닝 모델을 구축하여 키워드와 정답 사이의 관계를 발견해 그들의 대답과 질문을 탐험할 수 있는 인터페이스로 활용하였다. 이 작품을 보는 관람객은 자신이 선택한 단어가 누구의 키워드였는지, 어떤 연관어를 가지고 있는지, 그리고 대답이 무엇이며 질문이 무엇인지를 볼 수 있다. 현재 작가는 〈모두의 인공지능〉을 위해서 인공지능 관련 기술을 특정한 사람들만이 아니라 많은 사람이 배우고 제어할 수 있도록 쉬운 교육 프로그램을 만드는 작업도 진행하고 있다.

앞서 언급한 지하루와 웨이크필드의 AN 작업 중 진화 알고리즘을 사용한 〈인프라넷Infranet〉(2018-2019)은 인간과 AI의 공생 또는 동맹의 네트워크를 다른 어떤 작품보다도 더 선명하게 드러내

---

[22] 이 작품에 참여한 작가와 연구자는 진 코젠, 마이크 타이카, 신승백·김용훈, 오스카 샤프Oscar Sharp·로스 굿윈Ross Goodwin, 데이비드 하David Ha, 마리오 클링게만, 스콧 켈리Scott Kelly·벤 폴킹호른Ben Polkinghorne, 로렌 매카시Lauren McCarthy, 루바 엘리엇Luba Elliott, 최승준, 정지훈, 김승길, 민세희이다.

〈그림 6〉 AN, 〈Infranet: NYC〉, 2019, ⓒ지하루 · 그라함 웨이크필드

고 있다. 〈인프라넷〉은 현재까지 세 개 버전으로 제작되었다.[23] 이 작품은 그동안의 AN의 인공 생명 작품과 구분되는 몇 가지 특징을 갖고 있는데, 그중 하나는 AI 기술의 적용이며, 다른 하나는 도시 데이터의 사용이다. 이 조합은 기존의 인공 생태계를 다시 한 번 우리가 예측하지 못한 방향으로 발전시켰다. 기본 아이디어는 인공 생명 하나하나가 지능을 갖는다는 것과 도시의 데이터 풍경이 인공 생명의 서식지가 된다는 것이다. 〈인프라넷〉의 핵심부는

[23] 2018년 〈Infranet: Gwangju〉를 시작으로 2019년 〈Infranet: NYC〉와 〈Infranet: Vancouver〉 작업으로 AN 작업이 지속적으로 진화하고 있다.

새로운 삶 형태의 거주지인 도시의 데이터가 차지하고 있다. 오늘날에는 엄청난 양의 데이터가 지속적으로 만들어지고 있으며, 비가시적인 방식으로 우리 세계를 포화시키고 있다. 그러나 데이터의 확산은 하나의 관념, 즉 불완전한 성찰 혹은 이질적인 대역일 뿐, 일정한 특징들은 포착하되 다른 것들은 삭제하기 때문에 새로운 패턴, 구조, 가능성을 드러내고 있다. 도시 데이터에 관한 작가의 관심은 도시 내의 인간 중심적 문제보다는 데이터 그 자체의 고유한 질감과 특질에 집중되어 있다. 다시 말해 어떤 질문에 답하기 위해서가 아니라, 데이터 자체를 삶의 형태를 위한 환경으로 간주하면서 새로운 질문을 제공하기 위해서 데이터를 활용한다는 것이다. 시각화된 가상 생명체들은 지구상에 알려진 생명이 가진 메커니즘과 특징의 일부, 즉 삶과 죽음, 진화, 지능, 집단행동을 모방한다. 결과적으로 추상적인 데이터와 가상의 삶을 통해 이중적으로 관념화된 현실상을 이질적으로 직조하는 예술적 탐구의 공간이 만들어진다. 〈인프라넷〉이 시각화하는 것은 거주지 안의 데이터가 아니라 살아 있는 생태계 그 자체이다. 진화 예술evolutionary art을 향한 생태학적 접근을 이러한 제너레이티브 아트generative art[24]에서 구현해가고 있는 것이다.

---

[24] 제너레이티브 아트는 자율적인 시스템을 사용하여 전체 또는 부분적으로 창조된 예술을 말한다. 이러한 맥락에서 자율적인 시스템은 일반적으로 인간이 아니며, 예술 작품의 특징을 독립적으로 결정할 수 있는 시스템이다. 어떤 경우에 인간 창조자는 생성 시스템이 자신의 예술적 사상을 나타낸다고 주장할 수도 있고, 어떤 경우에는 그 시스템이 창조자의 역할을 대신한다고 주장할 수도 있다. 제너레이티브 아트는 흔히 알고리즘 예술과 합성 미디어를 가리키지만 예술가들은 화학, 생물학, 기계학 및 로봇, 스마트

머신러닝은 방대한 양의 데이터의 '단일하고monolithic' '심층적인' 신경망을 학습하여 특정 과제를 해결하게 하는 데에 집중되어 있다. 이러한 접근이 최근에 뚜렷한 성과를 거두었음에도 불구하고 지능이 진정으로 무엇이며 어떻게 작동하는지에 대한 명확한 이해는 결여되어 있다는 점을 주목해야 한다. 〈인프라넷〉은 일반적으로 사용되는 큰 데이터 집합을 요구하는 딥러닝 방식이 아니라 데이터 집합 없이 신경망의 구조를 진화시키며 문제 풀이를 하는 가변적 위상기하학topology을 가진 진화 신경망 AI 알고리즘을 사용하였다. 이러한 접근은 생명 체계에서 지능이 갖는 역할과 메커니즘에 집중할 수 있는 예술 작품을 만들려는 작품의 동기와 연결되며, 나아가 AI를 단순히 도구로 활용하기보다 작가들이 그 지능을 생명 체계의 한 조건으로 바라볼 수 있게 해준다. 또한 작품의 사운드는 자궁에서 들리는 소리를 재료로 활용하여 생명체의 상태를 재현한다.

〈인프라넷〉의 구체적인 구성을 살펴보면 도시 데이터는 도시의 길, 전기 시설, 공원과 숲의 위치, 주택가, 상가, 생산 기지, 문화시설, 공기의 질, 세금 등의 공개 데이터들을 이용하여 이미지층을 만들었고, 인공 생명체들은 이 이미지를 기준으로 도시의 환경을 배우고 그려내며 이를 삶의 터전으로 삼는다. 또한 이 작품은 이런 기본 구조 위에 구성원의 다양성과 소통에 대한 아이디어를

재료, 수동 무작위화, 수학, 데이터 매핑, 대칭성, 틸링의 시스템을 사용하여 제너레이티브 아트를 만들 수도 있다(https://en.wikipedia.org/wiki/Generative_art).

더했다. 인공 생명체들은 태어나서 경험하는 데이터의 종류에 따라 기본적으로 다양한 취향을 가진다. 이후 다른 생명체들과 가까워지고 서로 소통하면서 지속적으로 이웃의 취향에 영향을 받는다. 이는 색, 선, 밝기로 표현되어 관람객은 계속 변화되는 이미지를 관찰할 수 있다. 또한 서로의 진화 신경망을 비교하면서 더 나은 진화 신경망을 보았을 때 그 진화 신경망의 구조를 자신의 구조로 복사하며 진화한다. 각 전시마다 전시장 벽면에 두 개의 프로젝션으로 작품이 구성되었는데, 두 개의 프로젝션 중 하나의 프로젝션에는 작은 화면이 격자 형태로 나열되어 있다. 이것은 면역 시스템을 감시하는 화면으로 몸 안의 CCTV처럼 작동해 무작위적으로 생명체들을 선택해서 그들의 위치, 지능의 활동에 대한 보상의 크기, 주변의 취향에 대한 그들의 취향의 정도를 모니터링한다. 만일 이 시스템을 이용해 생명체들이 제대로 배우지 못하거나 취향이 단일화된다면 경고를 하고 재시뮬레이션하고자 했으나 아직까지 취향이 단일화된 적이 없어 작가 스스로도 놀라고 있다고 한다. 작가는 인간이 아닌 유기체의 지능에서 배울 수 있는 것이 아직 많다고 생각한다. 특히 〈인프라넷〉의 신경망은 작지만 셀 수 없으며 끊임없이 변화한다는 점에서 변형균류나 박테리아 집단의 집단 지능과 유사하다. 이 작품을 제작하면서 작가는 인공 생명체가 내부에서 지식을 습득하고 전달도 하는 비교적 단순한 신경망 집단이 창의성과 새로운 미에 대한 제너레이티브 아트의 탐구에 어떻게 이바지하는지, 더 나아가 지능과 생명 간의 역할 및 관계에 대한 이해를 심화할 수 있는지 보고자 했다. 이처럼 인공지능과 인공 생태계를 결합하는 실험은 AI 아트의 다양한 실험과 함께 현재진행형으로 계속되고 있다.

V. 나가면서

이 글에서는 AI 기술을 활용하여 제작한 예술 작품들을 인간과 생각하는 기계의, 즉 AI의 공생이라는 견지에서 바라보았다. 이상에서 거론한 음악과 미술의 다채로운 사례들은 인간과 지능형 기계가 연대하고 협력함으로써 창발된 결과물이다. 동시대 AI 기술의 발전은 최근 들어 더욱 탄력을 받고 있는 비인간 전회를 촉발한 주요 계기 중 하나다. 점점 더 인간화되어가는 컴퓨터는 감정을 느끼고 창조성을 발휘하는 것처럼 보인다. 라투르의 ANT를 수용하여 객체지향 철학을 전개하는 하먼은 인간과 비인간 간의 위계가 없는 평평한 존재론을 지지한다. 라투르는 복잡한 네트워크 상의 존재자들이 수시로 생성되고 변화한다고 보았지만 하먼은 생물학의 공생 진화설에 기대어 더 그럴듯한 형이상학적 기초를 다지고자 했다. 컴퓨터 또는 AI가 하나의 독립적인 존재자 — 그것을 행위자라고 부르든 객체라고 부르든 간에 — 이고 따라서 AI의 입장에서 세계를 바라보는 게 가능하다면 그것은 점점 더 인간화되어가고 종국에는 인간의 일부로 편입되는 스스로를 깨닫게 될 것이다. 물론 인간의 입장에서는 사태를 다르게 판단할 수 있을 것이다. 아직 인간은 기계와의 공생을 통해 사이보그로 진화할 단계에 들어서지 않았지만 알파고와 딥드림 같은 산출물이 보여주듯이 지적·창조적 능력이 증강된 인간의 모습이 표상될 것이다.

다시 지하루와 웨이크필드의 AN 작업으로 돌아가보자. 〈아키펠라고〉와 〈인프라넷〉 같은 작품에서 그들이 일관적으로 드러내는 관심사는 데이터 생태계다. 가상 생명체, 즉 데이터 그 자체의 생태계를 구축하거나 실제 세계의 데이터를 재료로 취한다. 두 경우 모두에서 그들이 구현하고자 하는 것은 스스로 진화하는 디지털 생물들과 그것들이 형성하는 가상적 자연환경이다. 2장에서 우리는 〈아키펠라고〉가 인간의 무분별한 개발 행위로 인해 도래한 생태학적 위기를 상기시킨다고 언급한 바 있다. 지구온난화 같은 환경문제를 자각하게 하는 것이 작가의 의도의 일부라고 할 때 이것은 어디까지나 인간 객체의 관점에서 제기된 쟁점이다. 이끼나 벌레 같은 생명체의 형상을 띤 디지털 데이터, 즉 인공 생명체들은 독립적인 객체로 탄생하여 삶을 누리다가 죽음을 맞이하는 그 자체의 일대기를 갖는다. 실제로 작가가 AN 작업을 통해 은유적으로 보여주는 것은 AI라는 객체의 삶인 것 같다. AN은 자연 생태계를 모방하긴 했지만 스스로 진화하는 가상 생명체들은 AI가 독립적인 객체임을 보여준다. 이처럼 우리는 AI 아트를 접함으로써 라투르가 말한 것처럼 기술 그 자체가 인간에게 행동의 동기를 제공하며, 그 결과 예상하기 어려운 새로운 가상 환경이 창발하는 것을 목도하게 되는 것이다.

인간과의 공생을 거듭함으로써 AI가 어느 순간 의식을 갖게 되고 자기 복제가 가능한 단계에 도달할 수도 있다. 마치 수정란에서 뇌를 포함한 인체를 구성하는 모든 것이 생겨나는 것처럼, AI가 자기 복제를 실현하기 위해서는 스스로 생존하고 자기 복제를 반복할 수 있는 로봇의 형태로 존재해야 할 것 같다. 물론 그것이 반드시 휴머노이드일 필요는 없다. 이와 같은 인공 생명이 등장한다면 AI가 인간을 비롯한 다른 존재자들과 접속하는 공생 또는 상호작용의 관계는 현재와는 사뭇 다른 양상을 띨 것이다. 인간의 입장에서 그러한 단계의 도래는 커다란 두려움일 수도 있고 예기치 못한 희열일 수도 있다. 현재로서는 먼 미래의 진화된 AI의 존재 양태는 독자의 상상에 맡기고자 한다. 다만 바라는 것은 이 글에서 고찰한 AI 아트의 다채로운 전개 상황을 AI에게 창의성의 영역을 빼앗길지도 모른다는 위험신호나 예술가가 AI 기술을 전용하여 창조력을 증강시킨다는 핑크빛 전망으로 받아들이는 지나치게 단순화된 사고를 피하는 것이다. AI 기술이 비약적으로 발전하고 있는 현 시점에 AI나 인간 — 특히 예술가 — 을 모두 복잡한 네트워크를 구성하는 노드들로 간주하고, 이 두 존재자가 의미심장한 지형을 형성하면서 상호 협력하고 공생하고 있다는 관점을 수용하는 것은 이러한 단순론을 벗어나는 하나의 방안이 될 것이다.

참고 문헌

강미정·장현경, 2020, 『한국 미디어아트의 흐름』, 북코리아.

김진석, 2019, 『강한 인공지능과 인간』, 글항아리.
노진아, 2017, 「대화형 인공지능 아트작품의 제작 연구: 진화하는 신, 가이아 사례를 중심으로」, 『한국콘텐츠학회지』, 18(5): 311-318.
라투르, 브뤼노, 2009, 『우리는 결코 근대인이었던 적이 없다』, 홍철기 옮김, 갈무리.
마굴리스, 린, 2007, 『공생자 행성: 린 마굴리스가 들려주는 공생 진화의 비밀』, 이한음 옮김, 사이언스북스.
이대열, 2017, 『지능의 탄생: RNA에서 인공지능까지』, 바다출판사.
이재현, 2019, 『인공지능 기술비평』, 커뮤니케이션북스.
하먼, 그레이엄, 2019, 『네트워크의 군주: 브뤼노 라투르와 객체지향 철학』, 김효진 옮김, 갈무리.
하먼, 그레이엄, 2020, 『비유물론』, 김효진 옮김, 갈무리.
홍성욱, 2010, 「인간과 기계에 대한 '발칙한' 생각: ANT의 기술론」, 브뤼노 라투르 외, 『인간·사물·동맹』, 홍성욱 편, 이음, 125-154쪽.
홍성욱, 2019, 『포스트휴먼 오딧세이』, 휴머니스트.
Altvater, Elmar, Eileen C. Crist, Donna J. Haraway, Daniel Hartley, Christian Parenti & Justin McBrien, 2016, *Anthropocene or Capitalocene?: Nature, History, and the Crisis of Capitalism*, edited by Jason W. Moore, PM Press.
Lenton, Tim & Bruno Latour, 2018, "Gaia 2.0: Could humans add some level of self-awareness to Earth's self-regulation?", *Science*, 361: 1066-1068.
Wakefield, Graham & Haru Hyunkyung Ji, "Infranet: A Geospatial Data-Driven Neuro-Evolutionary Artwork", IEEE VIS, 2019.
노진아 홈페이지(http://jinahroh.org).
박승순 홈페이지(http://seungsoonpark.com).
아이바 홈페이지(http://aiva.ai).
AN 홈페이지(https://artificialnature.net).
Women+Art AI 홈페이지(http://womenart.ai).

지은이 소개

이중원

서울대학교 물리학과에서 학사 및 석사 학위를 취득하고 동대학원 과학사 및 과학철학 협동과정에서 과학철학으로 이학박사 학위를 받았으며 현재 서울시립대학교 철학과 교수로 재직 중이다. 서울시립대학교에서 인문대학 학장 및 교육대학원장, 교육인증원장을 역임하였으며, 한국과학철학회 회장을 지냈다. 현재는 한국철학회 회장을 맡고 있다. 주로 과학철학과 기술 철학을 강의하고 있으며, 주요 관심 분야는 현대물리학인 양자이론과 상대성이론의 철학, 기술 철학, 인공지능의 철학, 정보 철학, 현대 첨단기술의 윤리적·법적·사회적 쟁점 관련 문제들이다. 공저서로 『인문학으로 과학 읽기』, 『서양근대철학의 열가지 쟁점』, 『과학으로 생각한다』, 『필로테크놀로지를 말한다』, 『욕망하는 테크놀로지』, 『양자, 정보, 생명』, 『정보혁명』, 『인공지능의 존재론』, 『인공지능의 윤리학』 등이 있으며 다수의 학술 논문을 발표하였다. 그 외에도 『문화일보』, 『교수신문』, 『동아일보』, 『한겨레』, 『경향신문』, 『세계일보』 등에 과학과 인문학에 관한 칼럼을 게재하였고, YTN, EBS, 연합 TV 뉴스 등에도 출연하였다. 이메일 jwlee@uos.ac.kr

강미정

서울대학교 미학과를 졸업하고 같은 대학원에서 박사 학위를 받았다. 대구시 미술관준비팀 수석큐레이터, 서울대 융합기술연구원 선임연구원, 카이스트 대우교수 등을 지냈고 현재 서울대학교에서 동시대 미술이론, 디지털미디어론, 신경미학에 관해 연구하며 가르치고 있다. 저서로『퍼스의 기호학과 미술사』, 『한국 미디어아트의 흐름』 등이 있으며 역서로는 『신경미학』이 있다. 「학제적 연구로서 신경미학의 틀짓기」, 「사이버네틱스와 공간예술의 진화」, 「가추법과 디자인씽킹」 등 다수의 학술 논문을 발표하였다. 이메일 vchm162@snu.ac.kr

김경미

서울대학교 미술대학에서 미술이론으로, 뉴욕대학교 ITP에서 인터랙티브 미디어아트로 석사 학위를 받았다. NMARA(뉴미디어아트연구회)의 대표로서 미디어 파사드Media Facade와 SNS 상호작용, 데이터 시각화Data Visualization, 프로젝션 매핑Projection Mapping, 실감 미디어(AR, VR) 등 Art & Science, Art & Technology 융복합 전시와 다원 예술 공연, 세미나의 기획자이자 총감독으로 활동하고 있으며 성균관대학교 겸임교수를 역임하였다. 공저서로 『미디어 파사드와 데이터 비주얼라이제이션』, 『혼종생명을 위한 진혼곡』이 있으며 관련 기획으로 '예술로서 AI와 Robotics', 'AI로 만드는 컬처'가 있다. 이메일 nmara.net@gmail.com

신상규

서강대학교에서 경영학과 철학을 전공하고, 미국 텍사스대학교 (오스틴)에서 철학 박사 학위를 받았다. 현재 이화여자대학교 이화인문과학원에 재직 중이며 포스트휴먼 융합인문학 협동과정의 주임교수를 맡고 있다. 주요 관심 분야는 심리철학, 인공지능의 철학, 트랜스휴머니즘, 포스트휴머니즘이다. 저서로 『호모 사피엔스의 미래』, 『푸른 요정을 찾아서』, 『인문테크놀로지 입문』(공저), 『포스트휴먼이 몰려온다』(공저)가 있다. 이메일 skshin@ewha.ac.kr

신중휘

고려대학교에서 자연언어처리 전공으로 석사 학위를 받았다. 팬텍의 연구원으로 재직한 후 네이버 기술연구팀에 합류하여 기계번역팀을 창립해 연구 개발을 수행하였고, 통계 기반부터 인공신경망까지 기계번역 기술에 대한 연구 개발의 기술리더로 활동하였다. 현재 네이버 파파고의 책임리더로서 기계번역 기술뿐만 아니라 사용자 서비스와 사업을 총괄하고 있다. 이메일 joonghwi.shin@navercorp.com

양천수

영남대학교 법학전문대학원에서 기초법 전임교수로 학생들을 가르치고 있다. 현대 과학기술이 현대사회 및 법체계에 어떤 자극을 주는지, 이에 현대사회와 법체계가 어떤 방향으로 진화하는지에 관심이 많다. 『부동산 명의신탁』, 『서브프라임 금융위기와 법』, 『법철학』(공저), 『민사법질서와 인권』, 『빅데이터와 인권』, 『법과 진화론』(공저), 『법해석학』, 『제4차 산업혁명과 법』, 『인공지능과 법』(공저), 『디지털 트랜스포메이션과 정보보호』(공저), 『공학법제』(공저), 『인공지능 혁명과 법』을 포함한 다수의 저서와 논문을 발표하였다. 이메일 yang1000soo@hanmail.net

이경민

서울대학교 의과대학 신경과학교실과 대학원 인지과학 협동과정의 교수로 행동신경학과 인지신경과학을 가르치고 있다. 2014년 한국인지과학회장, 2016-2018년 게임이용자보호센터장을 역임하였으며 현재 *Journal of Clinical Neurology*의 편집장과 게임과학포럼 상임의장을 맡고 있다. 인지 신경과학과 임상 신경학 분야의 다양한 주제는 물론 포스트휴머니즘 시대의 종교와 과학, 비디오게임을 통한 인지 발달과 뇌 건강 증진 등의 주제에 대해 연구하고 있다. 이메일 kmin.lee333@gmail.com

이영준

한국교원대학교 컴퓨터교육과 교수로 고려대학교, 미시간주립대학교, 미네소타대학교에서 전산학으로 학사, 석사, 박사 학위를 받았다. 한국컴퓨터교육학회 회장, 한국정보과학교육연합회 공동대표, 한국컴퓨터정보학회 부회장 및 한국정보기술학술단체총연합회 부회장 등을 역임하였으며 현재 IFIP(International Federation for Information Processing)/TC3 한국 대표로 활동하고 있다. 국제 및 국내 논문지, 학술 대회에 300여 편의 논문을 발표하였고, 정보·컴퓨터 교육에 관련한 20여 편의 저서가 있다. 이메일 yjlee@knue.ac.kr

이진경

본명은 박태호. 서울과학기술대 기초교육학부 교수로 재직 중이며 지식공동체 '수유너머104' 회원으로 활동하고 있다. 『철학과 굴뚝청소부』, 『근대적 주거공간의 탄생』, 『노마디즘』, 『자본을 넘어선 자본』, 『코뮨주의』, 『불온한 것들의 존재론』, 『삶을 위한 철학수업』, 『파격의 고전』, 『불교를 철학하다』, 『김시종, 어긋남의 존재론』, 『예술, 존재에 휘말리다』, 『사랑할 만한 삶이란 어떤 삶인가』, 『우리는 왜 끊임없이 곁눈질을 하는가』 등의 책을 썼다. 이메일 solaris0@seoultech.ac.kr

조영임

가천대학교 컴퓨터공학과 교수로 고려대학교에서 인공지능으로 박사 학위를 받았다. 현재 ISO/IEC JTC1/SC42 인공지능분과 한국 대표 단장Head of Delegation(HoD), SC42 국내 전문위원회 위원장, 국무총리실 산하 도시재생특별위원회 위원, 국가스마트도시 위원회 위원, 한국인공지능학회 부회장으로 활동하고 있으며, 대통령직속 4차산업혁명위원회 스마트시티 특별위원회 위원, 한국지능시스템학회 회장을 역임하였다.『인공지능시스템』,『핵심 인공지능 기술: 4차 산업혁명 시대』,『AI 관점에서 바라본 빅데이터』등 15권의 저서와 300여 편의 학술 논문이 있다. 이메일 yicho@gachon.ac.kr

최인령

파리8대학교에서 인지시학 전공으로 언어학 박사 학위를 받았다. 서울여자대학교 연구교수, 고등과학원 초학제연구프로그램의 '인공지능과 포스트휴머니즘' 연구단의 위촉연구원을 역임하였으며 한국외국어대학교에서 강의했다. 현재 서울대학교 이론물리학연구소 선임연구원으로 재직하면서 과학과 예술의 창조성에 대한 학제간 연구를 하고 있으며 홍익대학교와 자유시민대학에 출강 중이다. 저서로『환기시학과 예술: 인지주의 관점으로 읽는 시, 음악, 회화, 광고』, *Evocation et cognition: reflets dans l'eau*,『상상력과 문화콘텐츠』(공저),『정보혁명』(공저), *Le Chemin des correspondances et le champ poétique*(공저)가 있고, 번역서로는『맨살의 시Mises à nu coréennes』(공역) 등이 있으며, 다수의 학술 논문을 국내외 학술지에 발표하였다. 이메일 reflet91@hanmail.net